大旗出版
BANNER PUBLISHING

大旗出版
BANNER PUBLISHING

歷代皇朝風雲實錄

軍閥割據

前言

儘管人類厭惡戰爭，但戰爭卻像影子一樣，伴隨著人類發展的整個過程。從三皇五帝，一直到民國時期，數千年來所發生的戰爭不可勝數，而較大的戰爭就達一千餘次。這些戰爭，原只是部落之間的相互廝殺，後變成諸侯之國的激烈兼併；原是王朝內部的你爭我奪，後變成周邊民族的侵略擴張；本來是農民起義的燎原烈火，後變成革命戰爭的風雷激盪。其中，封建軍閥之間的割據大血戰，構成了一幅幅最黑暗、最殘酷、最野蠻的戰爭歷史畫卷。《軍閥割據》一書就是從歷代割據戰爭的史實中，擇其精要，彙集成卷。目的是讓人們透過這些刀光劍影、血雨腥風的搏鬥與廝殺，認清封建軍閥的黑暗性和野蠻性，瞭解割據戰爭的破壞性和危害性，總結經驗教訓，更加珍惜安定團結的今天，嚮往和平幸福的明天。

割據戰爭的產生，既有深刻的政治根源，又有深厚的經濟基礎。首先，割據是在朝政腐敗、文恬武嬉、奸臣當道、中央政權無力控制地方的情況下產生的。如戰國時期，晉國衰弱，出現了以韓、趙、魏為代表的新興勢力與智氏之間的兼併戰爭；秦末農民大起義後形成的以項羽、劉邦為首的武裝軍事集團；西漢末年，王莽改制天下大亂，乘機而起的劉秀兄弟；東漢末年，黃巾起義後出現的大大小小的割據勢力；唐玄宗天寶年間的安史之亂及晚唐的藩鎮連兵等。其次，封建社會封閉的、自給自足的自然經濟，是軍閥割據勢力在自己的控制區域內，獲得滋生和發展的物質基礎。他們只要霸占一州一郡的土地，掌握那裡的政權和財權，就能確保擴大軍隊、發動戰爭的物質。因此奪取土地，實行割據，是封建軍閥之間相互混戰的直接目的。第三，掌握軍隊，是封建軍閥產生野心、包藏禍心、擁兵自重、對抗中央的前提條件。一些掌握軍權的將帥，把本是國家統治工具的軍隊，變成一己私有之物，並驅使軍隊為實現個人野心服務，利用軍隊割據地方、搶奪地盤、奪取中央政權、實行軍閥統治。如南北朝時期的侯景之亂；唐朝末年的朱溫篡唐；元末陳友諒自稱草頭王；清初吳三桂挑起的三藩之亂等，都是野心勃勃的將帥，利用手中軍隊進行叛亂或實行武力統治的。他們「喜則連衡而叛上，怒則以力而相併」，致使戰火連年，兵燹頻仍，社會生產受到嚴重破壞，黎民百姓處於水深火熱之中。所以，相較於尋常的封建統治，封建軍閥的殘暴統治，帶有更多的動亂性和黑暗性。

割據戰爭給整個中國帶來空前嚴重的危害。無論是軍閥與軍閥之間的戰爭，還是軍閥與中央政權之間的戰爭，對整個人民百姓來說都是一場劫難。

一、戰爭嚴重破壞了封建中央集權國家的統一。春秋戰國之際，中國步入了封建社會。秦統一六國後，中國開始由諸侯割據的封建國家過渡到統一的中央集權制國家。維護國家的統一，是各民族的共同願望。但是封建軍閥割據戰爭，卻造成中華民族的長期分裂狀態，使統一的中國出現了金甌殘缺、山河破碎的局面。這種割據狀態，少則幾年，多則幾十年，甚至數百年。如從東漢末年開始，到西晉滅吳為止，割據戰爭持續了近一個世紀；南北朝時期的分裂狀態持續了一百七十年；唐安史之亂至北宋建國前，割據狀態持續了兩百餘年。統一是歷史的進步，分裂是歷史的倒退。從這一意義上來說，割據之戰完全是對歷史的反動。

二、割據之戰嚴重破壞了社會的穩定和經濟的發展。中國歷史上每一次軍閥戰爭都引起了激烈的社會動盪，並嚴重阻礙了社會經濟的發展。首先，為了準備發動戰爭，封建軍閥拚命搜刮民財，增加稅收，從而加重了人民的負擔，使大批農民和手工業者陷入破產的境地。其次，許多人為了躲避戰亂，或藏進深山密林，或逃奔異國他鄉，造成田園荒蕪，百業凋敝，直接影響了社會經濟的發展。其次，軍閥在作戰中，縱兵劫掠，兵燹之後，往往是赤地千里，哀鴻遍野，出現「出門無所見，白骨蔽平原」、「幾處敗垣圍故井，向來一一是人家」的悽慘場景。正像《中國歷代戰爭史》所描述的：「所至屠滅，焚蕩無遺，軍行未嘗轉糧，車載鹽屍以從……極目千里，無復煙火。」

三、割據之戰嚴重阻滯了人類的生息與發展進程。戰爭，對人類自身來說，無疑是一種毀滅性的自相殘殺活動。割據戰爭較之其他戰爭，其殘暴虐殺程度則更為劇烈，對人類的生存與發展的危害則更為嚴重。大規模戰爭，使成千上萬的士卒暴屍荒野；連年的戰火，使無辜百姓慘遭屠戮；不斷地擴軍，使人口發展受到嚴重阻滯。戰國時秦滅趙，一次坑殺降卒二十萬；東漢末年，曹操曾將徐州百姓全部殺死，後又坑殺袁紹降卒八萬餘人；南北朝時，侯景亂梁，數十萬居民暴屍街頭；唐朝藩鎮割據，田承嗣大肆擴軍，州縣之中幾無男子。總之，在軍閥長期混戰中，直接或間接死於戰爭的人無以計數，人力資源受到極大損失，人口發展受到嚴重限制。據統計，唐玄宗開元年間，全國人口總數為六千五百萬左右。安史之亂後，人口總數為五千二百九十一點九萬人，銳減一千二百餘萬。而到唐文宗時，全國人口總數進一步下降到二千五百萬人。從人口的急劇減少，可以看出軍閥割據戰爭對社會生產力的巨大破壞作用。

四、割據之戰嚴重影響了各民族之間的團結和友誼。隨著歷史的發展，民族融合的不斷加強，在絕大多數時間內，各族人民和睦相處，友好往來，共同創造了中國歷史的燦爛文明。但是一些封建軍閥，為了實現自己的狂妄野心，取得兼併戰爭的勝利，往往勾結少數民族上層人物派軍參加軍閥混戰，從而破壞了各民族間的睦鄰友好關係，破壞了各族人民之間的團結與友誼。唐代宗時，僕固懷恩反叛，曾勾結吐蕃、回紇軍隊進攻唐中央政權，他們一路燒殺，一路劫掠，給各族人民帶來深重的災難。唐德宗時幽州節度使朱滔，召回紇兵三千人隨軍作戰，後為李抱真、王武俊率領的官軍擊敗，回紇兵幾乎全部戰死。五代時後晉的石敬瑭，以割讓燕雲十六州為條件，請求契丹出兵相助，自己甘當兒皇帝，結果造成後來宋遼間的長期戰爭。所以像這樣的古代封建軍閥就是百姓們的共同敵人。

鴉片戰爭後，中國進入半殖民地半封建社會。隨著西方資本主義的侵略和民族資本主義的產生，中國傳統的自然經濟開始受到衝擊並發生嬗變，但這種嬗變進展得十分緩慢，農業經濟仍然占據主導地位。這新舊兩種經濟因素的消長和衝突，使近代軍閥仍有著滋生和存在的基礎，然而這些軍閥卻有著古代軍閥所沒有的許多特點。

近代軍閥起於袁世凱天津小站練兵，迄於張學良東北改旗易幟。這一時期由北洋軍閥和西南軍閥構成了兩大軍閥體系。以袁世凱為首的北洋軍閥主要來自「小站舊人」。據統計，袁世凱小站練兵的參謀隊，五十八人中先後出了兩個總統、三個總理、十個陸軍總長及次長、兩個巡閱使、二十三個護軍使，他們是北洋軍閥的中堅力量。袁世凱死後，北洋軍閥分裂為皖、直兩大派系，以及稍後以張作霖為首領的奉系軍閥。西南軍閥主要由辛亥革命後的都督演變而來。他們中間的一部分人曾參加過辛亥革命、二次革命和護國戰爭，在中華革命史上占有一席之地。但後來在與北洋軍閥對抗中他們自身也變成了軍閥。西南軍閥以滇、桂、黔係為主，包括川、粵、湘系在內。此外還有割據一方的地方實力派，如盤踞於山西的閻錫山、占有陝甘的馮玉祥等。

近代軍閥割據的主要特點：一是北洋軍閥始終操縱北京政府，打著統一的旗號，頗有「挾天子以令諸侯」之勢，其內部的勾結與對抗，也是圍繞爭奪中央政權而展開的。西南軍閥則具有相對的獨立性，以割據地方為其主要目標。二是西南軍閥和北洋軍閥的內部組織結構，均帶有濃厚的封建宗法性。他們依靠血親、同鄉、同僚、故舊、師生的關係網，來把持軍事和民政，實行封建家長制統治。一個個大大小小的軍閥集團實際上就是一個個宗族性實體。皖系軍閥倪嗣沖督皖期間，其主要血親不下五十人，「都蒙其提拔，掌握了安徽的軍權政權和財政等，組成一個倪氏統治安徽的大集團」。三是近代軍閥都或多或少與帝國主義有著這樣那樣的聯繫。由於北洋軍閥控制中央政府，所以能代表國家與帝國主義列強簽訂賣國條約，故其賣國的罪惡更大一些。帝國主義的「分治政策」使其紛紛在中國尋找他們的代理人，而近代軍閥也都找一個帝國主義作靠山。如皖系、奉系與日本相勾結；直系則與英美關係比較密切，所以人們往往把近代軍閥稱作帝國主義的走狗。四是近代軍閥出身於不同的社會階層，由清代職業軍官轉化而來者有之；從行伍中脫穎而出者有之；在國內或國外受過近代軍事教育者有之；出身於土匪、綠林者有之。不同的出身，使他們在思想觀念上有著巨大的差異。五是由於科學技術的進步，近代戰爭進入熱兵器時代。槍炮等武器比古代的刀槍等冷兵器要優越得多。因此近代軍閥割據戰爭的破壞力、對人民群眾生命財產所造成的損失，也比古代戰爭大得多。

護國戰爭之後，大大小小的軍閥擁兵自雄，自成派系。或連省以為己有，或盤踞一省稱為督軍，或割據某地區自稱「鎮守使」。大軍閥往往網羅小軍閥以壯聲勢，小軍閥常常投靠大軍閥以求自保。各軍閥之間或相互勾結，合縱連橫；或矛盾衝突，明爭暗鬥。「一年三小仗，三年一大仗。」大小兵燹，連綿不斷，槍炮之聲，不絕於耳。在軍閥的燒殺劫掠下，百業俱廢，民生凋敝，人民陷入巨大的痛苦和災難之中。據《護法運動期間南北軍閥在湖南造成的禍害》一文所載：「湖南寶慶，城廂內外，及各鄉百里間，凡兵隊經過駐紮之處，幾使家無倖免，女無完節，戶少炊煙，路斷行人，傷人慘目，天日為暗。環顧國中，像寶慶那樣的情況非常多！」頻繁的戰亂，又造成政局的動盪。控制中央政權的軍閥頭目，像走馬燈似的不停地變換。從西元一九一二年到西元一九二八年的十七年間，內閣變更了四十七次，正所謂：「亂鬨哄，你方唱罷我登場！」

本書除了強調割據戰爭的反動性、殘酷性、野蠻性之外，還從軍事研究的角度去看這幾千年來的軍閥混戰，這其中有許多著名的軍事家，創造了大量以少勝多的例子，如新漢昆陽之戰、袁曹官渡之戰、孫曹赤壁之戰等，在軍事史上具有重要的意義。此外，一些軍閥順應歷史潮流，在兼併戰爭中取得勝利，使國家由亂到治，由分裂達到新的統一，這在客觀上也有一定的歷史進步意義。

張志坤

目錄

韓趙魏三家分晉

春秋時期，各諸侯國展開了激烈的兼併戰爭，使各國的軍事勢力得到相應的發展。到了戰國初年，隨著公室的衰弱，一些新興地主階級的代表人物——卿大夫逐漸攫取了軍權，並建立起由他們自己控制的私家軍隊，進而展開新一輪的廝殺與搏鬥。其中最為典型的，就是戰國初年發生在晉國的韓、趙、魏、智晉陽大戰。

戰國初年，曾為五霸之一的晉國日益衰微，政權落在趙、韓、魏、智、范、中行六家卿大夫手中。西元前四五八年，趙氏聯合韓、魏、智氏滅掉范氏、中行氏，並瓜分了他們的土地，當時的晉出公對四卿私自瓜分土地這件事非常憤怒，派遣使臣到齊國、魯國借兵討伐四卿，四卿聞知後，立即出兵反攻晉出公，晉君因當時已失去政權和兵權，無力抵抗四卿，只得逃往齊國，走到半路上就病死了。這四卿究竟姓什名誰？原來為首的是智襄子智瑤，人稱智伯；其次是趙襄子趙無恤、韓康子韓虎、魏桓子魏駒。四卿中，智伯是首席執政，地位最高，勢力最大。由於晉出公死後是由他出面擁立晉哀公為國君的，在政治上更加占有優勢地位，因此得以扮演挾國君以令群臣的角色。智伯身材高大，儀表堂堂，膂力過人，精於騎射，文辭精巧，處事果斷。但他為人貪婪兇狠，驕傲專橫，剛愎自用，胸襟狹窄，刻薄寡恩。從前他的父親智宣子將欲立他為繼承人時，族人智果曾勸說道：「立智瑤，不如立他的弟弟智宵。」智宣子說：「智宵相貌醜陋，不如他的兄長智瑤相貌堂堂，一表人才。」

智果說：「智宵面貌醜一些，心地卻很善良。智瑤雖然貌美，且頗具才能，但他為人兇狠不仁，繼承卿位必然敗家誤國。」智宣子不以為然，最後竟立智瑤為繼承人。智伯繼承父位後，果然像智果所預料的那樣，獨斷專行，恃強凌弱。他在扶立晉哀公後，隨著權勢的增大，更加不可一世，常想取而代之，自立為晉君，只是懼怕其他三卿聯合起來反對，才未敢遽然行動。

有一天，智伯召集家臣密謀其事。謀士絺疵進言道：「四卿勢均力敵，一家先發，三家拒之。今欲謀取晉室，必先削弱三家的勢力，方能獲得成功。」智伯問道：「用什麼辦法去削弱他們呢？」絺疵說：「現今越國強盛，晉國已失去霸主地位，主公可藉口擴大軍隊，與越國爭雄，假說晉侯有令，讓韓、趙、魏三家各獻地百里，所得賦稅以為軍資。三家若老老實實把地交出來，我坐增三百里之封，這樣智氏會更加強大，三家就會被削弱了。如果三家有不從者，主公可假托晉侯之命，率大軍先除滅之。此『食果去皮』之法也。」智伯連稱：「妙計！妙計！請問三家之中先拿哪家開刀？」絺疵回道：「智氏睦於韓魏，而與趙有隙，宜先韓次魏，韓魏既從，趙則不敢不從。」智伯遂首先派其弟智開向韓康子索取土地。智開來到韓康子府中，對韓康子說道：「我主奉晉侯之命，整治軍隊，準備伐越，令三卿各割地百里，入於公室，取其賦以充公用。我兄命我前來致意，願乞地界回覆。」韓康子對曰：「你暫且回去，明日我將親自向你家主公報命。」智開走後，韓康子召集家臣計議此事他氣憤地說：「智伯打著晉侯的旗號，以割地為名來削弱三家。我欲興兵討伐此賊，卿等以為如何？」謀士段規忙說：「不可！不可！智伯貪得無厭，打著晉侯的旗號來削我土地，若用兵，是抗君也，他將藉機加害於我家。與其這樣，還不如先把土地割給他，他得吾地，必又去向趙魏索要，趙魏不從，必相攻擊，我可收『坐山觀虎鬥』之利。」韓康子聽從了段規的意見，第二天親自攜帶地圖，獻於智伯，智伯見圖大喜，立刻設宴款待。

飲酒中間，智伯得意忘形，命人取出一幅「卞莊刺虎」的畫卷，讓韓康子觀看，只見畫上題著一行小字：「三虎啖羊，勢在必爭，其斗可俟，其倦可乘，一舉兼收，卞莊之能。」韓康子一看，身上頓時冒出冷汗。心中暗想：「莫非智伯已識破我的計謀？」正在此時，智伯指著畫上三虎逗著韓康子道：「我時常翻閱史冊，列國中齊有高虎，鄭有罕虎，加之足下韓虎之名，三虎全矣。」這時站在一旁的段規趨前而言道：「按照周禮的規定，卿大夫間不直呼其名。今日君對我主所開之玩笑，未免太過分了吧。」段規身材矮小，站在智伯面前不及其胸，智伯以手拍著他的頭頂說：「小兒何知，亦來饒舌！三虎所吃之餘，莫非就是你嗎？」說罷拍掌大笑。段規怒而不言，韓康子佯醉，閉目而言道：「智伯之言是也。」即時回府。智國聽說這件事後勸諫道：「主公戲其君而侮其臣，韓氏恨之必深，若不備之，禍將至矣。」智伯哈哈大笑道：「我不嫁禍於人就算不錯了，誰敢嫁禍於我？」智國急道：「蚋蛾蜂蠆，猶能害人，況且君相乎？主公不備，異日悔之何及！」智伯說：「我將倣法卞莊子，一舉刺三虎，蚋蛾蜂蠆，我何懼哉！」

過了一天，智伯再派智開向魏桓子索要土地。魏桓子起初也打算拒絕，他的謀臣任章說：「智伯向韓氏索取土地，韓康子已把百里之地割給他了，現在又向我們索要，還不如早點給他算了。」魏桓子氣憤地說：「毫無理由就想奪取我的土地，我就是不想給他。」任章規勸道：「正因為毫無理由就強迫人家割地，大家一定懼怕並怨恨他。我們讓出一塊土地，智伯就會更加驕傲起來。一方因為得地而傲慢、放肆並喪失警惕，另一方因失地而惱怒、憤恨並精誠團結。這樣以團結一致的軍隊來對付驕縱輕敵的人，可以預料，智伯的生命不會長久了。《逸周書》說『想要打敗敵人，一定先助桀為虐；想要奪取敵人的東西，一定先送給他們一些甜頭。』主公不如滿足智伯的要求，以此來驕縱他。然後我們再選擇盟友，聯合起來對付他。如果現在我們一口拒絕，就必然會激怒他，那麼我們就要成為他的首要打擊對象了。」魏桓子領悟了這些道理，也送給智伯一座萬戶居民的大城。

智伯見韓魏兩家相繼屈服，心中洋洋得意，於是想趁熱打鐵，去奪取趙氏的土地。當智伯的使者指名要趙的蔡地和皋狼地時，趙襄子卻不假思索地斷然拒絕。為什麼趙襄子敢於抵制智伯的無理要求呢？一、是趙的力量比韓魏強，因此不像韓魏那樣懼怕智伯；二、趙襄子趙無恤曾多次遭受智伯的侮辱，積怨很深，不肯屈服於他；三、趙襄子自以為才能謀略均超過智伯，因為他在趙封地內治理有方，深得百姓擁護，故此才敢於同智伯相抗衡。

除了此之外，還有一個原因：趙襄子是他父親趙簡子在攻打翟族時俘虜來的女奴所生，智伯曾因此羞辱趙襄子。趙簡子有兩個兒子，長子名伯魯，幼子就是趙襄子無恤。為了測驗兩個兒子的才智，有一次，趙簡子對他們說：「我藏了寶符在常山之上，先取得者有重賞。」伯魯與無恤二人便騎馬跑到常山尋找。伯魯一無所得，很快回到家中。而無恤回來時卻向簡子稟告說：「我已得到寶符了。」簡子問：「寶符在何處？」無恤說：「從常山居高臨下遠眺，可以望見代地（今中國河北蔚縣、山西大同一帶），越過常山，代地是可以取得的。這就是常山上藏的寶符。」聽了無恤的話，簡子感到他的才智比他哥哥還要高，便有廢長立幼的想法。後來，趙簡子把一段訓誡的話分別寫在兩片竹簡上，交給伯魯和無恤，讓他們謹慎收藏，切記在心裡。三年過後問他們時，伯魯沒記住幾句，追問竹簡在哪裡，也不知何時丟失了。再問無恤，他卻能全部背誦出來，而且對答如流。問其竹簡在何處，他立即從袖中掏出呈上。這樣經過反覆比較，趙簡子感到無恤的才智品德確實遠遠超過他的兄長，這才確定立無恤為他的繼承人。為了讓趙無恤在實踐中增長才幹，晉出公十一年（西元前四六四年）在智伯率晉軍圍攻鄭國時，趙簡子派無恤帶兵前往。作戰中無恤雖盡心盡力，但智伯卻根本不把他放在眼裡。有一次智伯喝醉酒後傲慢無禮，強行向無恤灌酒。無恤不喝，他就用酒壺對無恤進行毒打，並辱罵無恤是奴婢生的賤種。趙氏群臣要為無恤報仇雪恥，請求把智伯殺死。無恤雖心中憤恨，卻勸說他們不得魯莽行事。他說：「主君所以立我為繼承人，並命我率兵伐鄭，是因為我能夠忍辱負重，顧全大局。如果在此時此地相互殘殺，豈不貽誤了國家大事。」晉軍回晉國後，智伯不僅毫無悔改之意，反而勸趙簡子廢黜無恤。過了六年，趙簡子死去，無恤即位為晉卿，就是趙襄子。這也是趙襄子不肯割地的一個重要原因。

智伯在趙氏那裡碰了釘子後勃然大怒。當即下令調集智氏全部兵馬，同時派人邀請韓魏二家共攻趙氏，並約定「滅趙之日，三分其地。」韓康子、魏桓子一來懼怕智伯之威，二來貪圖趙氏之地，便各引一軍，隨智伯伐趙。智伯自率中軍，韓軍在左，魏軍在右，氣勢洶洶地向趙府殺來。趙襄子見情況緊急，忙召喚趙氏謀臣張孟談，對他說：「智伯為人非常陰險毒辣，表面親近，其實疏遠。最近三次派人邀請韓魏二家密談，不讓我參加，一定是商議出兵攻打我。如今為避其鋒芒，我們退守何地為好。」張孟談說：「董安於乃是先主簡子手下有才智的謀臣，鎮守晉陽多年。後來尹鐸繼承他守晉陽，採取減輕賦稅，充實戰備等措施，把那裡治理的井井有條。如今晉陽城池堅固，民心向趙，依我之見，最好是退守晉陽。」趙襄子猛然想起父親臨終時叮囑他的話：「晉國一旦發生變亂，你要記住，不要認為尹鐸年輕，也不要以為晉陽距離遙遠，一定要把那裡當成退路！」於是同意張孟談的意見，命部下延陵生率騎兵先到晉陽，然後率趙氏群臣前往。趙襄子到晉陽後，立即視察城廓、府庫、糧倉，對張孟談說：「晉陽城池堅固，府庫充盈，糧食豐足，只是缺少箭矢，如何是好？」張孟談說：「臣聽說董安於治理晉陽時，宮室垣牆外圍都是用蘆葦、楛木紮成，高至丈餘，主君可以用作箭矢。」於是趙襄子命人察看，果然如張孟談所說。這些蘆葦和楛木非常堅硬，是做箭矢的好材料。趙襄子親自檢驗後說：「這些材料夠做箭矢用了，缺少兵器怎麼辦？」張孟談說：「臣聽說董安於治理晉陽時，宮室的柱子都是用煉過的精銅製成的，可以用來打製箭頭和鑄造武器之用。」趙襄子按照張孟談的建議，預先準備好一切防禦工具，人心日益安定。他深有感觸地說：「治國之需賢臣，這太重要了。得董安於而器用備，得尹鐸而民心歸。上天如此垂顧趙氏，趙氏怎會滅亡呢！」

智伯假借晉君的名義，脅迫韓魏兩家，共同出兵進攻趙襄子，很快攻到晉陽城下，時在周貞定王十四年（西元前四五五年）。趙襄子見三家聯軍把晉陽圍得鐵桶一般，便與張孟談商量抗敵之策。張孟談進言道：「現在敵眾我寡，主動出戰未必獲勝，不如深溝高壘，堅閉不出，以待其變。因為韓魏過去與趙無仇，此次前來參戰，完全是智伯所逼迫的。另外，兩家被強行割地，心中已對智伯產生仇恨情緒。所以三家同兵而不同心，不出數月，內部定會生變，待他們自相猜疑之際，再予智伯以狠狠打擊，智氏還能不失敗嗎？」趙襄子認為張孟談的意見是對的，便親自撫卹百姓，表明同心協力固守城池之意。晉陽的百姓互相勸勉、同仇敵愾，連婦女兒童也都欣然願效死力。每當敵軍攻至城前，輒以強弓短弩射之；敵至城下，則以滾木礌石擊之。如此相持一年有餘，晉陽城巋然不動。

智伯見晉陽久攻不下，心中十分煩悶，某天駕小車在城外巡遊，行至一處叫龍山的地方，發現泉流奔湧，水勢甚急，問當地居民，得知此乃晉水源頭，距晉陽不足十里，智伯沉思一會兒，突然哈哈大笑道：「我得破城之計矣！」忙驅車回營，召韓康子、魏桓子商議破城辦法，智伯說：「晉水發源於龍山，轉而東流。如在山北開渠，將晉水西引，然後築一高壩，待春汛到來之時，破壞堤防，放水倒灌晉陽，趙氏將頃刻而亡。」當即命韓部守東路，魏部守南路，智伯將大營移至龍山，兼守西、北二路，以防止趙氏突圍逃跑。然後以主力人馬掘渠築壩。不到三個月，諸事完成，晉陽城西北的高地上，好端端地多出了一個人工湖泊。適逢春雨連降，山水驟漲，蓄水已與堤平。智伯派人破壞堤防放水，只見那滔滔洪水，直瀉而下，向晉陽城灌來。

此時晉陽城外一片汪洋，洪水離城牆頂端不到三尺。城裡居民的鍋灶大多泡塌，遍地可見魚蛙。但趙襄子率領軍民日夜巡守城上，沒有一絲投降的意思。某日，智伯乘車在城周圍察看水情，魏桓子為他駕車，韓康子一旁陪同。智伯見到在大水浸泡中的晉陽城，如同一葉孤舟，很快就要陷落了，得意忘形地說：「我今天才知道河水也能滅亡一個國家。」聽了智伯的話，魏桓子用胳膊肘碰了一下韓康子，韓康子也用腳踩了一下魏桓子的腳背，二人互相遞了個眼色，臉上露出一絲愁雲。因為他們從智伯的話裡，已清楚地意識到，晉水既然能灌倒晉陽城，也可能灌倒安邑城（在今中國山西夏縣西北，魏氏的根據地），而絳河水也可能灌倒平陽（在今中國山西臨汾西南，韓氏的根據地）。智伯回營後，謀士絺疵提醒他說：「韓、魏有可能反叛。」智伯問道：「你根據什麼這樣說呢？」絺疵回答道：「我是根據人情判斷的。現在韓、魏軍兵跟隨我們圍攻趙氏，趙氏滅亡了，他們該意識到下一步也將大禍臨頭了！雖然事先已經約定滅趙後由我們三家瓜分趙地，如今城頭只差三尺就要被大水淹沒了，城裡面糧食奇缺，已開始分食戰馬，晉陽城陷指日可待，趙氏投降亦成定論。在這種局勢下，他們兩個毫無喜色，卻是一臉愁雲。據此臣推測韓魏二家很快就會反叛的。」智伯不以為然，毫無警惕之意。第二天，韓康子、魏桓子到智伯營中參加宴飲。席間，智伯停杯問道：「昨天絺疵對我說二君將要謀反，果然有此事嗎？」韓康子、魏桓子齊聲答曰：「元帥信嗎？」智伯說：「我若相信，怎能當面問於兩位將軍？」韓康子說：「聽說趙氏拿出許多金銀，收買奸細，欲離間我們三人。此必讒人受趙氏之私，使元帥疑我二家，因而懈於圍攻，以便乘機突圍。」魏桓子接著說：「韓將軍此言甚當。如今即將攻破晉陽城，三分趙地，我們雖然愚蠢，也不能放棄目前必得之利，而去做那些不可能成功的事情。」智伯笑道：「我亦知二位必無此心，此乃絺疵之多慮也。」韓康子說：「元帥今日不信，恐早晚還有說我們壞話的，使我二人忠心難以自明，這不就中了讒臣的奸計嗎？」智伯將杯中之酒倒到地上，發誓說：「今後彼此相猜，有如此酒！」韓魏二人拱手稱謝。三人推杯換盞，盡歡而散。韓康子、魏桓子剛走，絺疵就從帳外進來，對智伯說：「主君為什麼把我的話告訴韓魏二人呢？」智伯說：「你怎麼知道我把你說的話告訴他們了？」絺疵回答道：「我從他們的眼神上看出來了。剛才在帳外碰見韓魏二人時，他們狠狠地瞪了我一眼，就急急忙忙地離去了。故此我知道主君洩露了我的話。」智伯笑著說：「我與他們兩個酹酒為誓，各不相猜，你勿妄言，自傷和氣。」絺疵退而嘆曰：「智氏之命不會太久了。」於是詐稱得了暴疾，求醫治療，逃奔秦國而去。

半月之後，晉水漸漸淹沒城牆，開始灌進城內。城裡軍民支架木棚居住，懸起鍋來煮飯，且糧食將盡，病餓交加，形勢十分危急。趙襄子對張孟談說：「糧食將盡，財力將盡，將士又病又餓，快要支持不下去了。據我看來，晉陽的百姓已為趙氏安危盡了全力，再堅持下去，讓百姓受苦，於心不忍。不如早點投降算了，以免百姓遭受塗炭。你以為如何？」張孟談說：「當此存亡之秋，我們應當盡一切力量來挽救危局，請主君務必打消投降的念頭。依臣之愚見，韓魏二家與智氏明和暗不和，趙氏見危，他們必有脣亡齒寒之感。臣請出城見韓魏兩家主君，與其共商對策，說服他們反戈一擊，或可轉危為安。」趙襄子點頭稱是。當夜即派張孟談假扮智氏軍士，潛出城外，往見韓康子。進入韓氏大營，張孟談對韓康子說：「我乃趙氏之臣張孟談也。我主被圍日久，危在旦夕，恐一旦身死家滅，無由布其腹心，特遣臣假作軍士，深夜至此，有言相告於將軍。將軍容臣進言，臣敢開口，如不然，臣請死於將軍面前。」韓康子說：「你有話但說無妨，講得有道理，我就聽你的。」孟談說：「昔日六卿和睦，同執晉政，自范氏、中行氏不得人心，自取滅亡，今存者，惟魏、韓、智、趙四家。前者智氏欲奪趙氏蔡、皋狼之地，我主念土地乃先世所遺，不忍割讓，而得罪於智氏。智伯自恃其強，脅迫韓魏，欲攻滅趙氏，趙氏亡，必禍及韓魏矣。」韓康子沉吟不語。孟談又說：「今日韓魏之所以從智伯而攻趙者，實指望城下之日，得分趙氏之地也。你們韓魏二家不是已經割萬戶之邑給智伯了嗎？如果貪圖趙氏之地，當初何必捨棄祖宗所傳之家業呢？再說趙氏滅則智氏益強，韓魏能以今日之勞，與智氏爭高低嗎？假如智伯不踐前言，又當如何呢？退一步說，你們二家分得趙地，誰敢保智伯日後不再向你們索要呢？古人有『脣亡齒寒』之語，請將軍細思之。」韓康子湊到張孟談跟前，低聲說：「你的意見如何是好？」孟談對曰：「依臣愚見，韓魏二家莫如與我主私和，反攻智伯，成功之日，均分智氏土地，而智氏之地多倍於趙，何樂而不為呢？況且除掉智氏這個禍患，日後三君同心，世為脣齒，豈不美哉？」韓康子說：「剛才你講得這些都很有道理，我需要同魏桓子商議一下，你暫且回去，三日後來聽答覆。」孟談說：「臣冒死求見，此來並非易事。軍中耳目眾多，難保不洩露機密。故臣請留麾下三日，以待尊命。」韓康子派人密召段規，告以孟談所言。段規因受過智伯之辱，遂深贊孟談之謀。第二天，奉韓康子之命，段規親往魏桓子大營，密告孟談來韓軍中聯絡之事。並對魏桓子說：「我主不敢擅自做主，請將軍裁決。」魏桓子說：「智伯狂悖，我亦恨之。就怕縛虎不成，反為虎傷。」段規說：「智伯狼子野心，想吃掉趙魏韓三家，然後篡奪晉侯之位，這是昭然若揭的事，與其受侮於日後，不如制之於當前。再說，趙氏與我們以往並無過隙，現在他們在危難之中，我們去扶困濟危，他們一定會記住這一恩德的，日後也能夠和睦相處，這不勝於同智伯那樣的凶人共事嗎？」魏桓子說：「此事重大，千萬不可造次，當與你家主人、趙氏使臣共商後，再作定奪。」

當天夜裡，魏桓子祕密來見韓康子，計議之後，遂與張孟談歃血定約，共擊智氏。三方還約定，明日由韓魏派人進晉陽城商定具體日期和行動方案，之後依照計畫行事。

張孟談完成使命連夜返回城中向趙襄子匯報。趙襄子聽後喜出望外，連連向張孟談致謝，並下達命令，暗中做好反擊準備。但是，張孟談並未完全放心，為打探智伯虛實，他又以晉國大夫的身分（張既是趙氏謀士，又是晉國大夫），前往智伯營中朝見智伯。智伯擺出一副盛氣凌人的架勢，大聲問道：「趙氏賤種為何不來投降？派你來又有何干？」張孟談坦然答道：「我來朝見主君，非為趙氏，而是為晉陽百姓。」智伯說：「此話怎講？」孟談回道：「晉陽城裡水深二尺，百姓已斷糧多日。現在人心惶惶，上上下下都在議論投降的事。我來這裡是替晉國的利益著想，希望主君在城破之日，不要屠戮晉城百姓。」智伯說：「既然如此，你傳話給趙襄子，讓他三日內速來投降，尚可保全性命。否則城破之日，我將食其肉，寢其皮，誅其九族。」朝見後，張孟談走出轅門，迎面碰上智伯的族人智果，孟談微微點頭，就大搖大擺地走了。智果進帳對智伯說：「韓魏兩家主君的態度可能有變化。」智伯說：「何以見得？」智果說：「臣剛才在轅門處遇見張孟談，他趾高氣揚，與平常大不相同。臣以為一定是韓魏兩家別有意圖，才使他自鳴得意。」智伯說：「你的揣想未必準確，我早已同韓魏兩家有約，滅趙後三分其地，這是我親口許諾的，他們是不會懷疑的。現在趙氏滅亡在即，他們不會對我懷有異圖的，你放心吧，不必多說了。」智果出去拜見韓康子、魏桓子，然後又進帳對智伯說：「臣剛剛拜見了韓魏二位主君，他們神飛色動，舉止失當，與往日迥然有別，必定是內藏奸詐，蓄謀背叛主君，不如先下手為強，早點把他們殺掉。」智伯說：「我們智氏同韓魏兩家共同興兵圍攻晉陽已經近三年，眼看就要勝利了，他們怎能背叛我呢？不要再多說了。」智果又說：「如果不殺他們，就要同他們進一步搞好關係，使智、韓、魏三家更加親密起來。」智伯問道：「如何才能使三家更親密呢？」智果答道：「韓氏有一個謀臣叫段規，魏氏有一個謀臣叫任章，他們同主君的關係非常親密，一貫是言聽計從，能左右其主君的行為。如果主君答應在破趙之後，各分給他們一萬戶縣邑，透過他們的作用，能使韓魏二家的態度不發生變化，主君就可以免除後患了。」智伯說；「滅掉趙氏後，三分其地，又加封任章、段規以萬家的縣邑，我所分得的土地就會減少，這樣做絕對不可

其首級傳示三軍。隨後趙韓魏三家軍隊合於一處，將智伯所築各壩閘全部拆毀，水復東行，歸於晉川。一直到了天亮，晉陽城中的水才完全退去。趙襄子、韓康子、魏桓子三人攜手入城，設宴慶功。酒席上，趙襄子向韓康子、魏桓子再三致謝說：「趙某賴二公之力，得以保全性命，晉陽百姓也免遭塗炭，大恩大德，永生難忘。現在智伯雖死，但其族尚在，只怕斬草留根，來春再發，成為我們的後患。」韓魏二家同聲應道：「當盡滅其族，以解我等心頭之恨。」於是趙韓魏三家回師絳州，將智家包圍起來，無論男女老幼，全部屠戮，智氏宗族盡絕，就連智伯的頭骨也被趙襄子漆黑了作為便器。智氏族中惟有智果因已改姓輔氏，才倖免於難。

智伯滅亡後，韓、趙、魏三家瓜分了智氏的領地，形成了三家分晉的局面。所以在當時就把韓、趙、魏稱為「三晉」。他們雖無諸侯之名，而有諸侯之實，對內稱孤道寡，對外與列國平等往來，已成為實際上的諸侯國；反之晉君雖有諸侯之名，而無諸侯之實，三家分晉後，只保留絳、曲沃兩縣，成為三家的附庸。周威烈王二十三年（西元前四〇三年），周天子正式冊命韓、趙、魏為諸侯，晉國已名存實亡。

三家分晉的實質是新興的封建制取代了腐朽的奴隸制，這是春秋戰國之際歷史發展的必然趨勢。在這場新興封建勢力間的較量中，智伯敗在恃才傲物、貪得無厭，利令智昏、狂妄自大上，最後落得個家敗人亡、頭骨成為便器的悲慘下場；趙氏善於依靠民眾之力，輕徭薄賦，寬以待民，在民眾的支持下獲得晉陽之戰的全勝。所以緊密依靠群眾，是新興勢力戰勝腐朽勢力的力量源泉。

三家分晉，既是中國步入封建社會的重要開端，也是中國封建軍閥割據戰爭的肇始。

平群雄劉秀稱帝

經過春秋以來的長期的兼併戰爭，到了戰國時代，便出現了齊、楚、燕、趙、韓、魏、秦七雄爭霸的局面。秦統一六國後，中國開始由諸侯割據的封建國家過渡到統一的多民族的中央集權制國家。秦末農民大起義推翻了秦王朝，混進農民起義隊伍中的項羽和劉邦為搶奪勝利果實，進行了五年「楚漢戰爭」，結果劉邦獲勝，建立起西漢王朝。時至西漢末年，土地兼併嚴重，封建統治的黑暗重現，階級矛盾尖銳，人民的反抗鬥爭日趨激烈。外戚王莽乘機篡漢，建立新朝，並實行復古改制，本意在試圖改變「富者田連阡陌，貧者無立錐之地」的局面，實際上更加激化了矛盾，導致西漢末年的綠林、赤眉農民大起義。一些地主豪強紛紛割據地方，稱帝稱王，由此而引發了長達十幾年的軍閥割據戰爭。

西元一七年，荊州一帶發生嚴重飢荒，新市人王匡、王鳳兄弟揭竿而起，並以綠林山（今中國湖北大洪山）為根據地，故史稱綠林起義。西元二二年因疫病流行，起義軍兵分兩路，一路西去南郡，號稱「下江兵」；一路北去南陽，稱「新市兵」；另有平林人陳牧、廖湛聚眾響應，稱「平林兵」。當時，本是西漢宗室子弟的南陽大地主兼商人劉秀與其兄劉縯，抱著「復高祖之業」的目的，糾集族人、賓客七八千人參加起事，稱「舂陵兵」。同年十一月，劉秀兄弟派同族劉嘉說服新市兵和平林兵，聯合攻打長聚，攻陷唐子鄉，殺死了湖陽縣尉。隨後攻下了棘陽（今中國河南新野境內），並向宛城（今中國河南南陽）挺進。走到一個叫小長安聚的地方，劉秀兄弟被前來鎮壓的王莽軍甄阜、梁丘賜部攻擊，結果劉秀大敗，單人匹馬逃跑。路上遇到妹妹劉伯姬，與她同乘一馬而奔。向前走了不遠，又遇到姐姐劉元，劉秀讓她趕快上馬，劉元揮手說：「快走，你們無法救我，何必都死在一起！」正巧追兵來到，劉元和她的三個女兒都被殺死了。劉秀的二哥劉仲及族人等幾十人均在這次失敗中喪命。此敗是劉秀兄弟起兵後的第一次失敗。

不久，劉縯、劉秀兄弟又集結兵眾，占據棘陽。甄阜、梁丘賜趁著勝利，把輜重留在蘭鄉，帶領十萬精兵輕裝前進。在黃淳河和沘水之間安營紮寨。這時新市兵、平林兵看到劉秀兄弟接連失敗，甄阜、梁丘賜的軍隊威勢逼人，遂想分散行動。劉秀正在擔心，恰有下江兵五千人來到，劉秀與劉縯立即到他們營中拜訪，說：「我們願見下江兵的首領，共議大事。」下江兵的首領王常出來相見。劉縯用聯合起來對敵鬥爭有利的道理來說服王常。王常醒悟道：「王莽暴虐，百姓思漢，現在劉氏復興，就是真正的天下之主。我們應竭盡全力，輔佐成就大業。」劉縯說：「如果事情成功，我豈敢獨自享受！」劉秀兄弟遂與王常結為深交。王常回到軍營中，將同劉秀兄弟談話的內容告訴了他的部下成丹等，成丹說：「大丈夫既然起事，應自己當首領，為什麼要受別人的制約？」王常耐心地說：「王莽苛刻殘暴，使民心喪盡，百姓思念漢朝已不是一天的事了，因而我們才能趁機而起。人民怨恨的，正是上天要除掉的；人民思念的，正是上天要賜給的。要想奪取政權，一定要下順民心，上合天意，才能大功告成。如果僅僅依賴自己的勇猛善戰，感情用事，為所欲為，即使得到天下，也一定要失去它。憑秦王朝、西楚霸王項羽的威勢，尚且遭到滅亡，何況我們這些聚集在山野中的平民百姓呢？現在南陽劉氏全宗族起兵，觀察他們派來與我們聯絡的人，都有深謀遠慮，具有王公的才幹，與他們聯合，一定能成就大功，這是上天來保佑我們的力量。」由於下江兵平日裡敬重王常，便道歉說：「如果沒有王將軍，我們幾乎陷入不義的泥坑。」於是王常率軍與舂陵兵、新市兵、平林兵聯合起來，一舉攻克王莽軍的後勤基地蘭鄉，奪得敵人的全部軍用物資。西元二十三年正月，劉秀兄弟與下江兵一起攻打甄阜、梁丘賜軍，殺死了甄阜、梁丘賜及士卒兩萬多人。王莽的納言將軍嚴尤、秩宗將軍陳茂率兵前來相救，也被起義軍所破，只好退守潁川一帶。隨後起義軍兵分兩路，一路由劉縯率領，圍攻宛城，一路由王鳳、王常、劉秀率領，去攻打昆陽（河南葉縣）。是年三月，王鳳、劉秀等連克昆陽、定陵、郾城等地。

王莽聽說嚴尤、陳茂戰敗，立即派司徒王邑、司空王尋等趕赴洛陽，征發各州郡精兵成立討伐軍，以救宛城。同時王莽還徵召六十三位懂兵法的人充任軍吏，任命身材高大的巨無霸為壘尉，驅趕虎、豹、犀牛、大象等猛獸來助軍威。夏初，各州郡到達洛陽之精兵已達四十三萬之多，號稱百萬。五月，王邑、王尋率軍南下，抵達潁川後與退守在那裡的嚴尤、陳茂相會合，隨後浩浩蕩蕩地向宛城前進，旌旗輜重千里不絕。約經兩日行程，其先頭部隊已抵昆陽城下。此時，起義軍將領見王尋、王邑的軍隊聲勢浩大，便撤退進入昆陽，一些人掛念妻子兒女，甚至想分散活動。劉秀說：「我們現在兵力、糧食很少，而外有強敵威脅，如果大家全力抵抗，尚有成功的希望；如果分散活動，勢必無法保全。況且劉縯還未攻下宛城，不能來救助我們。若是昆陽被攻破，只要一天時間，各部軍隊就會統統被消滅。大敵當前，大家不同心協力共同成就大業，反而想守著妻子兒女嗎？」眾將領聽了都很憤怒，紛紛責備劉秀。正巧偵察兵回報：「敵軍即將到達城北，軍隊的陣營長達幾百里，看不見它的後頭。」眾將聞聽，十分驚恐。王常說：「還是請劉將軍拿主意吧！」劉秀遂讓王鳳、王常留守昆陽，自己與李軼等人連夜突出城去，到定陵、郾城搬取救兵。

王尋、王邑抵達昆陽後，嚴尤獻策道：「昆陽城小而堅，今叛軍主力在宛，應集大軍進攻宛城。

宛城被克，昆陽自服。」王邑自恃兵多將廣，根本沒把劉秀等人放在眼裡，狂妄地說：「今將百萬之眾，遇賊而不能下，非所以示威也。當先屠此城，喋血而進，前歌後舞，豈不快邪？」便不用尤策，而將數十萬大軍，列營百里，擁塞於昆陽小城之下，圍城數十重。鉦鼓之聲，聞於百里。隨即向昆陽發起猛烈進攻。並挖地道或以戰車撞城，調集弓弩手，萬箭齊發，矢如雨下。守軍請求投降，王邑拒絕接受。王尋、王邑自以為頃刻就會成功，不再憂慮軍事上的事情。嚴尤說：「兵法記載，『包圍城市要留一個缺口』，應使城中守軍能夠逃出，讓宛城的敵軍害怕。」王邑還是不聽。由此可見，王尋、王邑二人驕妄自大，毫不知兵，其敗端已顯露出來。

劉秀到了定陵、郾城後，立即調集各營軍從。有些將領貪圖財物，想分出一部分士兵在那裡守衛。劉秀說：「現在如果打敗敵人，將會有一萬倍的珍寶，而且可以建立大業。如被敵人打敗，腦袋搬家了，還有什麼財物！」於是所有官兵向昆陽進發。六月初一，劉秀自率一千名步、騎兵為前鋒，抵達昆陽近郊，在離王邑大軍四五里的地方列陣。同時假造數份「宛城已下，前來救援的大軍就在後面」的文書，一面用弓箭射入城中，以堅定守城官兵的信心；一面使王尋、王邑軍喪失戰意，以造成敵人的慌亂。王尋、王邑不知真假，忙派幾千名士兵出來對陣。劉秀一馬當先，衝入敵陣，接連斬殺了幾十人。將領們高興地說：「劉將軍平時看見一小股敵人都膽怯，而今遇強敵卻如此勇敢，讓我們衝上去，幫助劉將軍。」於是劉秀所率之部將軍心大振，每個人爭先恐後不斷向前，以一當十，以十當百，左衝右突，奮勇殺敵。王尋、王邑見劉秀之軍兇猛，忙帶兵後撤。劉秀乘機率敢死隊三千人，繞過城西水上，居高臨下，向敵軍大本營發起更猛烈的衝擊。此時王尋、王邑仍輕敵如故，僅率萬餘人列陣迎戰，並傳令各營不得輕動。王尋、王邑之陣很快被劉秀的三千敢死之士衝破，即刻潰亂，而各營兵又不敢擅自赴援。於是劉秀之軍披堅執銳，勇無可當，突入敵陣，斬殺王尋。這時，昆陽城中的守軍，也擊鼓助威，吶喊著衝殺出來，於是內外夾擊，殺聲震天動地，王莽軍大敗，逃跑的士兵互相踐踏，百里之內，屍橫遍地。正當王莽軍潰退之際，突然巨雷轟響，狂風大作，暴雨如注，屋頂上的瓦片在風雨中亂飛，昆陽之北的山川洪水氾濫，虎豹都嚇得恐懼發抖。王莽軍的士卒被水淹死的數以萬計，河水因被屍體堵塞而不能流動。王邑、嚴尤、陳茂騎馬踏著河中的屍體渡過滍水逃命，一口氣跑到洛陽，清點一下，身邊只有幾千人。劉秀的隊伍全部繳獲了王邑軍的軍用物資和糧草，多得無法計算，一連幾個月還沒打掃完戰場，剩下的只好燒毀。關中聽到王邑昆陽大敗的消息後，十分震驚。於是全國各地的豪傑均起事響應，殺死當地的牧守，自稱將軍，使用漢朝年號。一個月之內幾乎全國都背叛了王莽的新朝。昆陽之戰的結果敲響了王莽的喪鐘，也為劉秀後來開創東漢王朝奠定了堅實的基礎。

昆陽之戰後，劉秀率軍乘勝攻取了潁川、父城（河南寶豐縣東）。一天，突然從宛城傳來消息：劉縯被更始皇帝劉玄所殺。原來，正當劉縯率部與新市兵、平林兵聯合攻打宛城的時候，多數將領欲立漢宗室子弟劉玄為帝。而劉縯等少數人卻反對這樣做。結果按多數人的意見，劉玄即皇帝位，號更始皇帝。直到宛城被攻克、昆陽之戰大勝時，劉秀兄弟的聲威一天比一天大，新市兵、平林兵的將領申徒建、李軼、朱鮪，便暗中勸更始皇帝除掉他們。劉縯的部將劉稷，是全軍最勇敢的將領，聽說劉玄當了皇帝，非常氣憤地說：「最初起兵圖謀大事的，是劉伯升兄弟，現在為什麼劉玄當皇帝？」更始皇帝任命他為抗威將軍，他也不肯接受。於是劉玄就與眾將率幾千人列陣，將劉稷逮捕，並準備殺死他。劉縯出面勸阻，也被逮捕，並於當日同劉稷一起遇害。劉秀聽到其兄遇害的消息後，忍住內心的悲痛，隻身趕到宛城，當面向劉玄請罪，絲毫不提自己在昆陽之戰中的功勞。劉玄內心慚愧，便任命劉秀為破虜大將軍，封武信侯。

昆陽大戰之後，王莽已成驚弓之鳥，為了苟延殘喘延續下去，連忙抽調進攻山東農民起義軍的太師王匡、國將哀章率軍回守洛陽；以都尉朱萘、大夫宋綱駐守武關；又發北軍精兵數萬，防守華陰、回溪間之峭谷，以固關中。與此同時，更始皇帝劉玄派定國上公王匡攻洛陽，派大將軍申徒建和丞相司直李松攻武關，直趨長安，九月攻下洛陽後，斬殺王莽之太師王匡、國將哀章。而申徒建所部也攻下長安，王邑戰死，王莽被殺，新朝滅亡。十月，漢更始帝劉玄從宛城移居洛陽，並派遣使者循撫天下郡國，宣告：「先降者，復爵位。」同時以劉秀行大將軍事，持節北渡黃河，鎮撫州郡。

更始元年（西元二三年）十月，劉秀奉劉玄之命，鎮撫河北州郡。他在經過各郡縣時，考察官吏的政績，提升賢能者，懲處奸邪者，平反冤案，釋放無罪囚徒，廢除王莽的苛政，恢復漢朝的官名。官民都很高興，爭先恐後地拿著牛肉和美酒來迎接慰勞劉秀，劉秀一律不接受。這時南陽人鄧禹執鞭驅馬追趕劉秀，到鄴縣才追上。劉秀說：「皇帝授權於我，可以專斷封官爵，您遠道而來，難道想當官嗎？」鄧禹說：「我不想當官。」劉秀說：「既然如此，你想做什麼？」鄧禹說：「只希望您的威望和恩德遍及全國，我能在您的屬下效一點力，使我的功名能記載在史書上。」劉秀笑了起來，並留他住下，與之私下交談。鄧禹建議道：「現在山東不安定，赤眉、青犢隊伍有數以萬計的人在活動。更始皇帝是個庸才，遇事自己不能決斷，將領們都是平庸之輩，靠著時運而占據高位，其目的是追求財物，爭著利用權勢，圖一時的快樂罷了，沒有一個是忠於朝廷、聰明賢能、深謀遠慮、想尊奉皇帝和安定百姓的人。遍觀古代聖明君王的興起，不過有兩個條件罷了，即天時和人事。從今天的天時來看，劉玄當皇帝後，天象變異不斷出現；從人事來看，帝王大業絕不是平凡人物所能勝任的，朝廷分崩離析的形勢已很明顯。您雖然建立了諸侯之功，還恐怕不能成就大業。況且你平素有盛德大功，天下人歸向順服，您無論帶兵還是理政都很嚴正，賞罰分明而講究誠信。當今之計，不如招攬英雄豪傑，使百姓心悅誠服，建立漢高祖那樣的大業，拯救萬民的性命。依閣下的深謀遠慮，天下不難平定。」劉秀聽了鄧禹此一宏圖大計，心中特別高興，便叫鄧禹住在軍營，隨時與之計議。從此，劉秀隱然有天下自為之志。

劉秀自從哥哥劉縯死後，每當自己獨居時，便不動酒肉，枕頭上常有哭泣的痕跡。主簿馮異偷偷安慰他，劉秀說：「你可不要對外胡說。」馮異趁機勸道：「更始政治混亂，百姓因此沒有依附擁戴的人，一個人長期飢渴容易使他吃飽，所以您現在可以在自己任職的地方，不必請示獨自行事，應當分別派遣官屬巡行各郡縣，宣布您的善政恩德。」劉秀採納了他的意見。劉秀至邯鄲，騎都尉、宋子（河北趙縣）人耿純前來拜見，並與劉秀結為深交。劉秀遂派他留守邯鄲。然後前往北方的真定（河北正定縣）。是年十二月，邯鄲一個算卦的人叫王郎，詐稱自己是漢成帝的兒子劉子輿，聚眾起事，自立為皇帝，向各州郡發布文告，趙國以北，遼東以西，都望風響應。劉秀見王郎勢盛，為避其鋒芒，便到薊（今中國北京），欲聯絡上谷郡，與王郎相抗衡。

更始二年（西元二四年）正月，上谷太守耿況，派他的兒子耿弇去長安向朝廷呈送奏章。此時耿弇年方二十一歲。走到宋子縣時，正趕上王郎起兵稱帝。耿弇的隨從官員說：「劉子輿是漢成帝的正統，捨棄這裡不歸服，跑到長安幹什麼？」耿弇按劍說：「劉子輿是個敗賊，早晚要被人俘虜的，我到長安，與諸侯國調遣漁陽郡、上谷郡的兵馬，出動突騎來碾軋那些烏合之眾，像摧枯拉朽那樣容易。看你們這些人，連如此簡單的道理都不懂，不久就會被滅族的啊！」其隨從不聽，就都跑到王郎那裡去了。耿弇聽說劉秀正在盧奴縣（河北定縣），就騎馬飛馳北上拜見，劉秀任命他為長史，與他一起到薊城。當時王郎到處張貼文告，懸賞十萬戶，購求劉秀的人頭。劉秀派人到街上招募新兵，卻受到百姓嘲笑，便打算南歸。耿弇說：「現在敵兵從南方來，不能向南走。漁陽太守彭寵，是您的老鄉；上谷太守是我的父親。發動這兩個郡的兵力，可有一萬騎兵，邯鄲那裡不值得憂慮。」正在劉秀猶豫不決之時，西漢原廣陽王劉嘉的兒子劉接在薊縣起兵響應王郎，城內一片混亂。劉秀見形勢不利，便倉皇出逃，遂與耿弇相失，其起兵的計畫也成了空談。劉秀逃出薊城後，經蕪蔞亭、饒陽，渡滹沱河至南宮。沿途飢寒交迫，急急如喪家之犬，忙忙似漏網之魚。因擔心不能繼續南行，乃復折向東北而行，走到下博城西，自感窮途末路，竟惶惶然不知所去。幸得路旁有一老者指使道：「努力，信都郡（河北冀縣）為長安城守，去此八十里。」於是劉秀率從官急奔信都而去。這時，河北的郡縣封國都已投降王郎，只有信都郡太守任光、和戎太守邳彤不肯服從王郎。任光正擔心自己孤軍死守一城，無法保全，因此聽到劉秀來到而特別高興，官民為此都喊萬歲，邳彤也從和戎趕來相會。劉秀遂召集諸將會議，商量今後的進退之策。參加會議的多數將領說可以由信都兵護送劉秀等人返回長安。邳彤說：「官民歌頌、思念漢朝很久了，故劉玄稱帝而全國響應，三輔地區打掃宮殿、清潔道路來迎接他。現在一個卜卦的王郎，假借名號乘勢糾集烏合之眾，取得了燕趙之地，但沒有牢固的基礎。如果您能發動信都、和戎二郡的兵力討伐王郎，還擔心不能取勝嗎？現在若放棄這轉瞬即逝的機會而返回長安，豈不是白白失去了河北，還必定驚動三輔，損害朝廷威信，不是成功的計謀。如果您沒有征討王郎的意思，那麼就是信都的兵也難以召集。什麼原因呢？您一旦西行返回長安，那麼邯鄲王郎的局勢就安定了，百姓不肯拋棄父母妻子，背叛現成的主人（王郎）千里送您，他們必定要逃散。」邳彤以當地人論當時事，極為確當。劉秀在進退維谷的形勢下，認為邳彤的分析很有道理，遂決定不再回長安了。但是他仍認為二郡兵力太弱，恐不足以成大事，想投奔城頭子路和刁子都（農民起義軍）軍中，欲借其眾以有所作為。任光認為不可。於是在鄰縣徵集精兵四千人，封任光為左大將軍、都尉李忠為右大將軍、邳彤為後大將軍，率軍討伐王郎。任光四處散發討伐文告說：「大司馬劉秀率城頭

郎而毀謗劉秀的信。劉秀看都不看，就當眾將信銷毀，並說：「讓那些睡不好覺的人安心吧！」

劉秀破邯鄲、滅王郎，聲名威震河北，更始皇帝因此開始憂慮劉秀勢大難制，便派使者封其為蕭王，並命令全部停戰，讓其和各位有功的將領到長安去做官，又派自己的心腹到河北各地任職。這樣就把劉秀置於進退維谷之境地，使他不得不另謀良策。有一天劉秀正在午睡，耿弇走到他的床前，請求單獨交談，乘機對劉秀說：「官兵傷亡很多，請讓我回上谷補充兵力。」劉秀說：「王郎已被消滅，黃河以北已平定，還用兵做什麼？」耿弇說：「王郎雖已敗亡，但是天下的爭戰才剛剛開始。現在長安派使者來，讓我們停戰，不能聽他的啊。銅馬、赤眉之類的軍隊有幾十隊，每隊有幾十萬甚至上百萬人，他們所到之處沒有誰能阻擋，劉玄無法對付他們，不久就會潰敗。」劉秀坐起來說：「你失言了，我要殺了你！」耿弇說：「您厚愛我如同父子，所以我敢披露誠心。」劉秀說：「我是和你開玩笑罷了，你根據什麼說這些？」耿弇說：「百姓厭恨王莽，思念漢朝劉氏皇家，聽說漢兵起事沒有不高興的，就好像逃離虎口回到母親懷抱一樣。現在劉玄當皇帝，而諸將在山東擅自發號施令，皇親國戚在京城內橫行霸道，任意掠奪，百姓痛苦已極，甚至想念王莽王朝，因此可知劉玄必敗。您已建立了功名，天下聞名，以正義討伐不義，只要發出討賊檄文，天下便可安定。國家政權是最重要的，您應自己去掌握，毋令他姓得之。」聽了耿弇的話，劉秀的主意已定，乃拒更始之命而獨立。劉秀拒更始之命，表明他已與農民起義軍徹底決裂，其封建地主階級的本質則完全顯現出來。所以，在他下定背叛更始政權的決心後，首先把進攻矛頭對準活動在山東、河北各地的農民起義軍。

當時，劉秀確定了以下作戰方針：一、首先肅清更始政權在河北之勢力；二、逐步消滅活動於山東、河北境內的農民起義軍；三、南定河內，以邯鄲、河內為根據地，趁機進取兩京——洛陽、長安，以成帝業。為貫徹這一作戰方略，劉秀採取以下行動。一是北定幽州，以討銅馬、青犢、五幡等農民軍為名，派耿弇、吳漢北赴幽州，征發幽州十郡突騎，乘機斬殺劉玄任命之地方官員，委派大將軍朱浮為幽州牧；二是擊敗銅馬等農民軍，收其降將降卒幾十萬人，以壯大自己的實力；三是在進擊青犢、尤來、五幡農民軍的同時，乘機襲擊更始政權在邯鄲的大將謝躬，爾後揮兵南下，占據河內，威脅洛陽。在上述作戰目標逐一實現後，劉秀遂於西元二五年夏稱帝，改年號為建武元年。

這一年的秋七月，光武帝劉秀派吳漢率大軍圍攻洛陽。洛陽守將朱鮪拚死堅守，一連攻了幾個月也未攻下來。劉秀想到廷尉岑彭曾是朱鮪的校尉，便派他去勸說朱鮪，岑彭在城下向朱鮪分析成敗利害，朱鮪在城上回答道：「大司徒劉縯被害，我曾參與謀劃，又勸更始皇帝不要派蕭王北伐，我自知罪孽深重，不敢投降。」岑彭回來把一切都告訴了劉秀，劉秀說：「創大業的人不忌恨小的怨仇，朱鮪現在如果能投降，官職爵位皆可保住，怎麼會談到誅殺懲罰呢？黃河在此作證，我絕不食言！」岑彭把劉秀的話告訴朱鮪，朱鮪從城上放下一條繩索，說：「如果你說的是真話，那麼就請攀繩索上來。」岑彭抓住繩索想上去，朱鮪見他確有誠意，立即答應投降。第二天，朱鮪自縛兩手，同岑彭一起到河陽面見劉秀。劉秀親自解下朱鮪身上的繩子，安慰一番後，又讓岑彭送他回洛陽城中，次日朱鮪率全軍出城投降，劉秀任命他為平狄將軍，封為扶溝侯。冬十月癸丑日，劉秀車駕入洛陽，住進南宮，於是定都洛陽。

光武帝劉秀定都洛陽後，全國仍面臨著群雄割據的局面。較大的割據勢力有：一、扶持劉盆子為帝，占據長安地區的赤眉農民軍；二、聯絡董憲、李憲、張步，割據安徽、江蘇、山東東部地區自立為帝的宗室子弟劉永；三、背叛劉秀，自稱燕王，割據幽州和遼西地區的彭寵；四、割據湖北襄陽、江陵地區的秦豐；五、割據湖北夷陵地區的田戎；六、與匈奴合勢，稱帝於九原，割據三水地區的盧芳；七、割據天水隴西地區的隗囂；八、割據巴蜀、漢中地區，自立為帝的公孫述；九、占據河西地區（今中國甘肅蘭州、武威、敦煌）的竇融。面對這種形勢，劉秀認為：西方之隗囂、盧芳、公孫述、竇融等，均與中原地區相距較遠，且有關中為阻，所以對中原並無直接威脅。但如果不予以和緩及穩定，則有危及關中，搖撼中原之慮，因此應採取先和後戰之策；南方之荊襄地區，乃劉秀之發祥地，也是更始政權殘餘勢力之所在，實為心腹之患，故應迅速平定，以安中原官兵之心；東方之劉永割據集團，在睢陽稱帝，與洛陽近在咫尺，且與山東之割據勢力遙相呼應，構成對東漢政權的直接威脅，故必須逐次剷平；東北方之彭寵反叛勢力，素以其突騎兵勇敢善戰而名聞天下，故對河北威脅較大，若河北不守，則危及洛陽，所以要以迅雷不及掩耳之勢打擊他們。基於以上分析，光武帝劉秀遂定下南征北討、東攻西和之戰略決策。先是派岑彭、王常率軍南下荊襄，擊破長江以南之各割據勢力，並乘勢平定南郡、交趾等廣大地區。隨後派吳漢、耿弇率軍平定彭寵之叛亂勢力，而光武帝劉秀親率漢軍主力，征剿劉永、張步、董憲等割據勢力，於建武五年（西元二九年）平定齊魯、江淮大片地區。劉秀在逐次消滅東方各割據勢力後，遂改變戰略，以主要精力經略西方，進攻隗囂和公孫述，以統一全國。

劉秀早在平定河北時，就對關西地區予以極大的關注。更始二年，山東農民軍三十萬人，在樊崇率領下，東出潁川，西攻長安，一舉擊敗更始政權，殺死劉玄，別立劉盆子為帝。當時劉秀從戰略的高度，估計到赤眉軍一定會占據關中，遂派大將鄧禹率兩萬精兵，西出潼關，窺視關中地區。及至赤眉軍為隗囂所敗，退出長安，東歸山東時，劉秀率軍以逸待勞，將赤眉二十萬人收降於河南境內。至此，西北、西南方向能與劉秀相抗衡的只有公孫述、隗囂、竇融、盧芳四大割據勢力。

隗囂，成紀（今中國甘肅省靜寧縣西南）人，喜讀儒家經典。西元二三年起兵響應更始政權，自號上將軍，率十萬大軍進攻王莽軍，占據隴西、武都、金城、武威等地，成為西北的重要割據勢力。

更始帝劉玄定都長安後隗囂曾親往長安朝拜，被封為右將軍、御史大夫。赤眉軍破長安，劉玄敗亡，隗囂逃回天水，重新集結兵眾，自稱「西州上將軍」。適逢赤眉軍在長安周圍劫掠，躲避戰亂的士大夫大多歸附隗囂，囂熱情接待，成布衣之交，遂名震西州。鄧禹經略陝州，其部將馮愔發動叛亂，帶兵進攻天水，被隗囂擊敗。鄧禹因此代表光武帝任命隗囂為西州大將軍，掌管涼州、朔方軍政大事。

建武三年（西元二七年）十一月，光武帝劉秀對太中大夫來歙說：「現在西州還沒有歸附，公孫述自稱皇帝，道路險阻遙遠，將領們正致力於關東，對攻取西州有什麼良策嗎？」來歙說：「我曾與隗囂在長安相遇，這個人開始起兵時以復興漢朝為名，我願奉陛下之命，用您始終不渝的誠意來開導他，隗囂一定束手歸附。這樣公孫述自然處於敗亡境地，是不難圖謀的。」光武帝聽後大喜，當即命來歙出使到隗囂處。隗囂既然對東漢朝廷有功，又接受東漢宰相鄧禹的任命，其心腹謀臣都勸他同東漢朝廷聯繫。於是隗囂拿著奏書到朝廷去。光武帝用特殊的禮儀來回報他，說話時稱他的字，表示親近，用等同於朝廷國賓的地位接待，以此來表示對隗囂的安撫。

建武四年（西元二八年）冬十月，隗囂派馬援去成都了解公孫述的情況。馬援與公孫述都是茂陵（今中國陝西興平縣東北）人，平素是很要好的朋友。馬援自認為一到蜀都，公孫述就會像平時一樣，與他握手言歡，暢敘別情。哪知公孫述高坐在金鑾殿上，兩邊禁衛軍林立，很久才請馬援進去，並按宮廷禮儀，要馬援行完交拜禮後，才送到賓館休息。第二天公孫述在宗廟正式接見馬援，故意把百官都召集過去，並擺出一副皇帝老兒的架勢，前呼後擁，一路戒嚴，一片肅靜，進入宗廟後，迎接賓客的場面也極為隆重盛大。公孫述想封馬援為侯，任大將軍。跟隨馬援的人都願意留下，馬援對他們說：「天下勝負未定，公孫述不能像周公那樣思賢若渴，一飯三吐哺，與有才幹的人共商國是，反而注重小節，如同一個玩偶一般，這樣的人怎能留住天下的賢能呢！」於是告辭回去，對隗囂說：「公孫述不過是井底之蛙罷了，而且妄自尊大，我們不如專心事奉洛陽的劉秀。」不久，隗囂又讓馬援到洛陽試看劉秀的態度。馬援很快就被引進宮中，只見劉秀在宣德殿的屋簷下，穿著常服，紮著頭巾，笑臉相迎道：「你奔走於兩個皇帝之間，今天見到你，使人慚愧。」馬援叩頭拜謝，乘機說：「當今之世，不只是國君挑選臣子，做臣子的也選擇國君啊！我與公孫述是同鄉，少年時友好。我前時到蜀，他在金鑾殿上嚴密戒備後才敢見我。我今天來見陛下，你卻毫無戒備，怎知我不是刺客呢？」光武帝笑道：「你不是刺客，只是說客而已。」馬援說：「天下局勢反覆不定，盜取帝王稱號的不計其數。今見陛下寬宏大量，與漢高祖劉邦相同，才知道這些帝王中自有真命天子。」馬援寫信向隗囂匯報情況後，隗囂才表示歸附東漢政權，但內心中仍是一種游移的態度。

這一年的十二月，公孫述派大將李育、程烏率數萬人東出陳倉，襲擊三輔地區。劉秀派馮異率軍迎戰，將公孫述軍打得大敗而逃。隗囂也曾派兵助戰。事後隗囂以派兵助戰有功，向光武帝劉秀上奏軍情。劉秀親自寫信說：「我欽慕德義，一直想與你結交……將軍在南方抵擋公孫述的軍隊，在北方抵禦羌人、胡人的擾亂，因此馮異西征，率數千人能在三輔立足。如果沒有你的援助，那麼咸陽就會被別人占領了！如果公孫述到漢中來挑戰，三輔地區憑將軍的兵馬與其對峙，勢均力敵。那將是計功封爵的時候了。管仲曾說過：『生我的是父母，使我成功的是鮑叔』。自今而後，我們要互相通信，不要聽別人離間。」此後，公孫述多次派軍襲擊漢軍，隗囂與馮異合力，共同挫敗他。公孫述派使者授隗囂大司空、扶安王的印信，隗囂斬殺了來使，並出兵攻擊公孫述，因此公孫述的兵馬不敢再向北出擊。

建武五年（西元二九年）正月，光武帝派來歙持節送馬援回隴右。隗囂向馬援詢問東漢朝廷的情況。馬援說：「前時我到洛陽後，皇帝接見我幾十次，每次接見都很隨便，從晚上到天明，無所不談。劉秀才智聰明，勇敢而有謀略，普通人不是他的對手，而且心懷坦誠，沒有什麼隱藏的，寬宏大量，注重大節，大致與劉邦相同。而且他博覽經學，對政事的管理、對文章的評說，前世君主沒有比得上的。」隗囂說：「你說劉秀比劉邦怎麼樣？」馬援說：「劉秀趕不上劉邦，劉邦對政事模棱兩可沒有主見，而劉秀喜歡處理政事，辦事有規劃，有分寸，不喜歡飲酒。」隗囂不高興地說：「看你說的，變化無常的人反倒是最優秀的了！」夏四月的一天，隗囂又詢問班彪說：「從前周朝滅亡，戰國時群雄並起，爭奪天下，經過幾代而天下統一。你看合縱連橫的事會不會在今天重演？」班彪說：「周朝的興亡與漢朝不同。從前周朝實行五等爵位，諸侯王各自為政，從而造成本根微弱，枝葉強盛的局面。故此末期出現了縱橫的事，這是時勢所造成的。漢朝承襲秦朝的制度，改設郡縣，君王有獨斷專制的權威，臣子沒有永久的權力。漢成帝後外戚專政，王莽才乘機篡奪皇位。所以這種危險來自上層，沒有傷害百姓。正因為如此，王莽篡位後，天下沒有不伸長脖子嘆息的。十多年來，宮廷內外騷亂，遠近發生暴亂，假借皇帝名號起事的不斷出現，都聲稱是劉氏的後代，不謀而合。現在占據州郡的英雄豪傑，都沒有六國那樣世代相傳的事業根基，而百姓歌頌思念漢朝，漢朝必定復興，這是可以看清楚的。」隗囂詰問道：「你談的周朝、漢朝的形勢是對的，但說百姓思念漢朝，決定漢朝必定復興，這是不周密的。當初秦朝失政，劉邦角逐爭奪而得天下，難道當時人們知道有漢朝嗎？」班彪見隗囂心存異志，便作了一篇《王命論》的文章來諷勸他。隗囂不聽，班彪投奔竇融，替竇融出謀劃策，勸竇融專心事奉東漢朝廷。

割據河西地區的竇融當初聽說劉秀有威望、有美德，因此有意歸附，但因為河西離洛陽太遠，中間隔著隗囂占據的地盤，不能直接聯繫，就隨同隗囂接受了東漢建武年號。後來隗囂心懷異志，派人勸說竇融與他合作。使者說：「更始帝的事業已經成功，但不久又敗亡了，這是劉姓不能再興起的證明。現在如果承認了某人為皇帝，便隸屬於他。一旦受到控制，自然失去了權力，以後若這個人再失敗，即使後悔也來不及了。當今英雄豪傑互相競爭，勝負未定，應當各自保全疆土，與天水、蜀郡聯合，如果成功，最高可以成為諸侯之一，最低也不會失去尉佗那樣的王爵。」竇融與部下商議，多數人認為，「當今雖有數人稱帝，但光武帝占據的土地最廣，軍隊最精幹，號令最嚴明，其他姓氏人恐怕不能當皇帝。」竇融於是決定歸附東漢劉秀，並派人拿著奏書到洛陽。劉秀知道後非常高興，當即下詔書說：「現在益州有公孫述，天水有隗將軍。當蜀與漢相互攻擊時，勝敗掌握在你的手中。你移動一下左右腳就會影響蜀漢的輕重。由此說來你如果決定幫助哪一方，力量之大是無法計算的。如果你要想實現齊桓公、晉文公那樣的霸業，幫助我這個微弱的朝廷，應當努力完成這一事業；如果你想實現三國鼎立，想合縱連橫，也應及時決定。天下還沒統一，我與你相距甚遠，不是互相吞併的對象。現在的諫議者中一定有人獻出隗囂、尉佗控制七郡的計策。王爵有分封的土地，沒有分割的百姓。自己好好管理自己的事情就行了。」於是任命竇融為涼州牧。詔書傳到河西，官員們看了十分驚訝，認為光武皇帝明察萬里之外。

隗囂認為自己才能傑出，常常自比西伯（周文王）。十二月，隗囂與將領們商量要稱王的事，鄭興勸阻道：「你的恩德雖很明顯，但沒有周朝世代相傳的皇位；你的威嚴謀略雖有影響，但沒有漢高祖的功績。這樣想做不可能做到的事情，明顯會招來禍患，恐怕不行啊。」因為遭到大家的反對，隗囂只好暫停稱王的行動。這時劉秀的將領們紛紛上書，主張攻打蜀郡，劉秀把這些奏書交給隗囂看，並讓他率兵攻擊蜀郡，以考驗他的誠意，但隗囂上書強調三輔兵力單薄，盧芳在北邊，不應考慮討伐蜀郡。劉秀認為隗囂有二心，動搖不定，不願意天下統一，就對他逐漸降低禮節，以君臣的禮儀對待他。為了在政治上爭取隗囂，劉秀提出讓他到洛陽做官的要求，隗囂卻以「自己沒有功德，等天下平定後，就引退回家」的話，婉言拒絕。劉秀又命令隗囂把兒子送到洛陽當人質，隗囂怕自己稱王的企圖暴露，便順從了劉秀的要求。隗囂的將領王元認為天下的成敗未可預料，應該鋌而走險，去幹一番事業，於是勸隗囂說：「現在天水富饒，兵強馬壯，我請求用一泥丸替您封閉函谷關的道路，這是創萬世大業的良機。如果達不到稱王的目的，也可據險自守，當一方霸主。您要盡快下決心啊！」王元的計畫正好呼應了隗囂的內心，雖然兒子在洛陽當人質，但他仍想叛離東漢、專制一方。

建武六年（西元三〇年）正月，劉秀苦於連年征戰，仍想從政治上爭取公孫述歸附東漢，便多次寫信給他，陳說禍福利害關係，公孫述非但不聽，反而加緊採取軍事行動，於是年三月派田戎率軍進攻荊州，主動挑起戰端。劉秀下詔，命隗囂從天水出發，討伐公孫述。隗囂卻上書說：「白水關（陝西白水縣）山高路險，沿途棧道多毀壞斷裂，公孫述性情嚴酷，上下厭恨，等他的罪惡明顯表露出來再攻擊他，這是大呼一聲必有眾人響應的形勢。」劉秀知道隗囂叛意已決，遂開始部署軍隊，準備討伐隗囂。五月，隗囂舉兵叛變，派王元據守隴山要隘，阻塞陝隴通道。東漢軍隊初戰失利。十二月，劉秀命耿弇駐軍漆縣、馮異駐軍栒邑、祭遵駐軍汧縣、吳漢屯駐長安，對隗囂採取守勢。當初，馬援聽說隗囂反叛，上書劉秀說：「我與隗囂本是知友至交，開始他派我來東方時，對我說：『本想效忠東漢王朝，請你去觀察一下，如果你認為可以，我就專心一意了。』我回去把陛下的一片誠意告訴他，想引導他走正路，不敢欺詐使他走向不義。但隗囂自懷奸心，憎恨正直的人，於是把一切怨恨都歸到我身上了。我如果不說明，那麼陛下就不會了解，希望陛下允許我到您的住地，說明消滅隗囂的策略。」劉秀立即召見馬援，馬援向劉秀陳述了如何擊敗隗囂的方略，劉秀派馬援率五千突騎在隗囂的將領及羌部落首領中，往來遊說、以離間隗囂部屬之間的關係。建武七年（西元三一年）夏四月，光武帝劉秀親自率軍征討隗囂。臨行前召見馬援問計。馬援說：「隗囂的將帥們已有土崩瓦解之勢，如大舉進攻，一定會擊敗敵人。」同時他還用米堆積成山川形勢圖形，向劉秀展示行軍路線、關隘險要，清楚明白地分析形勢。劉秀高興地說：「這回隗囂就在我的眼中了。」同時，河西竇融也率五郡太守及羌、小月氏部落軍隊幾萬人，前來與劉秀會師，共同討伐隗囂，於是漢軍全線出擊，分幾路攻上隴山，隗囂的十三員大將、十六個屬縣、十多萬軍隊都投降了東漢朝廷。隗囂帶著妻子兒女逃到西城，劉秀下詔書對隗囂說：「如果你能放下武器前來歸附，父子可以相見，保證沒有其他事故。如果一定要負隅頑抗，也請你隨便。」隗囂始終不降，於是劉秀殺死他的兒子隗恂，並派吳漢、岑彭圍攻西城，耿弇、蓋延圍攻上邽，隗囂在困境中向公孫述稱臣，請求出兵援助，公孫述封他為朔寧王，並派兵前來救援。建武九年（西元三三年）正月，隗囂身患重病，又遭飢荒，只能靠吃乾糧充飢，在病餓中憤怒而死，王元、周宗等擁立其子隗純為王，據守冀縣（今中國甘肅甘谷縣南），公孫述再次派趙匡、田弇率軍來援，為馮異擊敗。建武十年（西元三四年）冬十月，來歙率軍攻下冀縣，隗純投降，王元逃到蜀郡後隴西歸東漢所有。

劉秀平定隴西後，立即兵分兩路進攻割據巴蜀的公孫述政權。一路由來歙率軍，從隴西、天水出發，自北向南進攻；一路由岑彭、吳漢率領，從湖北江陵出發，溯江而上，自東向西進攻。從而形成了對成都的鉗形攻勢。

公孫述見隗囂已敗，自感勢孤，但仍作困獸之鬥，一面派翼江王田戎、大司徒任滿、南郡太守程泛等率數萬軍隊東出江關（中國四川奉節縣），擊敗東漢將領馮駿等軍，攻陷了巫縣、夷道（湖北宜都縣）、夷陵（中國湖北宜昌市），占據荊門山、虎牙山，橫江架橋，修建關樓，在江中立木斷絕水道，於山上結營寨堵塞陸路，企圖阻止東漢軍隊的進攻。一面任命王元為將軍，派他與領軍環安一起，據守河池（今中國甘肅徽縣）、下辨（今中國甘肅成縣）一帶，阻止東漢北路軍南下。

建武十一年（西元三五年）三月，東漢將領岑彭率軍多次攻打田戎，但都沒有取勝，劉秀便派吳漢等徵調荊州兵六萬餘人、騎兵五千人，與岑彭在荊門會師。閏三月，岑彭在軍中招募攻打浮橋的勇士，並說先登橋者予以重賞，偏將軍魯奇奉命率軍攻打浮橋，這時東風大作，東漢軍逆流而上，直衝浮橋，但是漢軍的船隻被蜀軍扔出的反杷鉤鉤住，而無法行動，因此魯奇等將士只好進行殊死戰鬥，點燃火把後，扔上浮橋，火勢因為風的關係，浮橋和兩邊的橋樓很快被燒崩塌，岑彭率全軍乘勢前進，所向無敵。公孫述的軍隊因此大亂，落在水裡淹死的有幾千人，漢軍斬殺了公孫述的大將任滿，活捉了程泛，田戎逃回江州固守，之後漢軍遂盡克夷陵諸要隘。岑彭攻克夷陵後，乃一面上報以誅虜將軍劉隆為南郡太守，一面趁蜀軍敗退，人心浮動之際，自率輔威將軍臧宮、驍騎將軍劉歆等約三萬人馬，長驅江關（中國奉節縣東之江關），所至軍令嚴肅，百姓迎勞，郡縣降附。此時劉秀為使岑彭在軍中便宜行事，乃下詔曰：「彭為益州牧，所下郡即行太守事；彭若出界，即以太守號，付後將軍；選官屬為州中長史。」於是岑彭在戰區內握有軍政之全權，劉秀此項措施，對岑彭隨後之迅速進軍極為重要。岑彭率軍進至江州，見其城固糧多，難以快速攻克，遂留馮駿之軍圍困監視之，而自率主力及降卒五萬，直指墊江、攻破平曲（今中國四川省武勝縣西），收其米數十萬擔以充軍糧，並準備向成都進行攻擊。

是年六月，北路軍之來歙、蓋延、馬成等，看到岑彭長驅入蜀，遂向河池、下辨展開猛烈攻擊，大破蜀王元、環安軍，攻克河池、下辨二城，並乘勝南進。這時蜀將環安派刺客暗殺了來歙，劉秀以揚威將軍馬成代為統帥，馬成率劉尚等攻克武都，為配合岑彭對成都地區的攻勢作戰，馬成派劉尚迅速南進，與岑彭會師。秋七月，劉秀親自率軍征討公孫述，把大本營設在長安，公孫述派他的將領延岑、呂鮪、王元、公孫恢在廣漢、資中一線防守；另派侯丹率兩萬人據守黃石（今中國四川涪陵縣），東漢將領岑彭將自軍分兵兩處，一路由臧宮率領歸降的五萬士兵，從涪水到平曲，阻截延岑；自己率部分士兵順江而下，返回江州，逆水從都江而上，襲擊侯丹，大破侯丹之軍，乘勝日夜兼程兩千里，直取武陽（四川彭山縣），並派精騎兵奔襲廣都，那裡離成都只有幾十里，漢軍所到之處，如狂風暴雨般，公孫述的官兵因此畏懼，無不潰散奔逃。最初，公孫述聽說東漢軍隊在平曲，因此派主力去迎擊，等到岑彭到了武陽，繞到蜀軍延岑部的背後，震動蜀郡上下。公孫述大驚，用手杖敲擊地面說「這是什麼神兵呀！」

東漢將領臧宮率部與蜀將延岑對峙。當時漢軍兵多糧少，轉運的物資未到，軍心有些動搖，臧宮想率軍返回，又怕中途士兵嘩變，正在進退兩難之際，劉秀派人給岑彭送來七百匹戰馬，臧宮將戰馬全部留下，擴充自己的騎兵，隨即日夜進兵，多樹旗幟，擊鼓吶喊，右邊有步兵，左邊有騎兵，他在中間指揮戰船，齊頭並進，聲震山谷。延岑沒想到漢軍會突然來到，登高遠眺，漢軍漫山遍野，大為震驚，臧宮發起總攻，大破延岑軍，斬殺和淹死蜀軍一萬餘人，河水都變得混濁了。延岑隻身逃回成都，其部眾全部投降漢軍。臧宮率軍繼續向北掩殺，一直追到陽鄉（四川綿竹縣東），王元率軍投降。

冬十月，公孫述派人刺殺了東漢大將岑彭，劉秀命吳漢統率岑彭的軍隊。十二月，吳漢率三萬人從夷陵出發，在漁涪津擊敗了蜀軍魏黨、公孫永部，包圍了武陽。公孫述派他的女婿史興前去救援，被吳漢擊敗，劉秀下詔命吳漢直接奪取廣都，占據公孫述的心臟地區，吳漢於是進軍廣都，大獲全勝，並派輕騎兵燒毀了成都的市橋。公孫述軍驚恐萬分，日夜都有人逃亡，劉秀寫信給公孫述說：「不要因為來歙、岑彭被害而懷疑，現在你及時來投降，就可保全你的宗族。詔書和親筆信件，不可多得。」公孫述看完詔書後，仍無投降之意。

建武十一年（西元三五年）秋七月，東漢將領馮駿攻克江州，俘獲田戎，同時吳漢仍在圍攻成都，久未攻克。劉秀乃下詔指示吳漢作戰方針，說：「成都十餘萬眾，不可輕也。但堅據廣都，待其來攻，勿與爭鋒；若不敢來，公轉營迫之，須其力疲，乃可擊也。」但吳漢並未遵從劉秀的作戰方針，而是乘勝自率步騎兵兩萬餘，進攻成都，距成都十餘里，阻江北為營，又造浮橋，讓副將武威將軍劉尚率一萬餘人駐紮在江南，南北大營相距二十多里。劉秀聽說後大驚，派使責備吳漢說：「比敕公千條萬端，何事臨事勃亂？既輕敵深入，又與尚別營，事有緩急，不復相及。賊若出兵綴公，以大眾攻尚，尚破公即敗矣。幸無他者，急引兵還廣都。」詔書還沒送到，九月公孫述果然派大司徒謝豐、執金吾袁吉率軍十萬之眾，分為二十幾營，攻擊吳漢；又派別將率軍一萬餘人攻擊劉尚。吳漢與謝豐等大戰一日，兵敗入營堅守，蜀兵乘機包圍了吳漢的軍營，同時江南之劉尚大營也為蜀軍所包圍，兩軍不能互相援助。吳漢在此危急之時，乃召集諸將商議破敵之策，激勵大家說：「吾共諸君，踰越險阻，轉戰千里，所在斬獲，遂深入敵地，至其城下。而今與尚二處受圍，勢已不接，其禍難量。欲潛師就尚於江南，並兵御之。若能用心一力，人自為戰，大功可立。如其不然，敗必無餘，成敗之機，在此一舉。」諸將從其言，士氣大增。於是吳漢乃犒勞將士，餵好戰馬，閉營不戰，休兵三日，第三日晚，在營中多樹旌旗，充滿營火炊煙，除留少數人守營外，自率主力潛行南渡，與劉尚會合。蜀將謝豐等人，全然不知，天明後，發現已經中計，才兵作兩處，自己率主力攻打江南，吳漢帶領全軍迎戰，大戰至午後六時，方大破謝豐軍，殺死謝豐、袁吉，獲甲首五千餘級，至此吳漢乃令劉尚留原地以拒蜀軍，而自引兵還廣都。是役吳漢初則部署錯誤，導致失敗，繼則變更決心確當，才得轉危為安，變敗為勝，實乃機智之舉。光武帝劉秀預見於千里之外，適時給予指導，也有可稱之處。

吳漢帶兵回到廣都，留下劉尚抵擋公孫述，然後把一切情況上報劉秀。劉秀回信說：「你回到廣都，很恰當。公孫述一定不敢越過劉尚而襲擊你，如果他先攻擊劉尚，你從廣都帶領所有的步騎兵趕五十里路去援救他，正好是敵人疲勞的時候，一定可以擊敗敵人。」從此吳漢與公孫述在廣都、成都之間交戰，吳漢八戰八勝，終於進入成都的外城中。這時東漢將領臧宮率軍攻下綿竹，攻破涪城，殺死公孫恢，又攻取了繁縣、郫縣，與吳漢在成都外圍會師，兩軍將公孫述團團圍住。

公孫述被困已久，情況緊急，便問計於延岑。延岑說：「男人應當在死中求生，怎麼能坐以待斃呢！財物容易積聚，不應吝惜。」於是公孫述就拿出所有的金銀財寶，招募五千餘敢死的士兵，交給延岑統率。延岑在成都市橋廣樹旗幟，遍布疑陣，派奇兵祕密繞到吳漢軍隊背後，突然發起攻擊，漢軍無防，陣腳大亂，吳漢在亂中落入水中，幸而抓住馬尾，才得以上岸，當時吳漢軍中只有七日糧食，就暗中備船，準備撤退，蜀郡太守南陽人張堪聽說，飛馳去見吳漢，說公孫述一定會敗亡，不應採取撤退的策略。吳漢聽從他的計策，故意示弱以誘敵，冬十一月，公孫述率幾萬人攻擊吳漢，命延岑攻擊臧宮，混戰中，延岑三戰三勝，但從早晨到中午，蜀軍得不到飲食，又累又餓，吳漢趁機派護軍高午、唐邯率幾萬精銳士卒攻擊延岑，公孫述的士兵因此非常混亂。高午衝進敵陣，直刺公孫述，刺穿了他的胸口並且讓他墜馬，公孫述被左右親信帶入城中搶救，於當夜死去。次日，延岑打開城門投降，公孫述割據了十二年的巴蜀政權終告滅亡。劉秀統一之大業終於完成。

縱觀劉秀近二十年的征戰生涯，可以看出，他由南陽的地主豪強，乘農民起義之勢而崛起，因軍閥割據之勢而逐漸發展成諸軍閥中最強大之軍閥，並逐次削平其他各割據勢力，終於完成統一全國的大業，奠定東漢王朝統治的基礎。其成功的原因所在，除當時人們厭倦割據戰爭，要求統一的客觀條件外，主觀上與劉秀戰略思想的遠大，戰役指揮的正確，戰術運用的靈活，是分不開的。此外，劉秀在個人品格上的胸懷寬闊、虛心納諫等，也是其成功的重要因素。

官渡之戰　袁曹爭霸

東漢後期，由於外戚、宦官的干政，政治變得十分混亂，社會矛盾和階級矛盾非常嚴重，廣大人民陷於水深火熱之中，終於導致了西元一八四年的黃巾起義。在鎮壓黃巾起義過程中，一些豪強勢力乘機而起，大則盤踞一州一郡；小則控制一鄉一縣，其中較為強大的勢力有：最初割據關中地區，後率兵入京，大肆殺戮，擅行廢立的董卓集團；起兵反對董卓失敗後退據河北的袁紹集團；據有兗豫地區的曹操集團；占據兩淮自立為帝的袁術集團；割據江東的孫堅、孫策父子；割據荊州地區的劉表集團；割據幽州的公孫瓚集團；割據遼東的公孫度集團；割據涼州、并州的馬騰、韓遂集團。此外還有游移不定的劉備、呂布、張繡及占據巴蜀的劉璋、張魯等。這些大大小小的軍閥，為爭奪地盤，擴張勢力，相互之間像野獸爭搶食物一般，展開了一輪又一輪的血腥廝殺。數十年的軍閥混戰，使中華大地百孔千瘡，哀鴻遍野，呈現出「出門無所見，白骨蔽平原」的悲慘景象，社會生產受到極大破壞。

東漢建安四年（西元一九九年），袁紹攻滅了幽州的公孫瓚，軍事力量迅速壯大，成為北方的最大軍閥，野心也因此急劇膨脹起來，遂想與曹操爭霸中原。曹操是三國時期著名的政治家、軍事家，他曾經參與鎮壓黃巾起義，也參加過關東牧郡守討伐董卓的戰爭。西元一九二年，他在鎮壓青州黃巾軍收編其三十萬精銳之後，又收編了許褚、任峻、李通、李典、呂虔等地主豪強武裝，同時還實行屯田等重要經濟措施，其軍事力量和經濟力量也有很大增長。加之他迎獻帝於許昌，「挾天子以令諸侯」，占有政治上的優勢，所以成為各軍閥中唯一敢於與袁紹相抗衡的力量。

起初，袁紹見曹操迎帝於許，被封為大司空兼車騎將軍，控制朝政，感到非常不滿，便寫一信給曹操，內容言詞用語傲慢，態度驕橫，使曹操有起兵攻打之意。曹操便問謀士荀彧、郭嘉說：「我現在想討伐袁紹，但是力量比他弱，怎麼辦？」荀、郭二人回答道：「古今成敗，但視智愚，不在強弱。劉、項存亡的道理，主公您是知道的。當時項羽的力量比劉邦強大，但智慧敵不過劉邦，最終劉邦戰勝項羽。如今袁紹有十條必敗的理由，主公有十勝的根據，有何值得憂慮的呢？」曹操聽罷，精神一振，以手捋鬚說：「何謂十勝，何謂十敗，請二卿細細道來。」二人接著分析道：「袁紹繁禮多儀，主公純任自然，便是道勝；袁紹以逆動，公以順取，便是義勝；袁紹失之過寬，主公能濟之以猛，便是治勝；袁紹用人多疑，專任私人，主公立賢無方，不問遠近，便是度勝；袁紹多謀少決，坐失機宜，主公能斷大事，應變無窮，便是謀勝；袁紹高談揖讓，徒務虛名，主公誠摯待人，實事求是，便是德勝；袁紹見人飢寒，非不知恤，但往往顧近略遠，主公與袁紹相反，近事或有所忽，遠慮卻無不周，便是仁勝；袁紹大臣爭權，讒言惑亂，主公御下以道，浸潤不行，便是明勝；袁紹不識是非，賞罰失當，主公洞察賢否，黜陟咸宜，便是文勝；袁紹自大好誇，未知兵要，主公以少克眾，用兵如神，便是武勝。據此看來，勝負已分，怕他什麼？」曹操哈哈大笑：「如卿所言，孤必勝，紹必敗，但是如果袁紹西擾關中，南誘蜀漢，東連呂布，使我獨以兗豫之地，抗天下六分之五也，為之奈何？」郭嘉說：「現在袁紹軍北上攻公孫瓚，可利用其遠征的時機，東攻呂布，西擾關中，厚結孫策，痛擊袁術，中立劉表，平定張繡。這樣一旦袁紹南下，我們就無後顧之憂了。」曹操按計而行，先後消滅了呂布，擊敗了陶謙、劉備和袁術，收降了張繡，漸次削平了長江以北、黃河以南的割據勢力，為後來在官渡之戰中一舉擊敗袁紹奠定了基礎。

建安五年（西元二〇〇年）正月，袁紹準備進攻曹操。謀士田豐諫道：「曹操善於用兵，變化無常，軍隊雖然不多，但絕不能輕視。今將軍據有四州，依山帶河，誠能外結英雄，內修農戰，然後簡選精銳，作為騎兵，乘虛迭出，分擾河內，彼救左，我擊右；彼救右，我擊左。使其軍疲於奔命，使其民不得安居。我尚未勞，彼已大困，不出三年，操可坐滅了！現在放棄了以智取勝的策略，把成敗取決於一次決戰上，如達不到預期的目的，則後果是不堪設想的。」袁紹聞言大怒道：「大膽匹夫，竟敢長敵之志氣，滅我之威風，拖下去重責四十軍棍，押入大牢，待我凱旋，再行處置。」隨即命記室陳琳草擬檄文，列舉數條曹操的罪狀，頒行四方，以告天下。然後調齊四州後馬，共十餘萬，浩浩蕩蕩，殺奔許都而來。

曹操聽說袁紹率軍南下，當即調兵遣將，北上迎敵，派夏侯惇率步兵五千人守敖倉、孟津；于禁率步兵四千人守原武、獲嘉、延津；以東郡太守劉延率本部一千人守白馬；以程昱率步兵七百人守鄄城；自率步騎兵萬餘人屯駐官渡，擺出一副與袁紹在官渡決戰的架勢。

二月，袁紹進軍黎陽津（今中國河南浚縣東南）。袁紹的謀士沮授臨行前，會見他的親族，把家資財物分給他們，並說：「有了權勢憑藉威力什麼事都能辦到，失去權勢就連自身也保不住，令人悲哀！」他的兄弟沮宗說：「曹操的兵力敵不過袁公，你有什麼可害怕的？」沮授說：「曹操明智，又挾天子以令諸侯。我們雖消滅了公孫瓚，但士卒都很疲勞，而且主君驕傲自大，將領們奢侈無度，三軍的破敗就在這次決戰了。揚雄曾說過：『六國昏聵，為嬴秦削弱姬周。』今日情勢與當時十分相似。我此行恐不復返了。」其時袁紹將大本營設在黎陽，擬分兵一萬兩千人，由顏良統率，攻打白馬城，以掃清前進障礙。沮授諫道：「顏良性急，而且氣量狹小，雖然驍勇，但難以獨自擔當大任。」袁紹不以為然，仍派顏良前往。夏四月，白馬城告急，曹操欲解白馬之圍。謀士荀攸說：「我軍兵少，不能與袁軍對敵，必須用計分散他的兵力，然後各個擊破。主公當假裝從延津渡河襲擊袁軍背後的樣子，使袁紹分兵向西迎戰，然後輕裝向東，打擊圍攻白馬之敵。這樣乘其不備，就可擒獲顏良了。」曹操按計而行，遂引兵向延津北上，立即派大將文醜率軍迎擊，自率主力向朝歌推進，企圖予以曹軍痛擊。哪知當文醜趕到延津時，曹操卻調頭東去，晝夜兼程，向顏良背後襲來。此時顏良正傾全力圍攻白馬城，對曹操援軍的突然殺到，大驚失色，只得倉猝應戰。曹操乃派先鋒關羽（劉備部將，兵敗被俘，在曹營中效力）、張遼率數百騎衝擊顏良軍營。關羽望見顏良麾蓋，策馬突入萬軍之中，手起刀落將顏良劈下馬來，割下首級後返回曹營。袁軍見主將顏良已死，立即四散逃命，解除了白馬之圍。

曹操解白馬之圍後，將當地居民全部遷徙，循黃河南岸向西撤退。民眾隨軍移家，扶老攜幼，車馬行囊，絡繹不絕，成為戰場上的明顯目標。於是，袁紹下令大軍渡河追擊。沮授叩馬進諫說：「勝負變化，不可不詳。今宜使文醜軍屯延津，分一軍由東道觀官渡。更由西道以向上游取河南。若各有克獲，還報以迎大軍，大軍再行渡河前進亦不為晚。若以忿而渡河追擊，求敵決戰，決戰而勝，固所願也。設其有難，眾弗可還也。」沮授所諫，鞭辟入裡，講出了以優勢兵力，分進合擊，不要洩一時之憤，輕率地派兵攻擊敵軍的道理。但是袁紹對於沮授的正確建議根本不予置理，急令文醜率部強渡延津，包圍截擊曹軍。沮授在袁紹大軍渡河時，嘆道：「在上的人想要滿足自己的意願，在下的人想要立功，長流不息的黃河，我為什麼要渡河南去呢？」便向袁紹請病假不肯前去。袁紹大怒，下令裁減他的部眾，削去他的兵權。袁紹大軍南渡後，屯紮在延津以南。命大將文醜率所部向南急追曹操。

曹操退至南陂一帶勒兵不動，同時派人登高瞭望袁軍。開始報告說：「只有騎兵五六百人」。不久又報告說：「騎兵人數稍多一些，但步兵人數不可勝數。」曹操說：「不要再報告了。」遂下令騎兵解下馬鞍，放馬休息。這時從白馬運來的輜重已經上道。眾將以為袁軍騎兵多，應該退保大營，然而荀攸說：「這是故意用來引誘敵人的，怎可退走。」曹操望著荀攸，微笑不言，及至文醜率五六千騎趕到，眾將請求上馬，曹操說：「還未到上馬的時候。」過一會兒文醜騎兵進一步增多，並爭搶曹軍的輜重，曹操才下令說可以上馬出擊了。當時曹軍騎兵不滿六百人，其餘大多是步兵，但他們乘袁軍隊形混亂之際發動猛烈攻擊，遂大破袁軍。大將關羽衝入敵軍之中，揮刀將文醜斬首，震撼袁軍，使他們四散而逃，曹軍乘勝追擊三十里，斬首數千級，得馬數千匹，盡收所失之輜重，大勝而歸。此後，曹操除派樂進率騎兵千人前往獲嘉，助于禁以擊袁軍之西路外，自率大軍回守官渡。而大將關羽得知劉備在袁紹軍中，便掛印封金，保護劉備的兩個夫人，趁曹操南撤時脫離曹營，與劉備會合一處。

且說袁軍在初戰中連連失利，名將顏良、文醜先後戰歿，士氣受到了沉重的打擊，這時沮授又勸告袁紹說：「北兵雖多，但戰鬥力不如南軍；南軍糧穀少，在物資儲備上不如北軍。所以南軍企圖速戰速決，而緩兵則對北軍有利。應當慢慢地打一場持久戰，儘量拖延時日。」袁紹不聽。八月，袁紹進軍至原武、官渡一帶，依沙丘結營，東西數十里。曹軍一面分營駐屯，與袁軍相持；一面急調正在西線與袁軍交戰的于禁率軍回守官渡，雙方擺出在官渡決戰的態勢。

九月初一，曹操出兵與袁紹交戰，沒有打勝，返回原地，憑藉著堅固的防禦設施，堅守陣地。隨後袁紹採取築高台、起土山的辦法，不斷向曹操營中放箭，使曹軍營中將士只得持盾牌行走。於是曹操乃作霹靂車，發石猛擊高台，高台皆被擊破。袁紹又挖掘地道進攻曹軍，曹操則於營內掘一長長的塹壕以拒之。兩軍相持百餘日而不分勝負。袁紹大將張郃建議道：「公雖連勝，然勿與曹戰也。密遣輕騎抄絕其南，則其兵自敗也。」袁紹不聽。這時曹操軍糧不足，士卒疲乏，百姓困於徵賦，多有叛歸袁紹者，形勢危如累卵。當此危難之際，曹操十分憂慮，寫信給荀彧，想要把軍隊撤回許都，引袁紹軍隊前來。許都留守荀彧回信說：「紹悉眾聚官渡，欲與公決勝敗，公以十分居一之眾，畫地而守之，扼其喉而不進已半年矣。今兵雖少，未若楚漢在滎陽、成皋間也。是時劉、項莫肯先退，先退者勢屈也。公以至弱當至強，若不能制，必為所乘，此天下之大機也。且紹能聚人而不能用，情見勢急，必將有變，此用奇之時，不可失也。」曹操見信後，復與軍師荀攸、參軍賈詡商議。賈詡說：「公明勝紹，勇勝紹，用人勝紹，決機勝紹，有此四勝而半年不定者，但顧萬全故也。必決其機，則須臾可定也。」於是曹操決計向袁軍反攻，一邊堅守堡壘工事與袁軍對峙，一邊於暗夜引莨蕩澤之水，倒灌袁紹大營，使袁軍後退三十里。就在此時，曹軍擒獲了袁軍的「倉儲吏」，經審問得知袁軍的運糧車隊很快就會到達，其運糧官韓猛是一個勇敢而輕敵之將，荀攸建議派人襲擊袁軍運糧車隊。曹操問：「誰可擔任攻糧車的任務？」荀攸說：「徐晃、史渙可任。」於是曹操派遣偏將軍徐晃和史渙前往故市（今中國河南封丘西北三十五里）截擊袁軍運糧車隊。結果，韓猛大敗而逃，所押運之糧草輜重被全部燒毀，袁軍因此也缺少糧食。此時，曹操軍糧將盡，運糧的士兵疲於奔命，曹操親自安撫他們說：「不出十五天為你們攻破袁紹，就不再煩勞你們了。」

冬季十月，袁紹又派車輛運送糧穀，命其部將淳于瓊等率兵萬餘人押送，在離袁紹大營四十里處屯集。沮授勸說袁紹：「可以派蔣奇另率一支軍隊在外掩護，防備曹操前來劫糧。」袁紹不以為然。站在一旁的參謀許攸建議：「曹操兵少，他率領全部兵馬在官渡抵禦我軍，許都的防守必然空虛，如果派遣輕騎兵晝夜兼程前去奔襲，許都就可攻下。攻下許都後，再奉迎天子討伐曹操，那樣就可擒獲曹操了。若是曹操還沒有崩潰，我軍可前後夾擊，使其首尾不能相顧，疲於奔命，一定能把他消滅掉。」袁紹還是不聽，許攸見袁紹不採納自己的計策，又聽說其家屬在鄴城犯法，被留守審配逮捕並關進監獄，一怒之下，投奔了曹營。

曹操聽說許攸到來，來不及穿上鞋，便光著腳出去迎接他，鼓掌大笑道：「子卿（許攸，字子卿）遠道前來，我的大事成功了。」許攸入座後，問曹操道：「袁紹兵馬強盛，你怎樣對待？現在還有多少糧草？」曹操說：「還可以支持一年。」許攸說：「不能支持這樣久，你再說一說。」曹操說可以支持半年。許攸不高興地說：「你不想攻破袁軍嗎？為什麼不說實話？」曹操說：「前面所說的都是戲言，其實只能支持一個月，怎麼辦？」許攸說：「明公孤軍獨守，沒有外援，糧食也快要吃完，這是非常危急的時候。袁軍運輜重的車有一萬多輛，都在故市、烏巢（今中國河南封丘縣西北），駐守那裡的軍隊沒有嚴密的防備，如果使用輕裝的騎兵和步兵前往，出其不意襲擊並且燒掉袁軍的糧草和其他軍用物資，不過三天，袁軍一定全軍崩潰。」曹操聽了非常高興，立即命曹洪、荀攸留守大營，自己親自率領步騎兵五千人，全都打著袁軍的旗號，用馬口銜勒住馬嘴，每人抱一捆乾柴，乘著暗夜從小道出發，向烏巢襲去。沿途有人盤問，便回答說：「袁公恐怕曹軍侵擾後方軍隊，特派我們前來加強防備。」問話的人信以為真，神色安然，毫不驚異。曹操急行軍到達烏巢後，命令部隊迅速包圍袁軍屯糧大營，並一齊放火焚燒。營中袁軍見糧草起火，十分驚慌，急忙報知守將淳于瓊。此時淳于瓊尚在酒醉之中，以為是守軍不慎而引發火災，根本沒想到是曹軍前來襲營，及至天色漸明，才發現是少數曹軍來襲，便打開營門列隊迎戰。曹操下令向袁軍衝擊，淳于瓊抵擋不住，只好退守大營。曹軍又對袁軍大營發起猛烈進攻。當時袁紹屯軍陽武，校尉張郃望見四十里外烏巢方向火光衝天，便向袁紹進言說：「東北方火起，必定是曹操親率精兵往襲烏巢。曹操親往，是志在必得。不急往救，淳于瓊等被攻破，大事去矣。請即出兵救烏巢。」袁紹召集眾人商議。監軍郭圖說：「張郃的建議不妥。沒聽說戰國時孫臏圍魏救趙的故事嗎？所以，救烏巢，不如進攻曹操在官渡的大本營。」張郃說：「曹操既然敢於親自外出遠襲，其營中必做嚴密安排。倘若我軍急切中攻不下來，而淳于瓊等在烏巢被擒，我們就都要成為俘虜了。」袁紹說：「你們不要爭論了，他曹操去攻烏巢，我就拔掉官渡大營，使他無所歸依。」於是命張郃、高覽率主力進攻曹操大營，另派趙睿率一部分輕騎兵援救烏巢。正當曹操率軍猛攻淳于瓊的時候，左右報告說，袁紹的救兵來了，並請求分兵抵禦，曹操怒道：「敵軍來到我軍背後再告訴我吧！」於是曹軍士卒全都殊死作戰，遂斬袁軍步兵校尉睦元進、屯騎校尉韓莒及莒的兒子韓威璝，殺士卒千餘人，並割掉他們的鼻子及牛馬的唇舌，生俘淳于瓊，燒掉所有的補給。此時恰好趙睿率袁軍趕到，曹操揮兵掩殺，將趙睿斬首，然後回軍官渡。

被袁紹派去攻打曹軍官渡大營的張郃、高覽率軍急行，天將破曉時方才到達曹營，立即展開進攻，曹軍早有準備，憑藉深壑高壘，拚死抵抗，袁軍發起幾次衝鋒，均被曹軍亂箭射回。時至中午，曹操自烏巢還師，與曹洪、荀攸合兵一處後，向袁軍發起反攻，張郃、高覽所部不支，敗退回去，曹營之圍遂解，此時督軍郭圖因自己計謀的失誤而感到羞愧，為推託責任，便跑到袁紹面前說張郃的壞話：「張、高二人攻曹營不賣力氣，對我軍的失敗非常高興。」袁紹聞言大怒，立即命營弁去逮捕他們從重治罪，張郃、高覽知道後又氣又怕，便燒掉攻營器具，率所部萬餘人投奔曹營，曹洪疑其有詐，不肯受降，荀攸對他說：「張郃必定與許攸相同，向袁紹進言而不為採用，被迫來攻我營，現兵敗而被懷疑，在窮途末路的情況下投降我軍，你就不要再疑心了。」遂引張郃、高覽入大營面見曹操，曹操拉著張郃的手說：「昔日伍子胥不及早醒悟，使自身出現危險，怎如微子逃離殷國、韓信歸漢呢！」當即拜張郃、高覽為偏將軍，留在帳前聽用。這時袁紹營中獲知烏巢軍糧全被曹操燒毀，淳于瓊等戰死，而張郃、高覽已率部降曹，人人驚慌失色，個個奔走相告，軍中士氣喪失殆盡，正在混亂之中，曹操又將在烏巢所割之人鼻及牛馬唇舌拿到陣前，昭示袁軍，袁軍將士更加驚惶急遽，曹軍乘勢猛攻袁紹大營，袁軍不戰自亂，紛紛潰散。袁紹在慌亂中率其長子袁譚，戴著絲織的幅巾，棄軍北走，只有騎兵八百人跟隨他渡過黃河。袁軍無主，潰散逃命；曹操督軍，悉力追殺，一日夜追至延津，袁軍爭相渡河逃命，自相踐踏和淹死者無計其數，來不及渡河的八九萬人，全部投降了曹軍，大量的珍寶財物、圖書、輜重，也盡入曹操之手。

再說袁紹父子自延津渡河逃至黎陽北岸，入其後軍將軍蔣義渠營中，收集散兵，不足萬人，稍作喘息後向鄴城退去。此時曹軍實力已竭，無力北追，便於延津黃河南岸休息。曹操在所獲之袁紹遺棄文書中，發現了許多官員、軍人與袁紹私通的信件，左右欲治這些人的通敵之罪，曹操嘆息著說：「正當袁紹強大的時候，就連我自己都無法自保，何況眾人乎？可將這些書信全部燒毀，以滅其跡，而安眾心。」當時袁軍謀士沮授來不及和袁紹一同渡河，也被曹軍俘獲。曹操同他是舊交，欲將其收為己用，便親自接見他，沮授大叫道：「我沮授不是投降的，是被擒拿的。」曹操說：「政治上的分野，使老朋友音信斷絕，想不到今天乃得以見面。」沮授說：「袁紹失策，自取敗亡，我沮授的才智都已用盡，應當被擒。」曹操說：「袁本初（袁紹，字本初）沒有謀略，不用你的計策。現今天下喪亂，國家未定，正是應當與你共創基業的時候。」沮授說：「我的叔父和母弟，性命都在袁紹手中，如果承蒙明公的惠顧，我能夠得到早死就算是有福了。」曹操嘆息說：「我如早與你相得，要平定天下是不用愁的。」於是不僅赦免了沮授，而且給予他以優厚待遇，不久沮授在曹營中盜得馬匹，企圖逃歸袁紹，被曹將發現，並且報告了曹操，曹操不得不忍痛殺之，當時已投降曹操的袁軍士卒，家鄉均在北方，聽說袁紹逃歸鄴城，皆各有歸心。及見曹軍疲憊不堪，飢餓乏食，遂想結夥叛逃，曹操懷疑袁軍士卒是偽降，等到看見有個別叛逃現象發生，便下令盡坑袁軍降卒，前後被殺者八萬餘人。由此可見曹操本性之兇殘。

當初，官渡之戰尚未開始，曹操聽說袁紹將田豐關進監獄，非常高興地對身邊人說：「田豐不在軍中，袁紹必敗逃走，曹操復對左右說：「假如袁紹用田豐的計策，勝敗尚未可知也。」及袁紹兵敗逃走，袁紹退守黎陽的消息傳到鄴城時，有人對被關在獄中的田豐說：「袁紹兵敗的結果與你當初預料的一樣，這回你一定會得到重用。」田豐說：「袁公為人外表寬厚，內心忌刻，體諒不到我對他的忠誠，我卻因數次直言相諫而冒犯了他。若是他得勝高興，還能赦免我；如今戰敗而怨，會更增加他內心的忌恨。所以，我不指望能活下去了。」當時潰逃在黎陽的袁軍士兵們都拍胸哭泣著道：「如果田豐在這裡，我們一定不會失敗。」袁紹私下對逢紀說：「冀州人士聽說我兵敗，都應當同情我。只有田別駕（田豐）從前諫止過我，與眾人不同，我內心裡感到很慚愧。」逢紀卻乘機進讒言道：「田豐聽說將軍敗退，在獄中拍手大笑，很高興他的話說中了。」袁紹聽罷大怒，回到鄴城就把田豐殺掉了。

建安六年（西元二〇一年）四月，袁紹重整旗鼓，再次率軍南下黎陽，企圖報一箭之仇。曹操自宮渡進軍，以輕騎將袁軍誘至倉亭津（今中國山東陽谷縣內），復大破之。建安七年正月，曹操再次進兵官渡，袁紹憂憤致病，嘔血不止，於夏五月死於鄴城。袁紹死後，他的三個兒子袁譚、袁熙、袁尚，展開了爭奪繼承權的殊死搏鬥，當初袁紹想立小兒子袁尚為繼承人，但沒有公開宣布過，而把長子袁譚派往青州當刺史，沮授進諫說：「俗話說得好，『一萬人追兔子，一人抓到了，其他人就不追了』。這是因為兔子已屬於捉到的那個人，名分已經確定的緣故。袁譚是長子，應當作繼承人，現在卻把他貶斥在外州，禍根從此開始了。」袁紹說：「我所以這樣做的目的，是想使子弟們各據一州，以觀察他們才能的高下。」於是又派袁尚為幽州刺史，外甥高幹為并州刺史。袁紹死去，其謀士審配、逢紀便假造袁紹臨終遺囑，擁戴袁尚即位，袁譚回到鄴城後，因自己未能即位而憤憤不已，遂自稱車騎將軍，駐屯黎陽。秋九月，曹操渡過黃河進攻袁譚。袁譚被曹操擊破，從黎陽後退，袁尚自鄴城出兵相救，連戰皆敗，只得退守鄴城，曹操一直追至鄴城下，眾將領想要乘機進攻鄴城，郭嘉勸阻道：「袁紹生前愛袁譚、袁尚兩個兒子，拿不定主意立誰為嫡子。現在他們權力相等，各有黨羽，急之則相保，緩之則爭心生。不如南向荊州，以待其變，變而後擊之，可一舉定也。」曹操說：「此計甚妙。」於是留賈詡守黎陽，自率大軍，回到許都，時在建安八年五月。袁譚見曹操退兵，便對袁尚說：「我所統率的軍隊兵器和鎧甲不好，所以以前總被曹操打敗。現在曹軍後退，兵士們都歸心似箭，等他們未渡過黃河時，出兵掩襲，可使曹軍全軍崩潰。這個計策很好，千萬不要錯過機會。」袁尚心中疑慮，既不增兵，又不為袁譚部隊更換兵甲，謀士郭圖乘機對袁譚說：「使先君把大位過繼給袁尚的，都是審配的計謀。」袁譚聞說大怒，遂領兵進攻袁尚，雙方戰於鄴城門外。結果袁譚兵敗，退往南皮（今中國河北南皮縣北）。青州別駕王修率部援救袁譚，二軍合為一處，袁譚想回軍進攻袁尚，王修勸道：「兄弟如同人的左右手。比如有人將同別人爭鬥，自己割斷右手，還說：『我必勝』，這樣做可以嗎？捨棄兄弟不親，還能同誰相親？那些進讒言的人，透過離間別人骨肉至親，來謀求自己的私利，願將軍塞耳不聽。若是斬掉進讒言的奸佞之人，兄弟重新親密和睦起來，共同抵禦來自外部的敵人，就可橫行天下了。」袁譚不聽。

秋季八月，袁尚親自率軍進攻袁譚。袁譚大敗，逃奔平原（今中國山東平原縣南）固守。袁尚攻城甚急，袁譚遣辛毗前往西平向曹操請降。曹操部下都認為劉表強盛，應先平定荊州，袁氏兄弟不值得憂慮，荀攸說：「現在天下多事，劉表坐保荊州，沒有平定四方的大志。袁氏割據四州，兵卒數十萬人，袁紹為人寬厚，很得北人之心。假如他的幾個兒子能夠和睦相處，共守現成的家業，天下的戰亂是不容易平息的。如今他們兄弟不和，勢不兩立，若是讓其自行兼併，就會出現河北統一、力量集中的局面。這樣，便很難對付他們了。應趁袁譚、袁尚相爭之機，予以各個擊破，天下就能獲得安定，這一機會不可失掉。」曹操聽從了荀攸的意見。過了幾天，曹操又想先平定荊州，而讓袁譚、袁尚兄弟自相殘殺。辛毗從曹操的臉色變化上知道他改變了主意，便讓郭嘉說服曹操，曹操召見辛毗說：「袁譚的話是不可信的，袁尚真的能擊敗他嗎？」辛毗回答道：「明公不要問可信不可信，應當從形勢上來觀察。袁氏兄弟認為他們兄弟之間的相互攻伐，並不是別人離間的結果，而是他們都認為自己能夠平定天下。現在袁譚向明公求救，可以看出他的勢力已走向窮途末路。袁尚明知袁譚已經陷入困境，但不能盡力攻取，可見他的力量也已枯竭。袁氏對外屢屢兵敗，對內誅殺謀臣，兄弟爭奪，國分為二，連年征戰，鎧甲和頭盔都生了蟣蝨，再加上旱災、蝗災，飢荒十分嚴重。上有天災，下有人禍，人民不分愚和智，都知道袁氏政權快要崩潰，這是上天要滅亡袁尚。如果現在去攻鄴城，袁尚不回師援救，鄴城將指日而下；如果回救，袁譚就要率兵跟在他的身後。明公有這樣的威力，去應付已經在困境中的敵人，迎擊經過多次戰爭後已疲憊不堪的賊寇，就會像秋風掃落葉一般。上天把袁尚賜給明公，明公卻要放棄他，而要去攻伐政治安定、內部沒有矛盾的荊州。古代賢人仲虺曾說過：『對於國內大亂的，要攻取它；對於國勢危亡的，要欺侮它。』當今二袁兄弟沒有遠大志向，內部互相爭奪，可以說是亂了；居民沒有飯吃，行人沒有糧食，可以說是亡了。現在人們朝不保夕，身家性命難以為繼，不去安撫他們，更待何時？如果明年豐收，二袁兄弟又自知即將滅亡，因而改過行善，那就失去了用兵的時機了。眼下利用袁譚的求救去安撫他們，是十分有利的。而且四方的禍害沒有比河北大的，河北平定後，軍隊士氣會更加旺盛起來，天下就會震動了。」曹操說：「你的意見很好。」遂允許同袁譚恢復和好。

建安九年（西元二〇四年）正月，曹操渡過黃河，截斷淇水，使之灌入新開之白渠，用以保證軍糧運輸的暢通無阻。二月，袁尚出兵進攻袁譚於平原，留謀士審配、將軍蘇由鎮守鄴城。曹操從黎陽進軍，北上攻打鄴城。五月，曹操下令開鑿地坑，引水圍城，開始挖得淺，人從上面都可跳過去。審配望見大笑，也不出城干擾，曹操又令夜間猛挖地坑，深廣各二丈，將漳河水引入地坑，使鄴城內外交通斷絕，城中軍民飢餓而死的超過半數。秋七月，鄴城告急，袁尚率一萬人回救。在離鄴城十七里的陽平亭地方，被曹操擊敗，袁尚率少數人奔逃幽州袁熙處，於是鄴城陷落，曹操據鄴，並自為冀州牧。

正當曹操圍攻鄴城時，袁譚乘機奪取冀州的甘陵、安平、勃海、河間等地，然後據守青州，及至鄴城陷落，曹操召其北上，他卻斷然拒絕，曹操大怒，立即出兵討伐袁譚。建安十年（西元二〇五年）正月，曹操攻破袁譚於南皮，殺死袁譚，隨後曹操煽動幽州將領焦觸、張南等人叛袁降曹，幽州刺史袁熙及袁尚逃奔遼西，於是青州全部、幽州大部皆為曹操所得。翌年三月，曹操又破并州刺史高幹於壺口關（今中國山西省壺關），高幹失并州，去匈奴求救不得，想投奔荊州劉表，途中被上洛縣尉王琰所殺。至此曹操盡有袁紹四州之地。

當時，曹操因為袁尚、袁熙逃亡遼西烏桓處，擔心其勾結烏桓侵擾邊疆，為澈底安定北塞，永靖後方，乃開鑿平虜、泉州二渠，以便利運送糧草，為遠征烏桓作準備，曹操將要出擊烏桓，將領們都說：「袁尚不過是個逃亡的人，夷狄性貪婪不講交情，怎能受袁尚利用？現在深入邊塞去討伐他們，劉備（官渡之戰期間脫離袁紹，並依附劉表）必定勸說劉表乘虛襲擊許都，萬一發生變亂，後悔也來不及了。」獨有郭嘉贊成曹操的意見。他說：「主公的威望雖然使天下畏懼，但是烏桓仗恃離我們遙遠，一定沒有防備。利用其沒有防備，發動突然襲擊，就可將其滅掉。而且袁紹對烏桓有過恩情，袁尚兄弟也還活著。現在青、冀、幽、並四州人民，只是因為畏懼我們的威力才肯歸附，目前還來不及對他們施加恩德。如果捨棄北方不顧而南征劉表，袁尚兄弟利用烏桓的軍事力量，再招徠一些過去忠於袁氏的臣僚，加之四州和塞外夷人的響應，就會乘機向南襲擾。如果他們奪取四州的圖謀成功，青、冀等州就可能不歸我們所有了。劉表不過是一個紙上談兵的人，他自知憑自己的才能駕馭不了劉備，重用他則害怕控制不住，不重用的話，則劉備不為他所用。所以雖然虛國遠征，明公也不必擔憂了。」於是曹操用郭嘉之謀，決定討伐烏桓。

建安十二年（西元二〇七年）秋七月，曹操兵至薊北，為水所阻不得進。遂採用當地人田疇之謀，捨沿海近路於不顧，從盧龍塞（今中國河北遷西縣喜峰口附近）出，經平岡（今中國遼寧凌源縣西南），直達柳城（今中國遼寧朝陽市西南），一舉擊敗烏桓，斬烏桓王蹋頓，投降者二十餘萬人。袁氏兄弟逃亡遼東，為遼東公孫康所殺。於是袁氏滅，北部各州郡均統一於曹操。

官渡之戰，是奠定中原大局的一次重要戰役。曹操順應歷史潮流，用人謀之力，採取機動靈活的戰略戰術，以兩萬軍隊擊敗數倍於己的袁紹勢力，最終完成北方統一大業。值得指出的是，曹操在統一北方過程中，先血洗徐州居民，後坑殺袁紹八萬降卒，其兇殘虐殺的軍閥面目暴露無遺，這是他難以洗清的歷史汙點。袁紹雄據河北四州，地廣兵多糧足，但由於他恃才傲物，剛愎自用，多謀少斷，不聽諫言，戰術呆板，加上內部紛爭，兄弟相殘，文官因謀相輕，武將臨戰而怠，終於落得個全軍覆沒、山河盡失的可悲下場。

赤壁鏖兵　天下三分

建安十二年（西元二〇七年）曹操平定冀州，繼續北征烏桓。翌年一月，曹操還鄴，修玄武池，訓練水軍，準備南征，欲一舉平定天下。當時與曹操對峙的割據勢力，主要有江東孫權，荊州劉表，巴蜀劉璋、張魯，及隴西馬超、韓遂等，曹操制定了捨巴蜀、隴西於不顧，首先把進攻矛頭指向具有戰略意義的軍事要地——荊州，然後順江東下，進兵吳越，消滅盤踞江東的孫氏政權的戰略決策。

當時，東吳政權，歷經孫堅、孫策、孫權父子的勵精圖治，加上有長江天塹為隔，遂兼有會稽、吳郡、丹陽、廬江、豫章、廬陵六郡，地廣人眾，兵精糧足，民心安定，士卒聽命，成為江東的一支重要割據勢力，並且伺機向西發展，與劉表爭奪勢力範圍。建安十三年（西元西元二〇八年），巴郡人甘寧脫離劉表，投靠東吳，並向孫權建議說：「現在漢朝越來越衰微，曹操最終將成為篡位的漢賊。荊州地區，論山川形勝，確是東吳西邊的屏障。我看劉表既沒有遠慮，而他的兒子又軟弱無能，是不能繼承基業的。主君應當及早圖謀據有其地，不可落在曹操之後。要謀取荊州，首先就要消滅黃祖（江夏太守）。如今黃祖年老，昏耄不堪，錢糧缺乏，左右欺弄。其本人務於貨利，侵求吏士，吏士心怨，致使舟船戰具廢頓不修，怠於耕農，軍無法紀，將軍今往，必操勝券。一破祖軍，乘勝西進，占據楚關（係指長江三峽），勢力更加強大，就可逐漸規取巴蜀了。」孫權採納他的計策，出兵西征黃祖，一舉攻下江夏城，並準備西進奪取荊州。

曹操久欲進取荊州，只因北方未靖，無暇南征。及見孫權奪取江夏，深怕他奪取荊州後，勢力會變強就難以剿滅。於是一面急派軍出合肥，牽制孫權，使其不能全力西進；一面集中軍隊，準備南攻荊州，謀士荀彧建議說：「今華夏已平，南土知困矣。可顯出宛（今中國河南南陽）、葉（今中國河南葉縣），而間行輕進，以掩其不意，荊州可一戰而定矣。」是年七月，曹操率大軍屯駐南陽。八月，劉表病故，幼子劉琮即位。

當初，魯肅聽說劉表亡故，對孫權說：「荊州與吳國接界，江山險固，土壤肥腴，沃野千里，士民富足。如果占領這一地區，就有了建立帝王之業的實力。現在劉表剛剛死去，他的兩個兒子不和睦，軍中諸將也各懷異志。劉備是當今天下最勇健的英雄，因為與曹操有過節，便率關羽、張飛、趙雲等猛將，寄居劉表帳下。劉表因其才能出眾，而生畏懼之心，一直不肯重用。如今劉表已故，如果劉備同劉表的兩個兒子劉琦、劉琮同心協力，上下團結一致，荊州尚可保住，這樣就應當安撫他們，同他們結為盟友。若是他們之間離心離德，就要另想辦法，使我們的大業獲得成功。我請求奉您的旨意，前往荊州弔唁，並慰勞荊州軍隊，勸說劉備安撫劉表部眾，同心戮力，共同抵禦曹操，劉備一定會聽從我們的意見。若是我們的計謀能夠成功，就可以安定天下了。現在如不趕快前往荊州，恐怕要被曹操搶先。」孫權立即派魯肅前去荊州。魯肅到了夏口（今中國武漢市），聽說曹操大軍已向荊州進發，便晝夜兼程而行。走到南郡，又聞聽荊州劉琮在蔡瑁、張允的慫恿下舉城降曹，劉備由襄陽向南逃走，於是他直接從南郡北上去迎接劉備，同劉備相會於當陽東北之長阪。魯肅代表孫權，向劉備慇勤致意，並論說天下形勢，然後問道：「豫州（劉備曾任豫州牧，故稱）今後想到什麼地方去？」劉備佯答道：「我同蒼梧（今中國廣西梧州市）太守吳巨是朋友，想去投靠他。」魯肅說：「孫將軍聰明過人，對人仁愛恩惠，又能禮賢下士，所以江東的英雄豪傑都歸附於他。他現據有六郡，兵精糧足，能夠建立功業，為你著想，莫如派心腹同江東結好，共同幹一番事業。你想投奔吳巨，他是平庸之輩，其所據有的蒼梧郡，地處偏遠，不久就會被別人吞併掉，怎可投靠他呢？」聽了魯肅的一席話，劉備心中暗喜，自思道：「我劉備乃漢室後裔，自從涿郡起兵以來，雖有關張趙相輔佐，然而南征北討十幾年，光復漢室的大業一直未獲成功。建安六年為曹操所敗，投靠劉表，本想幹一番事業，無奈劉表既無遠慮，又無近謀，且忌我之才，不予重用，數年間碌碌無為。所幸前時三顧茅廬，得諸葛亮『北拒曹操，東聯東吳，西圖巴蜀』的隆中對策，茅塞頓開。如今曹操大軍南下，荊州已降，我部尚有兩萬兵馬，如與孫權聯合，依靠長江天險，共同抵禦曹操，定會取得轉機。然後待機而動，以圖後進，未為晚也。」想到這裡，劉備便高興地採納了魯肅的建議，率所部東行進駐鄂縣（今中國湖北鄂城）所屬的樊口。

這時諸葛亮探聽到曹操將要率軍沿長江順流而下的消息，便對劉備說：「事情急迫了，我請求奉您的命令向孫將軍求救。」劉備同意後，諸葛亮就同魯肅一起去見孫權。諸葛亮在柴桑（今中國江西九江市西）見到了孫權。他對孫權說：「天下大亂，將軍起兵江東，劉豫州亦收漢水以南，與曹操並爭天下。現今曹操在中原大混戰中漸次剷除各割據勢力，北方大致已平定了，又乘勝南下攻破荊州，威名遠震於四海之內。由於英雄無用武之地，所以劉豫州逃奔到這裡，但願將軍處理好彼此的關係。若是能以吳、越地區的人力物力同北方的曹操相對抗，不如趁早與他們絕交；若是不想同他們對抗，何不按兵不動，讓士卒把鎧甲捲起來，向其稱臣呢？現在將軍外表假托服從朝廷的名義，但內心卻懷著猶豫不決的想法，事情緊急而不當機立斷，大禍不久就要到來了。」孫權說：「如果像你所說的那樣，劉豫州為何不肯投降曹操呢？」諸葛亮回答道：「田橫不過是齊國的一名壯士，齊亡後尚且守義不辱，何況劉豫州乃是皇室的後裔，蓋世的英雄，士大夫們都欽慕景仰他，如同江河之歸大海。若是他的事業得不到成功，只能歸諸於天命了，怎能臣事於曹操呢！」孫權勃然變色說：「我不能拿全東吳的土地、十萬之眾，來受他人的擺布，我的計策已決定了！當今除劉豫州外沒有人敢抵禦曹操，然而他剛剛遭到敗績，又怎能擔當抵抗曹操的大任呢？」諸葛亮說：「劉豫州的軍隊雖然在長阪坡被曹軍打敗，但收集潰散之卒連同關羽的水軍，尚有精兵萬人，劉表長子劉琦所部江夏郡士兵亦不下萬人。曹操的兵馬雖眾，但是遠道跋涉，將士十分疲勞，聽說曹操追趕劉豫州，輕騎一日一夜行三百餘裡，此所謂強弩之末，就連魯地出產的縞布也穿不透啊。所以兵法避忌這種情況，稱為『必蹶上將軍』，就是說：必定大敗，損失大將。且北方人不習水戰，加上歸附曹操的荊州百姓，是被兵勢逼迫的，並非心悅誠服。如今將軍果真派猛將統率數萬軍隊，與劉豫州協同作戰，必定能打敗曹軍。而曹操失敗後必然撤回北方。這樣，荊州、吳地的力量就會增強，鼎足三分的局面就形成了。成敗的關鍵，就在今天了。」孫權聽了諸葛亮的一番話後非常高興，忙在殿堂中與幕僚們商量對策。

就在孫權與臣屬們論事的時候，突然收到曹操從江陵送來的一封信，上面寫著：「最近奉旨討伐有罪之臣，大軍南下，劉琮束手迎降。現在集中水陸大軍八十萬人，準備會同將軍在吳地打獵。」孫權閱後，怒火中燒，便把信交給臣僚們傳看。他們不看則已，看後都大驚失色。長史張昭等人說：「曹公如同兇猛的豺狼虎豹，然而他託名漢相，挾天子以征四方，動輒假借朝廷之命，抗拒他則名不正、言不順。況且將軍是以長江作為屏障來抗拒曹操的，如今曹操得荊州水軍，蒙衝戰艦，數以千計，把它們布置於長江上，水陸齊下，他已與我們共有長江天險了。而敵我雙方兵力對比，眾寡懸殊，就更不用說了。我們認為迎降曹公是上計。」群僚中惟有魯肅不發表意見。孫權起身更衣，魯肅追到屋內。孫權明白魯肅的心思，便握著他的手說：「你有什麼要說的？」魯肅回道：「我認為剛才這些人所說的話，就是想要耽誤將軍，因此不能與他們圖謀大事。今天我魯肅可以迎降曹操，而像將軍您這樣的人卻不可以迎降的。為什麼這樣說呢？假如我迎降曹操，曹操必定按照察舉制度，將我交付鄉黨，品其名位，最低限度也不失功曹、從事之類的官職，行可乘坐牛車，坐可役使吏卒，能夠同士大夫結交遊玩，甚至有希望升遷為刺史、太守之類的職位。如果將軍迎降曹操，則曹操能給您一些什麼東西呢？願將軍速召周瑜返回，早定大計，勿用眾人之議也。」孫權嘆息說：「眾人的意見，使我非常失望，現在你把應當作出的決策說得很清楚，正與我的意見相符合。」當時周瑜正在鄱陽湖操練水軍，孫權命令他迅速趕回吳郡，周瑜到了之後，孫權把眾人的議論告知於他，周瑜說：「曹操名義上是漢相，其實是漢賊。將軍以神武雄才，仗父兄之烈，割據江東，地方數千里，兵精用足，英雄樂業，正當橫行天下，為漢家除殘去穢。何況曹操自來送死，怎能迎降於他呢？我願替將軍籌劃對策：目前曹操東向，實犯數忌：北方尚未完全平定，馬超、韓遂還在關西（涼州），為操之後患，而操乃一意東略，此為一忌；南人善水戰，北人善陸戰，操竟捨鞍馬，仗舟楫，棄長用短，與吳越爭衡，此為二忌；時值隆冬，天氣盛寒，馬無藁草，此為三忌；驅中原士眾，遠涉江湖，不習水土，必生疾病，此為四忌。操犯此四忌，多兵何益？將軍擒操，正在今日，瑜願率精兵數萬人，出屯夏口，保證為將軍擊破曹軍，將軍勿憂。」孫權聽了周瑜之言，投袂而起道：「曹操老賊，早就懷有廢漢帝而自立的野心，只是懼怕袁紹、袁術、呂布、劉表和我等數人。如今數雄已經滅亡，唯孤尚存。孤與老賊勢不兩立，卿言當擊，正合吾意，這是上天把卿授孤！」周瑜接口問道：「將軍可決意否？」孫權起身拔出佩劍，奮力砍下奏案一角，高聲說：「部下武將文官，再有敢主張迎降曹操的，有如這奏案一樣。」於是宣布休會。

魯肅會見周瑜，告知諸葛亮前來求援之事。周瑜立即與亮相見。二人寒暄已畢，談及軍事，諸葛亮笑道：「公瑾（周瑜，字公瑾）出語驚人，眾咻皆止。恐孫將軍尚有疑慮，應該替他剖白，使知曹軍虛實，瞭然無疑，方可成事。」周瑜連連稱善。當天晚上，周瑜再次入見孫權，說道：「諸人勸將軍迎降曹操，無非是因曹操虛張聲勢，說有八十萬眾，而感到恐懼，不去具體分析曹操信中的話是虛是實，便提出降曹的主張，未免太冒昧了。就實際情況而言，曹操部下北方士兵不過十五六萬人，而且是經過長途跋涉的疲憊不堪之眾；曹操從平定荊州所得劉表的降卒最多不過七八萬人，這些人對曹操尚懷有二心。曹操用疲勞生病的北方士兵，控制尚懷疑懼的荊州士兵，人數雖多於我，但不值得畏懼。我只要有五萬精兵，就足以制服曹軍。」孫權站起來拍著周瑜的背說：「公瑾所言，足釋我疑。張昭等各顧妻孥，毫無遠見，大失孤望，獨卿與子敬（魯肅，字子敬），與孤同心。孤已選得精兵三萬人，舟船、糧草和軍械均已備好，你與子敬、程普儘先出發，我當陸續調集人馬，多運軍資糧草，作你的後援。你同曹操決戰能取得勝利，那是最好不過了，如果遇見不如意的事，未達到預期的目的，便退回和我會師，我當同曹操決一死戰。」於是孫權以周瑜、程普為左右都督統率三軍，同劉備合力迎戰曹軍，以魯肅為贊軍校尉，協助周瑜規劃作戰方略。至此，孫權才決定聯合劉備，與曹操決一死戰。

話說劉備自從讓諸葛亮前去東吳同孫權商量如何聯合拒曹事宜後，便每天派人在江邊等候吳軍。這一日，巡邏官員望見東吳水軍浩浩蕩蕩開來，急忙報告劉備。劉備萬分高興，立即派糜竺犒軍致意。周瑜對糜竺說：「我本欲見劉豫州，共議良策，只因身統大軍，不便輕離。若劉豫州肯屈駕前來一談，就滿足了我的願望。」於是劉備乘小船去見周瑜。二人寒暄畢，劉備問道：「現在出兵抗擊曹公，計謀是很正確的。但不知周將軍帶來多少兵馬？」周瑜回道：「三萬人。」劉備說：「少了一些。」周瑜微笑著說：「兵不在多，恃在將才，三萬精兵已足夠了，請劉豫州看我是如何攻破曹軍的。」劉備想招呼魯肅等人相會，周瑜說：「他們奉命不得離開職守，若是想見子敬，可以另找時間去會見他。」劉備見周瑜軍紀嚴明，甚感欣慰，讚了數語，當即告辭，自去安排將士，助瑜攻曹。

周瑜率軍再進，舟抵赤壁（今中國湖北武昌縣西赤磯山；一說在今中國湖北嘉魚縣西或蒲圻縣西北），與曹軍前驅相遇。兩下交鋒，曹軍敗退，瑜收軍結營，屯駐南岸；曹操亦駐軍北岸，兩軍相持。但因曹軍大多是北方人，不服南方水土，動輒嘔吐，筋疲力盡，無法戰勝敵人，只能逗留不戰；周瑜也未得破敵良策，靜待敵變，以尋找殲敵機會，故雙方均未有大的軍事行動。轉眼之間，已經快要過了一年。曹操見江中波浪，時作時止，水軍一經顛簸，便患暈眩，苦苦思索後想出一法，用鐵鏈將各艦連環鎖住，免得動搖，並在各船之間，鋪以竹筏，官兵行走，如履平地。曹操自以為得計，卻不曾想到為後來吳軍火攻造成可乘之機，不久吳將黃蓋，探知曹軍動靜，便向周瑜獻計說：「現在敵軍很多，我軍很少，眾寡懸殊，不能持久。但曹軍船艦以鐵索相連，船首和船尾相接，可以用火攻燒其戰船的辦法來打敗他們。」周瑜微笑道：「我亦早有此意，只是曹軍沿江巡弋，我艦怎得靠前，又如何縱火？」黃蓋說：「何不用詐降計！」周瑜擊掌道：「妙！妙！此計非公復（黃蓋字）不行，可先派人送信給曹操，操若中計，便可成功。」黃蓋當時修書一封，交與周瑜過目，待至夜靜，派人送與曹操。

當天晚上，寒月當空，水天一色。曹操對月感懷，與各將領痛飲數杯。隨後乘著三分酒興，出寨登艦，觀賞夜景，忽見一群烏鵲，向南飛去，不由自主地取過一槊，邊舞邊歌道：「對酒當歌，人生幾何？譬如朝露，去日苦多。慨當以慷，憂思難忘；何以解憂？惟有杜康。青青子衿，悠悠我心；呦呦鹿鳴，食野之苹。我有嘉賓，鼓瑟吹笙；皎皎明月，何時可輟？憂從中來，不可斷絕；越陌度阡，枉用相存。契闊談宴，心念舊恩；月明星稀，烏鵲南飛。繞樹三匝，何枝可依？山不厭高，水不厭深。周公吐哺，天下歸心。」

曹操歌罷，忽有軍吏來報，說東吳有人獻書，曹操即命吳使來見，吳使呈上書信，曹操在燈下翻閱，只見信中寫道：「蓋受孫氏厚恩，常為將帥，見遇不薄；然顧天下事，當知大勢，用江東六郡山越之人，以當中國百萬之眾。眾寡不敵，海內所共見也。東方將吏，無有愚智，皆知其不可，唯周瑜魯肅偏懷淺戇，意未解耳。今日歸命，志在擇主，乞保吳民。瑜所督領，自易摧破。交鋒之日，蓋為前部，因事變化，效命在近。書不盡言，黃蓋叩拜。」

曹操把這信看了數遍，沉思了半晌後，便問吳使道：「汝由黃蓋派來，莫非詐降不成？」吳使極言黃蓋誠意，稱「黃蓋曾力主迎降曹軍，被周瑜小兒當眾辱罵。黃蓋不服，抗爭幾句，周瑜便按軍法從事，將其打得皮開肉綻。故此黃老將軍差小人前來送信」云云。曹操心想，黃蓋欲降，即使是詐降，也不會有什麼問題，姑且就先聽聽，於是對來人說：「黃蓋如果願降，當授高爵，我處不必答覆，煩汝口述罷了。」吳使歸報，黃蓋大喜，當即轉告周瑜。周瑜命預先準備，一等到命令就出發。黃蓋隨即選得輕舸十艘，載滿乾燥的狄草和枯柴，並在柴草上灌滿火油，外面包裹一層帷布，船頭插一青龍旗，船尾繫一小船，一切準備妥當，就等周瑜發布號令。而周瑜卻遲遲不下命令，因為時值隆冬，常有西北風，獨少東南風，曹軍在北，非東南風如何縱火？故此拖延不決。某天，周瑜煩悶，特請諸葛亮密商。諸葛亮說：「進擊曹公，須用火攻，萬事俱備，只欠東風。」周瑜大驚，忙說：「在下正為此事著急。」諸葛亮道：「都督莫急，亮不才，頗能祈風，當為君借助一帆，可好？」周瑜半信半疑，便請諸葛亮擇地設壇，作法祈風。哪知諸葛亮素知天文，通曉地理，已料定冬至節邊，必有東南風起。所謂設壇作法，不過掩人耳目而已。

冬至後的第二天（十一月十三日），晨起霧散、晴空風暖，第六根律管的飛灰向上，天地間陰極陽生。午後酷熱，風平浪靜，傍晚時分，東南風起。一開始風勢較小，之後風聲變大，旌旗在風中飄動，濃雲翻湧浮沉。周瑜不勝詫異，忙去拜見諸葛亮，哪知諸葛亮已乘輕舟自往樊口，回見劉備去了。於是周瑜下令全軍，半夜出發，同時讓黃蓋再致書曹操，說是「當夜來降，但看船上有青龍旗便是降船」。曹操得書，信以為真，黃昏過後，便率領將佐出營，在艦上等候黃蓋來降。午夜時分，風勢猛烈，黑雲壓頂，波浪滔天，黃蓋率軍，舉帆乘風，漸次向前。至曹軍水寨前二里左右，舉火為號，各船艦上戰士齊呼：「我等來降矣！」此時，曹操與各將佐等，正引頸南望，忽見對岸有許多軍艦，順風前來，藉著火光，隱約可見青龍旗飄動，船一靠近，又聽到一片降聲。曹操開顏道：「黃蓋果然來降了！」站在一旁的程昱、賈詡齊聲對曹操說：「來船甚眾，不可不防，且東南風颳得甚急，倘若其因風縱火，如何抵敵？」曹操這才有所省悟，傳令各船將弁，小心戒備，且派巡船出探虛實。號令剛出，吳軍艦船已經駛近，相距不過百丈左右，各船同時著火，火大風猛，船行如箭，狂風捲動烈焰，迅速燒及曹軍各艦。曹軍士卒，連忙救援，卻已經來不及了。只見得火趁風威，風助火勢燒及各船，船與船鐵索相連無從逃避。再加上吳軍水兵乘風突入，四處放火，不但水寨變成一片火海，就連岸上各營，亦皆燃燒。可憐曹軍人人焦頭爛額，各個哭爹喚娘。跑得慢的，被烈火當場吞噬；逃得快的，撲通一聲地跳進江裡，曹操正愁無處逃命，幸虧張遼駕一小舟，前來相救，將曹操扶入舟中，飛速遁去，黃蓋在火光中發現曹操所乘小船，駕舟猛追，不防一箭飛來正中肩窩，大叫一聲後跌入水中，正巧吳將韓當及時趕到，將其救起送回大營醫治。此時，東吳艦船魚貫而來，都督周瑜站在船頭，親自擂鼓助威。吳軍士兵奮勇爭先，喊殺聲驚天動地。曹操大軍，十死七八，所餘者也多半受傷。赤壁山化為火焰國，揚子江作死人堆。曹操在江中逃了數十里，才敢登岸，忙亂中尋到一匹快馬，扳鞍上坐後向北疾馳。東吳陸軍精銳，上岸緊追不捨，虧得曹軍諸將陸續趕來，保護曹操，邊戰邊逃。誰知劉備也派關羽、張飛、趙雲率猛將精兵沿途偷襲、包圍，曹軍殺開一道重圍，又是一道重圍，等到重圍殺透，東方已明，檢點殘兵，不過數千騎罷了。曹操擬逃往南郡，率殘兵西行四天四夜，來到華容道附近，因擔心大路有伏兵，便抄小路行進。此時疾風未息，暴雨又來，一陣大雨，害得曹軍拖泥帶水，狼狽不堪，路上泥淤馬足，壅滯難行。曹操令羸兵弱卒，負草填塹，及至塹坑填滿，這些羸弱之兵，都已累得筋疲力盡，僵臥道旁，動彈不得。曹操惟恐追兵又到，下令躍馬前進，結果被踐踏而死的羸兵無計其數。曹操過華容道松林後，突然哈哈大笑，眾將莫名其妙，曹操指身後松林道：「劉備同我都是英雄，但計謀比我慢一些。假使他早放火燒這片松林，我等都沒命了。」話音未落，果然身後火起，曹操不敢停留，經郝穴逃回江陵，再看身邊之兵，已寥寥無幾，不禁仰天長嘆道：「今日若郭奉孝（郭嘉字）在，當不使孤至此！」說著說著，復大哭道：「哀哉奉孝！痛哉奉孝！惜哉奉孝！」諸將領也都慚愧流淚。第二天，曹操升帳，命征南將軍曹仁、橫野將軍徐晃守江陵；折衝將軍樂進守襄陽。自率殘部退回許都。

周瑜在擊破烏林曹操大營後，即以大軍西上追擊曹軍，於巴丘截獲並燒毀了曹軍運糧船隻，旋即進軍江陵城下。恰巧劉備這時亦尾追曹操至江陵，在探知曹操留曹仁據守，自己退走北方後，便對周瑜說：「曹仁守江陵，城中糧多，應當引以為患。現在讓張飛率千人跟隨卿，正面進攻江陵；卿可派兩千人跟隨我，從夏水（自今中國湖北沙市南分長江之水，經監利，折至沔陽東北，入漢水）進入曹仁後方。曹仁聽說我截擊其後，必然退走。」周瑜從其計，並另派甘寧隨劉備繞江陵而西，入據夷陵（今中國湖北宜昌市東），劉備志在略取荊州之地，隨後自夷陵渡江南，謀取荊州所屬江南諸郡，同時上奏朝廷，請以劉琦為荊州刺史，意在略取荊州江北諸郡，不久武陵、長沙、桂陽、零陵四郡皆歸於劉備。劉備以諸葛亮為軍師中郎將，督諸郡賦稅，充實軍資，並為後來進軍巴蜀作準備。

這時駐守江陵的曹仁，聞說夷陵已失，見自己的後方受到威脅，便分出一部分兵力圍攻夷陵。甘寧遣使求救，周瑜命淩統堅守大營，自率主力往救甘寧。雙方激戰於夷陵城下，曹仁大敗，逃回江陵固守。周瑜遂渡過江去，將曹軍團團圍住，相持數日後，曹仁不支便棄城北走。於是孫權任命周瑜為南郡太守，屯兵江陵；以程普為江夏太守，駐屯沙羨（今中國漢口西南）。周瑜又將南郡之江南部分分予劉備，劉備屯兵於油江口（今中國湖北公安）。劉表舊部雷緒率兩萬人往依劉備，遂使劉備軍勢大振，時在建安十四年。荊州刺史劉琦病故，孫權上奏朝廷，以劉備為荊州牧，並以其妹嫁劉備為妻，用固兩家姻好。劉備也上表朝廷，推薦孫權為漢車騎將軍、領徐州牧。至此，魯肅、諸葛亮的「孫劉聯合，北拒曹操」的戰略決策得以實現。

當時，一些劉表的故吏和士卒，多歸依劉備。劉備以周瑜所給地少，不能容眾，乃親自去見孫權，求都督荊州軍事。周瑜聞知，飛使上書道：「劉備以梟雄之姿，有關、張、趙虎熊之將，更得孔明（諸葛亮字）為謀，必非久屈為人用者。愚意宜留備於吳，為其廣築宮室，多置美女玩好，以娛其耳目，而分關、張等數人，各置一方，使順從於我，得挾與攻戰，大事可定也。今猥割土地以資業之，聚此數人，俱在疆埸，恐蛟龍得雷雨，終非池中物也。」孫權得書，出示呂範、魯肅諸人。呂範也勸說孫權留住劉備，不使其回荊州。但魯肅以為不可，說：「將軍雖神武命世，然曹操威力實重。我軍初臨荊州，恩信未洽，宜借備以土地，使安撫之，以多操之敵，而自為樹黨，計之上也。」孫權聽從魯肅的計謀，遂調周瑜鎮守巴丘（今中國湖南嶽陽），以南郡借予劉備，共同遏止曹操南進。劉備於是任命關羽為襄陽太守、蕩寇將軍，駐屯江北；任命張飛為宜都太守、征虜將軍，駐屯南郡；趙雲為偏將軍、領桂陽太守。劉備遂以荊州為基地，積極謀劃「隆中策」之實施。

建安十五年（西元二一〇年）十二月，周瑜到京口（今中國江蘇鎮江市）詢問孫權借荊州給劉備之事，孫權告訴他是防備曹操的需要。周瑜見覆水難收，再次諫言道：「曹操新敗，憂在腹心，未能遽與將軍構釁；劉備方結姻好，一時當不致失和。但備不窺吳，必將圖蜀，最好是先發制人。所以我請求同奮威校尉孫瑜一起進兵巴蜀，併吞割據漢中的張魯，然後留下孫瑜堅守蜀地和漢中，同涼州的馬超互相支援。我再同將軍一起攻占襄陽，向北進攻曹操，操若得破，則劉備不足慮了。」孫權應聲稱善，即派周瑜整頓兵馬，準備進攻蜀。結果周瑜在回江陵途中忽然病危，便寫信給孫權說：「人生有死，修短命也，誠不足惜。但恨微志未展，不得再復奉效命耳。方今中國曹操在北，疆埸未靖；劉備寄寓，有似養虎；天下事尚未知始終，此朝士旰食之秋，至尊垂慮之日也。魯肅忠烈，臨事不苟，可以代瑜。人之將死，其言也善，倘或可採，瑜雖死不朽矣。」不久周瑜病死於巴丘。孫權聽到這個消息後，流淚嘆息道：「公瑾有輔佐帝王的才能，如今他突然舍我而去，讓我依靠誰呢？」遂親自到蕪湖迎接他的靈柩。周瑜死後，孫權任命魯肅為奮武都尉，主管東吳軍事，進軍巴蜀之事遂告作罷。

赤壁之戰，是三國鼎立局面形成過程中的一次決定性戰役，從此曹操不敢大舉南下，孫權江東的統治得到鞏固，而劉備則乘機占有湖北、湖南的大部分地方，後來又向西發展，占領了巴蜀之地。建安二十五年（西元二二〇年），曹操病故，他的兒子曹丕廢掉漢獻帝，自立為皇帝，國號魏，建都洛陽。第二年，劉備也在成都稱帝，國號漢，歷史上稱為蜀或蜀漢。八年之後，孫權在建業（今中國江蘇南京）稱帝，國號吳。魏、蜀、吳天下三分的局面最終形成。後人有詩嘆道：

一火延燒百里軍，神州從此定三分；
老天有意存劉裔，權把東風借使君。

赤壁之戰是中國古代軍事史上的一次以少勝多的典型戰例，也是三國鼎足局面形成的一次決定性戰役。曹操在此役中的表現，同官渡之戰時相比判若兩人，他的失敗主要敗在驕傲自大、麻痺輕敵上。可見像曹操那樣的著名軍事家，也一樣會被勝利沖昏頭腦，更何況一般的軍事指揮員呢？所以「驕兵必敗」是人們必須牢記的至理名言。孫權在曹操大兵壓境的緊急情況下力主抗戰，並用魯肅、周瑜之謀，聯劉拒曹，一舉獲勝江東鞏固，較之荊州劉琮不戰而降，益加顯示出其政治家的機敏與決斷能力，故曹操曾發出「生子當如孫仲謀（孫權，字仲謀）」之慨。劉備在赤壁之戰中獲益最大，戰前他透過諸葛亮的分析，對天下大勢已有了基本認識；及劉表病歿，曹操南下，劉琮降曹，形勢危急，依然能處變不驚，積極聯孫，堅決抗曹，戰而勝之；戰後迅速略取荊州以作基本，並適時進軍巴蜀，造成魏、蜀、吳鼎足三分的局面。劉備由弱小之軍，縱橫捭闔數十年，終成一方霸主，足以證明他也是一位具有雄才大略的政治家和軍事家。赤壁之戰，並未結束軍閥混戰的局面，只不過是由眾多軍閥演變為三個主要軍閥而已。此後數十年，他們相互之間的征戰有增無已，對社會發展的影響仍有極為嚴重的阻滯作用。

侯景亂梁　武帝斃命

兩晉之後的南北朝，是歷史上又一分裂時期。在南方，自西元四二〇年劉宋取代東晉政權起，先後經歷了宋、齊、梁、陳四個朝代的更替，史稱南朝。在北方，北魏統一後，曾一度結束了長期混戰的局面，但後來又分裂為東魏和西魏，接著是北齊取代東魏，北周取代西魏；西元五七七年，北周滅北齊，北方重新統一，史稱北朝。這一時期，各軍閥割據勢力間曾進行過無數次兼併戰爭，其中最為典型的，是侯景興兵亂梁之戰。

侯景，字萬景，懷朔鎮（北魏六鎮之一，今中國內蒙古固陽縣西南）人。年少時才華出眾，詭計多端。初事邊將爾朱榮，甚見器重。曾學兵法於慕榮紹宗，因此精通兵法，後以軍功為定州刺史。魏相高歡誅爾朱榮，侯景率眾投降，被任為吏部尚書。一次他對高歡說：「希望得到三萬兵馬，橫行天下，必要時渡過長江，把蕭衍老兒捆綁來，讓他做太平寺的寺主。」高歡壯其言，任命他為東魏司徒、河南大將軍、大行台，讓其率兵十萬，專門控制黃河以南地區，對他的依靠和重用，如同自己的半個身體一樣。

侯景的右腿比左腿短，是個跛子，不擅長騎馬射箭，但他足智多謀。高昂、彭樂是東魏勇冠三軍的猛將，侯景蔑視他們說：「這些人如同受驚的豬一樣橫衝直撞，能成什麼大事呢！」他對高歡的兒子高澄也十分輕視，曾揚言道「高王（高歡）在世時，我不敢有其他想法；高王死後，我不能與這個鮮卑小兒一起共事。」從前侯景與高歡相約說：「現在我在遠方握有兵權，別人容易造假欺騙，你給我的書信中請加上小黑點為記號。」高歡同意了他的要求。東魏武定四年（西元五四六年），高歡病危。高澄以高歡的名義寫信，召侯景到晉陽商議大事，侯景看出其中破綻，便推辭不去，並調動兵馬，準備叛亂。高澄見侯景不來，心中十分憂慮，高歡知道便說：「你是擔心我百年之後侯景叛亂吧？」高澄回答說：「是的。」高歡說：「侯景專門控制黃河以南地區已十四年了，常有飛揚跋扈的志向。我能像豢養牲畜一樣畜養他，但你卻不能駕馭他。……能打敗侯景的人，只有慕容紹宗。以前我故意不重用他，這個人情留給你做吧！」

梁太清元年（西元五四七年）正月，東魏勃海王高歡病故，世子高澄即位。侯景占據黃河以南地區，公開發動叛亂。二月，侯景上表梁武帝說：「我與高澄有矛盾，請允許我把函谷關以東，瑕丘（今中國山東兗州東北）以西，豫州、廣州、潁州、荊州、襄州、兗州、南兗州、濟州、東豫州、洛州、陽州、北荊州、北揚州等十三州的土地獻給朝廷。剩下的青州、徐州等幾州，僅寫封信即可歸降。況且黃河以南地區都在我的職權之內，得到它易如反掌。如果齊地（青州）、宋地（徐州）平定，就可以慢慢奪取燕、趙之地。」梁武帝蕭衍召集群臣商議此事，尚書僕射謝舉說：「近年以來，與東魏通使和好，邊境沒有戰爭，現在收納他們的叛臣，我私下認為不應該。」梁武帝說：「理是這個理，可是得到侯景，塞北就可以掃清，天下就可以平定，機會實在難得，怎能拘泥於常理而不知變通呢！」大將軍朱異在一旁隨聲附和道：「皇上聖明，君臨天下，南北都歸心仰望，因為沒有機會，才未能實現他們的心願。現在侯景把魏國土地的一半獻給我們，如果不是上天開導他的心意，人世贊成他的謀劃，事情怎能發展到這種程度呢？若是拒而不納，恐怕會使以後歸降的人絕望。道理很明白，希望陛下不要疑慮。」於是梁武帝決定接納侯景，並任命他為大將軍、河南王、都督河南河北諸軍事、大行台，可以援引東漢鄧禹的例子，根據皇帝的意旨，自行處理大事。同時於三月甲辰日，派司州刺史羊鴉仁等率三萬人馬，運送糧食，接應侯景。

五月，高澄派武衛將軍元柱率數萬軍隊，晝夜兼行，進襲侯景，結果為侯景所敗。侯景因羊鴉仁的援軍未到，不敢貿然北進，仍退保潁川，不久高澄派司徒韓軌等，將侯景圍困於潁川。侯景恐懼，於是割讓東荊州、北兗州、魯陽、長社四城為條件，向西魏求救。西魏尚書左僕射於謹說：「侯景年輕時就熟悉軍事，奸詐難測，不如封他高貴的爵位，觀察他的變化，不可以派兵援助。」荊州刺史王思政認為：「如果不趁此機會取得四城，將來後悔也來不及了。」於是率步騎兵一萬人，從魯陽關向陽翟（今中國河南禹縣）前進。西魏丞相宇文泰聽到此事，便加授侯景為大將軍兼尚書令，派太尉李弼、開府儀同三司趙貴率兵一萬人前赴潁川，解除了侯景的潁川之圍。這時侯景擔心梁武帝對他的出爾反爾的做法進行責難，便再次上奏說：「朝廷的軍隊沒有到達，在生死存亡的緊急時刻，只得向關中（指西魏）求援，自己解救燃眉之急。我在高澄那裡已經不安全，怎能被宇文泰所容納呢？這就像被蛇咬手時割下自己的手腕，出於不得已罷了。我本意是為了國家，希望不要怪罪我！我已經得到他們的援軍，不能立即拋棄他們，現在用四州的土地作為引誘敵人上鉤的資本，已讓宇文泰派人守衛。從豫州以東，到齊海以西，仍由我控制，現全部歸於朝廷，懸瓠、項城、徐州、南兗州，還須接收。希望陛下趕緊命令設置在邊境的軍隊，與我相配合。不要發生誤會，以免錯過時機。」梁武帝回信說：「大夫出境，尚有所專，況始創奇謀，將建大業？理應適事而行，隨方以應。卿誠心有本，何假詞費！」六月，侯景又向西魏請求增援，宇文泰滿足了他的要求，再次派兵援助。這時大行台左丞王悅對宇文泰說：「侯景對於高歡，開始有同鄉的深情，後來確定君臣的關係，位居高級將領，職務高於朝廷大臣。現在高歡剛死，他就立即叛變，這是因為他所圖謀的目標特別大，最終不肯在別人之下的緣故。況且他既能背叛高氏的恩德，難道還能為我們盡節效忠嗎？現在我們派軍隊援助他，使他由不利轉為有利，恐怕給後人留下笑柄。」宇文泰這才警覺起來，才識破侯景的陰謀詭計，撤回了全部援軍。至此，侯景才最後下決心投靠梁武帝。

是年八月，梁武帝蕭衍頒下詔書，大舉討伐東魏。九月，梁武帝命蕭淵明率軍圍攻彭城（今中國江蘇徐州）。十一月，東魏大將軍高澄任命慕容紹宗為東南道行台，與高岳、潘樂一起率十萬大軍增援彭城。起初侯景根本沒把東魏將領放在眼裡，聽說韓軌前來，便輕蔑地說：「這個吃豬腸子的小子能幹什麼？」聽說高岳前來，也不屑一顧說：「軍隊精銳，人物平庸。」後來聽說東魏軍隊統帥是慕容紹宗，便立刻露出恐懼的表情說：「是誰教給鮮卑小兒懂得派慕容紹宗統率軍隊的？如果真是這樣，高王一定還沒有死吧？」慕容紹宗率軍占據櫜駝峴，與梁軍對峙。雙方交戰梁軍大敗，主帥蕭淵明被俘。梁武帝蕭衍聽到前方戰敗的消息後十分驚恐，差一點從龍床上掉下來，口中不住地喃喃道：「我們豈不是又成了晉朝嗎？」

這時，東魏發出一篇聲討梁朝的檄文，說：「皇家一統天下，光輝與日月相配。只有你們吳、越地區，單獨阻止聲威教化傳播。皇帝（指元善見）懷有停戰的心意，丞相（指高歡）討厭發布征戰的命令，於是我們就釋放在押的俘虜，表明友好睦鄰的誠意。雖然美好的謀劃、長遠的打算，從我方開始，但是停止戰爭，使人民得到休息，也能使你們獲得了實利。侯景這小子，自己產生猜忌二心，遠靠關中、隴右，憑藉奸偽（指西魏）勢力，叛逆首領與其確定君臣名分，偽丞相（宇文泰）與他結為兄弟，難道說他們對他沒有恩情嗎？但最終難於豢養，不久另有圖謀，親自挑起干戈，侯景惡貫滿盈，回頭沒有靠山，因為金陵是逃犯的藏身之所，江南是遊子的寄身之地，所以他就用甜蜜的語言，卑下的禮節，企圖在那裡容身。其詭詐的言辭，虛浮的說法，用意是可想而知的。但是你們梁朝的大小官員，幸災樂禍，忘卻大義。君主在上面荒淫無道，臣子在下面隱瞞真相。勾結奸邪小人，斷絕鄰國之交，征發軍隊，陳兵邊境，放縱盜賊，侵略我國。物無定方，事無定勢，有的國君利用有利形勢反而受害，有的國君因貪圖小利則更受損失。所以才有吳國侵略齊國，結果使越王勾踐率軍乘虛而入；趙國接受韓國的土地，最終有長平之戰。況且你們驅使疲憊之民，侵略我土徐州，修築堤堰，堵塞河流，捨棄舟船，去僥倖取利，能不遭到慘敗的下場嗎？因而，我國擂鼓揮旗的將領，勇猛果敢的士卒，心懷憤怒，神情嚴肅，在戰場上如同去殺私家仇敵一樣奮勇作戰。……等到兩軍剛剛交鋒，雙方煙塵將要連起，你們的官兵已丟棄武器，土崩瓦解，像晉國軍隊一樣，被砍掉的手指頭可以用手去捧，像齊國的將領一樣不解鎧甲，反綁雙手，坐在戰鼓之下，成為俘虜，姓氏相同與不相同的人，在牢獄中可以彼此默默相對。是非應該分明，強弱不能等同。為了得到像侯景那樣的人而失去一個國家，看見黃雀只顧去抓，卻忘記腳下的陷阱，這是聰明人所不幹的，是仁義的人所不嚮往的。誠然，已往的事情難於追悔，但將來的事情還可以補救。侯景憑著一個粗俗匹夫的身分，遇到風雲變幻的機會，位列三公，封邑萬家，度量身分，早應知足，但他自始至終反覆無常，越發不加收束，難道他是無所用心嗎？其用意是顯而易見的。你們授給他兵權，引誘他去做盜賊，使其勢力擴張到可以行使奸計的程度，給他創造可以利用的時機。現在侯景這老賊看到南方衰弱不振，有上天滅亡南朝的徵兆，恐怕又要實施他的陰謀了。然而要推倒堅強之物難以成功，而摧垮腐朽之物則容易顯示威力。他雖不是孫子、吳起那樣的軍事家，率領的也不是燕國、趙國那樣的精兵，但他還是久經戰陣、熟悉軍事的人，既非脆弱之師，又非無力之眾。他欲抵抗我們則顯得力氣不足，而對付你們則綽綽有餘。他最終恐怕會尾大於身，腳跟粗過大腿，強硬而不便搖動，兇狠而難以馴服。如果徵召他，他叛亂就快，造成的禍患小；不徵召他，他叛亂就慢，造成的禍患就大。他會像東晉蘇峻那樣，站在山頭望朝廷，不

侯景兵敗渡淮後，不知往哪裡去。在馬頭（今中國安徽懷遠東南）戍主劉神茂的慫恿下，殺死壽陽監州事韋黯，襲取壽陽城。隨後派人向朝廷報告失敗的消息，並請求供給軍用物資。蕭衍不僅沒有追究侯景的責任，反而任命他為南豫州牧，原有官職不變。光祿大夫蕭介上表章勸諫道：「臣私下認為，侯景一定不是暮年能盡忠的大臣。他拋棄家鄉故國如同扔掉破舊的鞋子，背叛國君親友就像丟掉草芥一樣。難道他能在遠處仰慕陛下聖德，在江淮間成為梁朝的忠臣嗎！事情這樣明顯，不可以被迷惑。」梁武帝不聽蕭介的勸告。

東魏擊敗侯景後，完全恢復了舊有的邊境。大將軍高澄數次派使節，要求與梁朝和好，梁武帝均未答應，高澄又對被俘梁將蕭淵明說：「先王與梁主和好，十有餘年，想不到一旦失去信任，而招此紛擾，我知道這不是梁朝皇帝的本意，不過是侯景的煽動罷了，應該派遣使者前去商討。若梁主不忘舊好，我也不敢違背先王的意志。我會把你們各位都放回去，侯景的家屬也當一同送去。」蕭淵明就派夏侯僧辯帶奏章去見梁武帝。蕭衍邊讀奏章邊流眼淚，便與朝中大臣商量這件事，左衛大將軍朱異、御史中丞張綰等都主張靜寇息民，以和為便。只有司農卿傅岐說：「高澄目的何在，須要弄清楚。他一定是設離間計，所以才讓貞陽侯蕭淵明派使者前來，欲使侯景自己產生疑心。侯景心中不安，必然圖謀叛亂。現在如果答應和好，正中了他的計謀。」朱異等固執己見，堅持議和。此時武帝也厭倦用兵，就聽從朱異的意見，與東魏復和通好，並讓夏侯僧辯還告高澄。

夏侯僧辯北返路過壽陽，侯景暗中察訪偵知了這件事，心中十分憤怒，上書梁武帝說：「陛下在北魏強大的時候還可以打敗他們，在他們衰弱的時期反而想要同其和好。捨棄已成就的事業，放縱將要滅亡的胡虜，使強盜得以延續壽命，卻把禍患留給子孫後代，不僅使我感到氣憤，也使志士仁人痛心……高澄請求結盟講和，實際上是想除掉我。如果我死對梁朝有益，我萬死不辭。只怕千年以後使梁朝好端端的歷史留有這麼汙穢不堪的一頁。」不久，侯景再次上書梁武帝說：「我與高家，矛盾已深，仰仗朝廷的威力，期望洗雪恥辱。現在陛下與高家和好，讓我自己處在什麼地位！請求重新開戰，宣揚皇朝的威力！」梁武帝回書道：「我與你的君臣關係已經確立，哪有成功就收納你，失敗就拋棄你的道理呢？現在高澄派使者來求和，我也想停止戰爭，應進應退，國家有一定制度，你只管清靜地居住，無須勞神！」對於梁武帝的答覆，侯景仍感不安，遂又寫信說：「現在陛下將我丟在邊遠地區，南北兩朝和好，恐怕我的性命，最終難免死於高澄手中。」武帝也再次安慰他說：「我是擁有萬輛兵車大國的皇帝，怎能失信於一個人！想來你能深知我的心情，不必再為此事勞心上奏章了。」為探知梁武帝的真實態度，侯景假造一封高澄的書信，要求用貞陽侯交換侯景，祕密派人送給他。武帝將要答應這一要求，傅岐說：「侯景因為窮途末路才來歸附我們，拋棄他不吉祥。況且侯景身經百戰，怎能束手就擒呢！」朱異說：「侯景是敗逃的將領，要逮捕他，只須一個使者的力量罷了。」武帝聽從朱異的意見，回信告訴高澄說：「貞陽侯早晨到達，侯景晚上就可以押解回去。」侯景得到此信，仇恨地說：「我早就知道蕭衍老兒這薄情寡義的心腸。」其親信王偉勸侯景說：「現在坐著聽從命運的安排是個死，起兵造反也是個死，請大王仔細考慮這個問題。」侯景於是決定發動叛亂。

是年八月，侯景聽說梁臨賀王蕭正德對朝廷懷有二心，遂派人送給他一封密信，信中寫道：「今天子年老，奸臣亂國，以我的觀察，不久就會出現禍敗。大王本系太子，中途被廢，四海之內，歸心大王。侯景不才，常思自效。願您滿足百姓的要求，主持國家大政，我的一片誠心唯天可鑑。」蕭正德本是臨川王蕭宏的兒子，被蕭衍收為養子，為人貪婪殘暴，不守法紀，屢次受到梁武帝的責怪，他非但不思悔改，且因未被立為太子而更加懷恨在心，於是便暗中畜養敢死之士，儲存糧食，積聚財物，希望國家出現變亂，好在亂中奪取政權。所以看到侯景的密信十分高興，馬上給侯景回信說：

「朝廷之事，如公所言。僕之有心，為日久矣。今僕為其內，公為其外，何有不濟？機事在速，今其時矣。」有了蕭正德這個內奸，使侯景更加堅定了反叛朝廷的決心。

八月初十，侯景以誅中領軍朱异、少府卿徐磷、太子右衛率陸驗、制局監周石珍為名，發動叛亂。朱异等人皆奸佞驕貪，矇蔽皇帝，濫用權力，為時人所痛恨，故侯景以誅此四人作為叛亂的藉口，來興兵造反，以取得政治上的優勢。梁武帝聽到侯景公開叛亂的消息，不以為然地說：「這算什麼能耐，我折斷馬鞭的木柄就能制服他。」於是敕令懸賞，斬侯景者，封三千戶，任徐州刺史。十六日，梁武帝下詔：鄱陽王蕭范為南道都督；封山侯蕭正表為北道都督；司州刺史柳仲禮為西道都督；散騎常侍裴之高為東道都督；邵陵王蕭綸為持節，統率各軍共同討伐侯景。九月，侯景聽說梁軍前來討伐，便問計於王偉。王偉說：「邵陵（蕭綸）若至，彼眾我寡，必為所困，不如棄淮南，決志東向，率輕騎直掩建康，臨賀（蕭正德）反其內，大王攻其外，天下不足定也。兵貴神速，宜即進路。」侯景遂於同月二十五日以遊獵為名，潛出壽陽，直攻歷陽。十月二十日，歷陽太守莊鐵投降，並勸侯景說：「國家承平日久，人不習戰，聞大王舉兵內向，無不震駭，宜乘此際，速趨建康，可兵不血刃，而成大功。若使朝廷徐得為備，內外小安，遣羸卒千人，直據采石，大王雖有精甲百萬不得濟矣。」侯景於是以莊鐵為嚮導，向長江逼近。

梁武帝得知侯景向建康殺來，忙與群臣商議討景之策。尚書羊侃建議：「速派兩千人據守采石，令邵陵王襲取壽陽，使侯景進不得前，退失巢穴，烏合之眾，自然瓦解。」朱异說：「侯景一定沒有南渡長江的志向。」於是把羊侃的正確意見壓制下去，武帝只派寧遠將軍王質率三千人在長江巡察，並未在采石駐守重兵。二十一日，任命臨賀王蕭正德為平北將軍，都督京師諸軍事，屯駐丹陽郡（今中國江蘇江寧境）。蕭正德派遣數十艘大船，假稱運載蘆荻，祕密接侯景渡江。這時侯景派出的間諜報告說，王質已經撤退，采石無人防守。侯景欣喜若狂，說：「我的大事成功了！」二十二日，侯景率士卒八千人、馬數百匹，從橫江（今中國安徽和縣東南）渡過長江，占據采石。當天晚上，梁朝開始下令戒嚴。

這時，太子蕭綱見情況緊急，穿上軍裝進入皇宮見梁武帝蕭衍，請示軍事部署事宜。武帝說：「這自然是你的事，還問什麼！朝廷內外軍事，全部交給你。」太子蕭綱遂留在中書省，指揮部署軍隊。當時人心惶惶，沒有誰肯應召前來，朝廷這會兒還不知道蕭正德已是內奸，仍命令他防守朱雀門（建康正門，今中國江蘇南京市內），寧國公蕭大臨防守新亭（今中國江蘇南京市南），太府卿韋黯防守六門，修繕皇宮城牆，做好敵人進攻的準備。己酉日，侯景到達慈湖（今中國安徽當涂北），建康震動，御街上的人互相搶掠，不能通行。朝廷赦免東冶、西冶、尚方錢署和建康城內的罪犯，讓他們充軍。任命宣城王蕭大器為都督，管理城內諸軍事，以羊侃為軍師將軍輔助他，南浦侯蕭推守東府（今中國江蘇南京市東），西豐公蕭大春守石頭城（今中國南京清涼山後），輕車將軍府長史謝禧、始興郡太守元貞守衛白下（今中國南京市金川門外）。同時徵收各部門倉庫的公藏錢，聚集在德陽殿，用以充實軍需。

是月二十三日，侯景到達板橋（今中國江蘇南京西南之板橋鎮）。派徐思玉進城晉見梁武帝，送去侯景的奏章，奏章說：「朱異等人專權，請讓我率兵入朝，以清君側。」梁武帝派中書舍人賀季、主書郭寶亮隨徐思玉到板橋慰問侯景，賀季責問侯景：「你現在的舉動是什麼目的？」侯景說：「想當皇帝！」王偉忙遞一個眼色給侯景，插言道：「朱異等人把朝政搞亂，要除掉奸臣罷了。」侯景已經說出了自己的罪惡目的，於是就扣留了賀季，讓郭寶亮單獨返回皇宮。

百姓聽說侯景到來，都爭著進城。軍人們也擁進兵器庫，搶奪武器。局面混亂不堪。羊侃下令斬首幾個人，混亂局面才告停止。這時梁朝建國已四十七年，邊境以內沒有戰爭，在位的公卿和民間的士大夫很少看見武器鎧甲，賊寇突然迫近，官民驚駭恐懼。老將已經沒有了，年輕的將領都率兵在外，京城軍隊的指揮，一切都取決於羊侃。二十四日，侯景到達朱雀橋（一名朱雀桁，在今中國江蘇南京市南秦淮河上）。太子蕭綱命臨賀王蕭正德守衛宣陽門，東宮學士庾信守衛朱雀門。庾信率宮中文武官員三千人在朱雀橋北紮營。蕭綱命令庾信拆斷浮橋，蕭正德說：「百姓看見把浮橋拆斷，一定大為驚駭，不拆浮橋可以暫時安定人心。」蕭綱聽從了他的意見。不久後侯景的軍隊來到，庾信忙命拆橋，才拆除一條船，梁軍士兵見侯景軍隊都帶鐵面罩，向浮橋衝來，就慌忙退回朱雀門內，庾信也棄軍逃跑。蕭正德派其黨羽重新接通浮橋，讓侯景軍隊通過。隨後蕭正德在張侯橋迎接侯景，並與侯景合兵一處，進入宣陽門，直達皇城下。此時，守衛石頭城的蕭大春逃奔京口，守衛白下城的謝禧、元貞放也棄城逃跑，各路敵軍將皇城團團圍住。

二十六日，侯景下令攻城。鼓角聲、喊殺聲震動大地，大司馬門、東華門、西華門同時起火。羊侃派人在城門樓上鑿洞，從上往下澆水滅火。直閣將軍朱思率數名敢死之士，突出城外，灑水救火，很快將大火撲滅。隨後，賊寇又用長柄板斧去砍東掖門，將要砍開，羊侃命人在門上鑿孔，用槊刺死兩名敵兵，砍門人才因此退去。這時侯景占據皇城外公車府，蕭正德占據左衛將軍的官署，宋子仙占據太子宮，范桃棒占據同泰寺，太子宮接近皇城。白天，侯景的軍隊登上太子宮的大牆，向皇城內射箭；夜晚，侯景在太子宮擺酒奏樂，並把宮內幾百名歌妓分給部下，任其蹂躪遭蹋。蕭綱派人焚燒太子宮，殿台和收藏的圖書全部燒光。侯景作為報復，便放火焚燒乘黃廄、士林館、太府寺。二十七日，侯景製作木驢數百頭，攻打皇城，城上梁軍用石塊將其砸碎。侯景重新製造尖頂木驢，石不能破，羊侃作雉尾炬，灌以膏油，集束擲下，將尖頂木驢全部燒光。侯景又製造登城用的高樓戰車，高十餘丈，想從戰車上向城內放箭。羊侃說：「運樓的車高，下面溝塹空虛，一向前進，車就會翻倒，可以躺下觀看。」等到車行動起來，果然翻倒。侯景見皇城一時難以攻下，士卒死傷很多，就修築長圍，隔絕內外，準備進行長期圍困。

十一月初一日，臨賀王蕭正德在儀賢堂即皇帝位，下詔稱：「普通年間以來，奸臣擾亂朝政，皇帝長期有病，國家將要危亡。河南王侯景放棄爵位來處理朝政，擁戴我繼承帝位。可實行大赦，改年號為正平。」蕭正德立他的兒子蕭見理為皇太子，任命侯景為丞相，把他的女兒嫁給侯景為妻，並且把家中的珍寶財物全部拿出來補助軍費。

侯景派兩千人攻打東府，梁守將蕭推率部奮力抵抗。雙方激戰三晝夜，飛箭和石塊如同雨點般落下。十一月初四日，在內奸許伯眾的引導下，侯景軍隊攻入東府，蕭推和兩千名守軍全部殉難。侯景把他們的屍體堆到皇城根下，對皇城裡人說：「不及早投降，就是這樣的下場！」

侯景初到建康的時候，以為很快就能獲勝。故號令嚴整，士卒不敢侵暴。及至皇城屢攻不克時，侯景擔心援兵四集，士卒潰散，加之石頭城糧倉告罄，軍中乏糧，於是放縱士卒大肆搶掠民間糧米、財物、子女。此後一升米的價格達到七八萬錢，到了人吃人的程度，建康城內，餓死的有十之五六。

十一月初八日，侯景在城東、城西築土山，驅趕逼迫數萬官民服役，不論身分貴賤，亂加毆打，疲勞瘦弱的人被殺死填到土山中，號哭聲驚天動地。皇城內也築土山相對應。侯景知道城內守軍多為奴隸，便招募已經投降的奴隸，免除他們的奴隸身分。朱異的家奴投降後，被任命為儀同三司，把朱異的家產全部賞給他。同時讓他乘良馬、衣錦袍，於城下詬罵朱異說：「汝五十年仕宦，方得中領軍，我始事侯王，已為儀同矣！」於是三日之中，奴隸降景者數以千計。侯景皆厚加安撫，把他們分配到軍中去，人人感恩，個個效死。這樣侯景之兵，合沿途裹脅及降者，共十餘萬人。是時，侯景為瓦解守城軍民，親自寫了一封告城內士民的信，用箭射入城中。信中說：「梁朝從近年以來，掌權的人專斷朝政，殘酷剝削百姓，以滿足他們的私慾。如若不信，請看事實：今日國家池苑，王公府第，僧尼寺塔，及在位庶僚，姬妾百室，僕從數千，不耕不織，錦衣玉食，不奪百姓，從何得之？我所以進攻京城，指名要殺權奸，不是要推翻國家。今城中指望四方來援，我觀王侯將相，志在保全自身，誰能竭力致死，與吾等爭勝負呢？長江天險，二曹（曹操、曹丕）所嘆，天晴氣爽，我用小船就渡過來。不是天意人心和諧，怎麼能這樣呢！希望各位三思，自己尋求大吉大利！」

十一月初九日，梁荊州刺史蕭繹傳檄各地，發兵入援建康。邵陵王蕭綸率先響應，率步騎三萬自京口西上。二十八日進至玄武湖，次日為侯景所敗，蕭綸僅率千餘人逃奔朱方（今中國江蘇丹徒縣東南）。是時，衡州刺史韋粲、江州刺史蕭大心、司州刺史柳仲禮、西豫州刺史裴之高、前司州刺史羊鴉仁等各路援軍相會於新林王游苑（今中國江寧縣西南），眾十餘萬，共推柳仲禮為大都督，以統諸軍。仲禮命各軍沿秦淮河南岸紮營，侯景亦於北岸樹柵，兩軍隔岸相持。此後援軍雖與侯景數度交戰，均未擊破侯景軍隊，遂相互觀望，莫敢先進。十二月羊侃病死，侯景見梁援軍遲滯不進，便又集中主力進攻皇城，未能攻下。

梁太清三年（西元五四九年）二月，皇城在久困之下，薪芻魚鹽皆盡。起初，皇城關閉的時候，公卿都擔心缺糧，因此無論男女老幼，富貴貧賤，都出城背米，得到四十萬斛糧食，收取各府藏錢幣布帛五十萬億，都聚集到德陽堂，卻沒有準備薪柴、馬草和食鹽。至此，只好拆毀尚書省房舍當薪柴，將草墊子鍘碎餵馬，士兵沒吃的，就以鎧甲、老鼠、苔蘚為食，甚至殺掉馬匹，摻雜人肉，吃的人無不得病。侯景的軍隊也飢餓，到處搶掠，什麼也搶不到。東府城有米，可以支用一年，但被援軍切斷了道路，又聽說荊州的援軍業已東來，這使侯景非常擔心。王偉說：「今台城不可猝拔，援兵日至，吾軍乏食，若偽求和以緩其勢，東城之米，足支一年，因求和之際，運米入石頭城，援軍必不得動。然後休士息馬，繕修器械，伺其懈怠而擊之，一舉可取也。」侯景從其計，派部將任約、於子悅到城下，上表求和。太子蕭綱以城中窮困，請求武帝允許。武帝怒曰：「和不如死！」太子固請曰：「侯景圍逼已久，援軍相仗不戰，宜且許其和，更為後圖。」武帝遲疑了很久，才說：「你自己考慮吧，不要讓後世取笑。」於是回覆侯景，允許講和。侯景乞割江右四州之地，然後渡江西上。武帝答應了他的條件，任命他為都督江西諸軍事、豫州牧，河南王如故。此後，侯景一面賴著不走，一面暗中將東府城之米運進石頭城。諸事完畢，侯景背盟，上書列武帝十大罪狀，逼令開城，當初城中有男男女女十幾萬人，被圍既久，人多身腫氣急，死者十之八九，橫屍滿路，不可瘞埋，爛汁滿溝，臭氣熏天。能登城禦敵者不足四千人，然而眾心指望外援，仍苦苦堅守。援軍統帥柳仲禮等，只知聚集歌舞妓女，飲酒作樂，毫無戰意。而侯景則集中兵力晝夜攻城。三月十二日，皇城失陷。梁武帝躺在床上嘆息道：「這個國家的統治權由我這兒得到，又從我這兒失去，還有什麼可遺憾的呢！」

侯景既入城，乃全部撤除兩宮侍衛，盡掠宮人寶玩，將朝士王族送永福省監禁。然後矯詔大赦，自加大都督中外諸軍錄尚書事。以武帝的名義下令外援各軍撤回。柳仲禮召諸將議論。蕭綸說：「今日之命，委之將軍。」王僧辯說：「將軍擁百萬眾，致宮闕淪沒，正當悉力決戰，何所多言？」柳仲禮無言以對，各將遂紛紛離去。五月十二日，梁武帝蕭衍在幽囚中餓死，終年八十六歲。侯景擁太子綱即位，是為梁簡文帝。

當初，臨賀王蕭正德曾與侯景商定，皇城攻克後，由他正式繼皇帝位，不得保全梁武帝蕭衍和太子蕭綱。等到城門打開時，蕭正德剛要率軍隊揮刀進城，卻被侯景事先派去的黨羽擋住，所以未能進入皇城。後來梁武帝死去，蕭綱繼承皇位，蕭正德被任命為侍中、大司馬。蕭正德見侯景食言，自己偷雞不成蝕把米，於是祕密寫信給鄱陽王蕭范，叫他帶兵前來討伐侯景。侯景將此信截住，一怒之下，把蕭正德勒死。這就是一個內奸的可恥下場。

侯景立蕭綱為帝後，掌握朝廷的生殺予奪大權。他一面誅殺朝中蕭氏各王，排除異己；一面安插親信，鞏固自己的統治勢力。同時打著皇帝的旗號，四處討伐，翦除外藩，拚命擴大統治地盤。梁大寶二年（西元五五一年）閏三月，侯景留尚書左僕射王偉守建康，自率大軍沿江西上，征討湘東王蕭繹，兩軍戰於巴陵（今中國湖南嶽陽）。結果，景軍大敗，主將任約被擒，侯景逃回建康。蕭繹派王僧辯率軍乘勝東進，聲討侯景。六月十八日，王僧辯軍至漢口，連克郢州、羅城，景軍大將宋子仙、丁和被擒殺。八月，侯景廢梁簡文帝為晉王（不久將其殺害），另立豫章王蕭棟為帝，改元天正。十一月十九日，侯景篡梁，自稱漢帝。

翌年正月，湘東王蕭繹命王僧辯繼續東伐。二月二日，僧辯率軍自潯陽（今中國江西九江市西南）出發，艦船百里，聲勢甚壯。陳霸先也率軍五萬，舟艦兩千，與僧辯會師於白茅灣（今中國江西九江市東北）。隨即順流東下，直撲建康而來。三月初九日，王僧辯於姑孰（今中國安徽當涂縣）大敗景軍，敵溺水而死者數千人，主帥侯子鑑僅以身免。王僧辯督諸軍前出至張公洲（在今中國江蘇江寧縣西南），十三日進入秦淮河。這時侯景十分恐懼，連忙命人用船和巨石堵塞秦淮河口，又憑藉秦淮河構築工事，以拒西軍。十四日，陳霸先軍率先於石頭城西落星山橫隴築柵，僧辯所部相次築之，共結為八座大營。十九日侯景率萬餘人攻擊西軍，陳霸先說：「我眾敵寡，應分其兵勢，以強制弱。」於是命諸將分處置兵。侯景見西軍移動，遂發起衝擊。陳霸先派兩千名弓弩手壓住陣腳，隨即向景軍發起反衝擊，將其擊退。王僧辯復以大軍繼進，一舉攻下石頭城。這時侯景像輸紅了眼的賭徒似的，率百餘騎兵，扔下長矛、手執短刀，想與陳霸先決一死戰。景軍左右衝突，西軍的陣地巋然不動，景軍全部潰散。侯景隻身逃到皇城門前，召王偉前來，手按劍柄，怒氣衝衝地責備道：「你令我為帝，今日誤我！」嚇得王偉跑到城門後面躲藏。侯景要逃跑，王偉抓住他的馬蹬勸道：「自古以來哪有什麼叛逆天子！宮中衛士很多，還能進行一次決戰，放棄這裡，你到哪裡去安身？」侯景說：「我過去打敗賀拔勝，擊破葛榮，揚威河朔之間，渡長江南下又平定台城，降服柳仲禮大軍易如反掌。如今是天要滅亡我啊！」於是仰頭看著石闕，嘆息不已。然後侯景用皮袋子將他在建康生的兩個兒子裝好，掛在馬鞍後頭，帶著房世貴等一百餘騎兵，向吳地逃去。王偉逃奔朱方，後被擒送建康。

三月二十四日，侯景逃至晉陵（今中國江蘇武進縣），得田遷餘兵數千人。於是縱兵劫掠，爾後逃奔吳郡。四月十二日，王僧辯部將侯瑱於松江（今中國江蘇吳縣南四十里）擊敗侯景。侯景與心腹數十人乘一條小船向大海逃去。人多船小，侯景就把他的兩個兒子推到水中淹死了。四月十八日，侯景的妻弟羊鵾及景平素所親近的人王元禮、謝葳蕤進行密謀，企圖處死侯景。白天侯景正在睡覺，羊鵾命水手將船駛向京口，至胡豆洲（今中國江蘇丹徒縣），侯景發現方向不對，大吃一驚，忙問駛向何處，羊鵾拔刀在手，對侯景說：「我們為大王出過不少力，現在到了這個地步，終於一事無成，想借你的頭來換點榮華富貴。」侯景還未來得及回答，幾把鋼刀一齊向他砍來。侯景想跳海逃命，羊鵾就用刀把他攔住。侯景竄到船艙，以佩刀撬船底板，羊鵾用長矛將他刺死。羊鵾等人將侯景的屍體送到建康，王僧辯將其首級送往江陵，而將其屍身扔在市集上，人們爭著挖他的肉，連骨頭都搶光了。至此侯景之亂告終。

侯景自西元五四六年擁兵叛魏、西元五四八年起兵亂梁，至西元五五二年敗亡，禍亂中華長達七年之久，給江南人民帶來深重的災難，也為蕭梁王朝的最終滅亡敲響了喪鐘。侯景的得勢，來自於他的聰明和才智，但這種聰明才智一旦和個人野心結合起來，就要成為依靠軍事實力，謀取最高權力的陰謀家、野心家，結果是「機關算盡太聰明，反莫了卿卿性命」。蕭梁的失敗，主要是梁武帝後期，皇帝昏瞶腐朽，任用奸臣，朝廷上下，崇尚浮華，將不知軍，兵不知戰，守軍一觸即潰，援軍作壁上觀，致使侯景僅以八千軍隊，獲得突襲建康，攻陷皇城，篡奪帝位的成功。此外，蕭梁的迅速瓦解，同內奸蕭正德的破壞作用，也有直接關係。

安史之亂　玄宗幸蜀

西元五八九年，隋文帝楊堅統一全國，結束了南北朝長期紛爭的局面。西元六一八年，李淵父子乘隋末農民起義之機，推翻隋朝，建立唐朝，經過「貞觀之治」，中國封建社會發展到鼎盛時期。唐天寶年間，由於玄宗晚年昏庸，耽於淫樂，不理朝政，致使小人當權，好以施展自己的奸計；藩鎮擁兵，末大不掉。中央漸漸失去了對地方的控制能力，成為「安史之亂」發生的條件。

所謂安史之亂，乃是唐玄宗天寶十四年（西元七五五年）至唐代宗寶應二年（西元七六三年）期間，以安祿山、史思明為首的地方軍閥勢力，策動奪取唐中央政權的叛亂戰爭。

安祿山，營州（今中國遼寧朝陽南）混血胡人，初名阿犖山，胡語為「戰鬥」之意。其母阿史德，是一位女巫，夫死再嫁突厥小頭目安延偃，犖山隨至其家，故冒姓安，改名祿山。不久之後，他們的部落敗散，安祿山與安氏子安思順一起逃到幽州，充任互市牙郎（翻譯）。後投於范陽節度使張守珪帳下。祿山性狡黠，善於揣測別人的心理，討其歡心，故張守珪很喜歡他。他與同里人史思明，皆勇敢善戰；每次隨軍出征，都會俘虜一些敵人回來，因屢建戰功而被任命為捉生將，不久又升為討擊使。唐開元二十四年（西元七三六年）春三月，張守珪派安祿山討伐奚族、契丹族的叛軍，安祿山自恃勇猛，輕視敵人，帶兵進擊，結果為敵所敗。夏四月，張守珪上奏請求誅殺安祿山。安祿山在臨被處決前，大聲呼道：「大夫不是想消滅奚和契丹嗎，為什麼殺死我呢！」張守珪也愛惜他的勇猛善戰，想讓他活下去，便把他押送到京師，請朝廷處理。宰相張九齡裁決道：「從前司馬穰苴依軍法誅殺莊賈，孫武按軍令斬殺吳王后宮的嬪妃，張守珪要想執行軍令，就不應免除安祿山死刑。」唐玄宗愛惜安祿山的才能，下令免除官職，成為白衣將領。張九齡堅持說：「安祿山行軍失利，損失了軍隊，依照軍法不能不處死。況且我觀察他的面貌有叛逆之相，如不誅殺，一定成為後患。」玄宗說：「你不要像晉朝王夷甫看見石勒就說他將成為天下的大患，那樣看安祿山冤枉忠良。」於是便赦免了安祿山的罪。安祿山回到幽州，感張守珪不死之恩，追隨左右，格外效力，守珪因此認他為養子，提拔他為副將，旋又薦為平盧兵馬使。

開元二十九年（西元七四一年），由於安祿山為人狡詐，善於迎合人心，皇帝身邊的人到平盧去，他都送厚禮賄賂，所以很多人說他的好話，唐玄宗也認為他賢能。御史中丞張利貞任河北採訪使，到了平盧，安祿山低三下四地侍奉他，甚至向他左右的人行賄。張利貞回到朝廷，極力稱讚安祿山的才德，朝廷便任命他為營州都督兼任平盧軍使，以及奚國、契丹國、勃海、黑水四府的經略使。第二年，分出平盧另立節度鎮，安祿山被任命為節度使。天寶二年（西元七四三年）正月，安祿山入朝，玄宗特別厚待他，准他隨時進殿拜見，安祿山上奏說：「去年秋季營州蝗蟲吃穀苗，我焚香向上天祈禱說『如果是我用心不正，事奉皇帝不忠誠，願讓蝗蟲吞食我的心；如果我沒有辜負神靈，希望蝗蟲散去』。立即有一群鳥從北面飛來，把蝗蟲都吃光了。請陛下把這件事告訴史官記錄。」玄宗皇帝認為他憨厚正直，採納了他的意見。天寶三年（西元七四四年）春三月，安祿山還鎮，河北黜陟使席建信稱其公直，宰相李林甫、戶部尚書裴寬也稱譽其美，玄宗因此任命安祿山兼范陽節度使。安祿山權力日盛，且知朝中大臣可以阿諛收買，天子可以欺騙矇蔽。為邀功固寵，便出襲已投降唐朝的同羅、奚、契丹各部落，多事殺戮，爾後向朝廷報捷。天寶四年（西元七四五年）秋九月，安祿山再次入朝，玄宗召見。當面上奏道：「臣生長番戎，仰蒙恩典，得極寵榮，自愧愚蠢，不足勝任，只有以身許國，聊報皇恩！」玄宗大喜。當時正趕上太子入侍，玄宗令祿山拜太子，祿山不肯下拜，乃佯問左右內監說：「太子何官？」玄宗笑著說：「太子是皇位繼承人，待我百年之後，就由他來當皇帝。」祿山謝罪說：「臣愚，只知有陛下，不知有皇太子，罪該萬死！」說完，立即向太子叩拜。玄宗以其樸厚，大加讚賞，即留宮中賜宴。席間，安祿山進獻白鸜鵒二隻，並慌奏曰：「臣討契丹，過北平郡（今中國河北盧龍），夢先朝名將李靖、李勣向臣求食，臣因建廟設祭，祭祀日，廟梁長出靈芝，此鳥自空中飛來不走，臣以為祥，養以上獻。」玄宗見這鳥潔白如玉，鳴叫悅耳，便賜給楊貴妃賞玩。

天寶六年（西元七四七年）正月，朝廷任命范陽、平盧節度使安祿山兼任御史大夫。安祿山身體肥胖，肚子大得垂下膝蓋，曾自己聲稱，腹重有三百斤。他外表好像老實憨厚，內心卻是奸詐陰險。他讓其部將劉駱谷常駐京師，以刺探朝廷動向，朝中大事小情都要向他報告，如果有事需向皇帝上奏，就由劉駱谷代寫表章，直接呈送皇帝。每年向朝廷獻俘虜、雜畜、奇禽、異獸、珍寶、玩物的人絡繹不絕，地方郡縣也因為轉運物資而疲勞。安祿山在皇帝面前應答問對很敏捷，還夾些詼諧語言。一次玄宗曾指著他的肚子笑問道：「這胡人的肚子中有什麼，這麼大？」安祿山回答說：「這裡邊沒有別的東西，只有忠於陛下的一顆赤心。」玄宗聽後非常高興。還有一次玄宗為博得楊貴妃一笑，召安祿山入宮，命拜見貴妃，祿山見玄宗與貴妃並坐，乃先拜貴妃，玄宗問是何禮，祿山故意慌忙轉身叩拜玄宗說：「胡俗不知禮數，一向是先母後父，臣依習慣，遂忘天朝禮儀。」玄宗點點頭，對貴妃說：「由此可見祿山的誠懇和樸實啊！」玄宗曾在勤政樓設宴，百官列樓下，獨使祿山位於御座東間，設金雞帳榻上，以表示對他的寵幸。安祿山為達到經常出入皇宮的目的，便趁機請求做楊貴妃的乾兒子，玄宗和貴妃高興地答應了他的要求。天寶七年六月，玄宗賞賜安祿山鐵券，讓他世世代代享受朝廷給予的特權。天寶九年五月，玄宗封安祿山為東平郡王，打破了唐朝不在將帥中封王的慣例。八月又任命他兼任河北道採訪處置使。這時，安祿山請求入朝，玄宗便命有司在昭應（今中國陝西臨潼縣）為安祿山建造宅第。安祿山到達戲水，楊國忠及兄弟姐妹都前去迎接，乘坐車輛的傘蓋遮蔽了曠野，玄宗還親自到望春宮去等他。冬十月，安祿山獻俘八千人，玄宗命尚書考核官員成績時給他記上「上上考」，並允許他在上谷鑄錢。

天寶十年（西元七五一年）正月，玄宗再次命有司在親仁坊為安祿山修建宅第，並下令：只要修得富麗堂皇，不要節省費用。建成後帳幕和器具充斥宅中，其中有白檀木床二張，都是長一丈，寬六尺。就連廚房的用具都是金銀雕刻裝飾的，有金飯罌二個，銀淘盆二個，都能裝五斗米，織銀絲筐及笊籬各一個，其他東西也與此相稱。玄宗還命令中使監工說：「胡人眼光高，不要讓他們笑話我。」安祿山搬入新宅那天，大擺酒宴，慶祝生日。玄宗敕令宰相代表自己到場致賀。後三日，楊貴妃私召安祿山入宮，以預先準備好的大襁褓裹其身，讓宮女抬著見玄宗，謂之「洗三」。玄宗很高興，當即賞貴妃洗兒金銀錢物，並厚賞安祿山。從此安祿山可以隨便出入皇宮，有時與楊貴妃一起吃飯，有時通宵不出宮，有許多醜聞傳出宮外，玄宗也不懷疑。不久又任命安祿山兼河東節度使。至此安祿山統領邊疆國防線三大鎮之重兵，其兵力總數幾乎達到全國邊兵的百分之四十。安祿山數次入朝，摸清了朝廷政治腐敗，武備鬆弛的底限，感到不僅高官厚祿可買，就是天下也能輕易取得。遂由輕視之心，而生叛逆之意。並在暗地裡做好準備，等待時機，以求一逞。

戶部郎中吉溫見安祿山受到皇帝寵幸，就去依附他，並結拜為兄弟。吉溫勸安祿山說：「右丞相李林甫雖然現在親近你，但一定不會讓你當宰相，我雖然受他驅使，但終究也不會讓我升官。你如果向皇帝推薦我，我就上奏你可以擔當大任。我們共同排斥李林甫，你就一定能當宰相了。」安祿山聽了很高興，就多次在玄宗面前稱讚吉溫有才能，使玄宗改變了過去對吉溫的不好印象，不久任命他為河東節度副使、知留後事，任命張通儒為留後判官，這樣就把河東的大權全交給他們了。這時安祿山對李林甫根本不放在眼裡，對他態度特別傲慢。李林甫表面上不露聲色，但在內心裡卻有整治安祿山的念頭。有一次，李林甫召見御史大夫王鉷，王鉷很恭敬地向李林甫叩拜。安祿山見與其官職相同的王鉷是如此尊重李林甫，這才感到自己過去的失禮，隨之態度變得恭敬了。李林甫與安祿山談話，常常揣到他的內心想法，由自己先說出，安祿山聽了很驚訝，遂對李林甫產生了畏懼心理，生怕李識破自己的陰謀詭計，故每次見到李，即使在嚴冬，也都汗流浹背。李林甫讓他到中堂坐下，用好話安慰他，把身上的披袍解下來給他披上，這使他非常感動，精神也放鬆了許多，並稱李林甫為「十郎」。安祿山回到范陽，有人從長安回來，他總是要問：「十郎有什麼話？」如果聽到贊成的話就高興，如果聽說「告訴安大夫，要多檢點」，就會反過手，靠著床說：「啊呀，我要死了！」

安祿山為了發動叛亂，私下裡收養了同羅、奚、契丹投降的士卒八千餘人，稱為「曳落河」。曳落河是胡人語言「壯士」的意思。還有他的家奴一百多人，都勇猛善戰，一人有百人力。又養戰馬幾萬匹，聚集了大量的兵器，他另派遣胡人到各道去做買賣，每年向他繳納價值幾百萬的珍寶。他還私自做了緋紫袍、魚袋，花費以百萬來計算。他把高尚、嚴莊、張通儒及將軍孫孝哲作為心腹，把史思明、安守忠、李歸仁、蔡希德、牛廷玠、向潤容、李庭望、崔乾祐、尹子奇、何千年、武令珣、能元皓、田承嗣、田乾真、阿史那承慶作為黨羽。高尚是雍奴（地屬今中國天津）人，很有才學，在河朔流浪，貧窮不得志，常感嘆說：「高不危應為幹大事業而獻身，豈能吃草根而求活命呢？」安祿山把他召入幕府，為其出謀劃策。天寶十一年（西元七五二年）十二月，朝廷任命平盧兵馬使史思明兼北平郡太守，任盧龍軍使。安祿山準備作亂已經十年了，但遲遲未敢發動，一是因為李林甫比自己狡猾，所以懼怕他；二是因為玄宗對他寵幸，想等其死後再起事。故此忍而不發。

等到楊國忠任丞相，安祿山見他人物平庸，就不把他放在眼裡。而楊國忠為了爭寵，也多次在玄宗那裡說安祿山的壞話，二人開始產生隔閡。天寶十三年（西元七五四年）正月，安祿山入朝，楊國忠對玄宗說：「安祿山一定反叛，陛下如不相信，可以下令召他，他一定不肯前來。」於是玄宗派人叫安祿山，他聽到命令立即前來。過了幾天，安祿山在華清宮朝見玄宗，哭著說：「我本是胡人，陛下這樣提拔和寵幸我，但被楊國忠嫉恨，我不久就會死了。」玄宗很可憐他，當場賞他萬萬錢。從此更加相信親近安祿山，對楊國忠的話也聽不進去了。太子也知道安祿山一定會造反，報告皇帝，玄宗不聽。玄宗想加封安祿山為同平章事（宰相），並命令張洎起草制書，楊國忠進諫說：「安祿山雖然有軍功，但他不識字，怎能任宰相！制書如頒下，恐怕四方各族輕視朝廷。」玄宗這才作罷。隨即封安祿山為左僕射，安祿山請求兼管閑廄、群牧，玄宗同意，於是他祕密派親信選擇強壯善戰的馬幾千匹，單獨飼養，以備急用。二月，安祿山上奏，要破格厚賞有軍功的部下，因此請寫好任官文憑，回去交給他們。於是被任命為將軍的有五百多人，被任命為中郎將的有兩千多人。後來這些人都成為安祿山造反的骨幹力量。三月，安祿山要回范陽，向玄宗告辭，玄宗脫下自己的衣服送給他，安祿山驚喜得流出了眼淚。他擔心楊國忠說通玄宗扣留他，連夜出發，逃出潼關。然後乘船沿黃河東下，日夜兼行數百里，經過郡縣都不下船。

天寶十四年（西元七五五年）二月，安祿山派副將何千年入朝上奏，請求用三十二名蕃將代替漢將。韋見素和楊國忠向玄宗進諫，想阻止這件事，玄宗很不高興，竟下詔答應了安祿山的要求。某日，韋見素對玄宗說：「我有計策，可以阻止安祿山的陰謀。如果任命他為平章事，召他入朝，任命賈循為范陽節度使、呂知誨為平盧節度使、楊光翙為河東節度使，那麼安祿山的勢力就會自然分散了。」玄宗同意採取這種做法。制書已經擬好，但玄宗卻壓下不發，並派中使以給祿山送珍果為名，暗中觀察安祿山的變化。結果中使得到安祿山的賄賂，上奏說：「安祿山對皇帝竭盡忠誠，沒有二心。」玄宗高興地對楊國忠說：「我說安祿山不會背叛我嘛！我這樣推心置腹地待他，他怎會對我有二心呢？東北的奚、契丹二虜，還得靠他彈壓。我擔保他，你們今後不要再議論這件事了。」安祿山回到范陽，態度發生很大變化。朝廷每次派使者去，他都稱病不出來迎接。楊國忠為找到安祿山謀反的證據，派京兆尹包圍了他在京城的住宅，逮捕了他的門客李超等人，送到御史監獄審訊，並暗中殺死他們。安祿山的兒子安慶宗祕密向其父報告了這一消息，安祿山更加懼怕，因此加快了叛亂的步伐。六月，玄宗為安慶宗完婚，詔祿山前來觀禮，祿山以有病為辭不來。七月，安祿山上表說要獻三千匹馬，每匹馬用二名馬伕，另派二十二個番將護送。河南尹達奚珣懷疑事情有變，便請玄宗下令：「進獻車馬應等到冬季，朝廷自派馬伕，不用麻煩你軍。」這時玄宗才稍有醒悟，開始懷疑安祿山。於是玄宗派中使馮神威帶著他的親筆詔書去見安祿山，並轉告他：「我給你修建一個溫泉池，十月時我在華清宮等你。」馮神威向安祿山宣讀聖旨時，他坐在床上不動，只微微欠欠身子，也不起身跪拜，說：「皇上安穩。」又說：「馬不獻也行，十月一定到京城去。」說完馬上讓左右帶馮神威到賓館，沒有再會見他。過了幾天，安祿山讓他回京，也不寫奏章。馮神威回到朝廷，向玄宗哭著說：「我差點兒見不到陛下了。」

是年八月，安祿山感到朝廷似乎已發現其反叛陰謀，因此決定盡快行動。他整天與心腹嚴莊、高尚、阿史那承慶密謀，多次犒勞士兵，餵飽戰馬，磨利兵器。正巧有奏事官從京城回來，安祿山就偽造詔書，說朝廷密令他率兵入朝，討伐楊國忠。眾將聞聽後，驚得目瞪口呆。十一月初九，安祿山發動他的部下及同羅、奚、契丹、室韋共十五萬兵眾，號稱二十萬大軍，在范陽公開叛變。翌日晨，安祿山在薊城南門外，檢閱軍隊，進行誓師，並宣告：「有反對意見和煽動士兵者，誅滅三族。」隨後，安祿山率軍向南開進。安祿山乘坐鐵車，步兵騎兵裝備精良，戰車駛過煙塵千里，戰鼓咚咚喊聲震天。當時全國已太平多年，幾代人都未打過仗，突然聽到范陽起兵，百姓驚慌失措。河北道又是安祿山監察地區，不敢有所抗拒，故各地望風而靡，叛軍勢如破竹，十日間即攻至博陵（今中國河北蠡縣）。這時安祿山派安忠志率精兵屯守土門（今中國河北井陘縣西），以防太原方面之唐軍，自己率主力繼續南下。

安祿山范陽起兵作亂的消息直到六天後才傳到長安，唐玄宗急忙召集諸宰相開會商議對策。楊國忠洋洋自得，怪聲怪氣地說：「我早就說過安祿山必反，今果如所言。不過，反叛者只有安祿山而已，將士們都不願意，不過十天，一定有人把安祿山的人頭傳送到長安來。」玄宗以為楊國忠說得對，然而其他大臣都面面相覷，相顧失色。玄宗也知內地無兵，空虛堪慮，乃派特進（唐官職名）畢思琛到東京（洛陽），讓金吾將軍程千里到河東道，招募數萬人，簡單組織起來，抵抗叛軍。十六日，適逢安西節度使封常清入朝，玄宗問他討賊方略，封常清吹噓說：「現在天下太平已久，因此人們看到叛軍的氣勢就害怕。然而事有逆順，勢有奇變。臣請走馬東京，開府庫，募驍勇，挑選精兵，驅趕渡河，不久就會把逆賊的頭獻給朝廷。」玄宗聽了之後非常高興，任命封常清為范陽節度使兼平盧節度使，即時起程，赴東京募兵。封常清到東京後，十天之內招兵六萬人，乃斷河陽橋，做好抗敵準備。十一月二十一日，玄宗自華清宮返長安，對抵抗叛軍重新作了部署：一是任命朔方右兵馬使、九原太守郭子儀為朔方節度使，率部東進勤王；二是任命右羽林大將軍王承業為太原尹，鎮守太原，防止叛軍經太原西入京師；三是置河南道，轄陳留（今中國河南開封）、睢陽、靈昌、淮陽、汝陰、譙、濟陰、淄川、琅琊、彭城、臨淮、東海等十三郡，以衛尉卿張介然為節度使，守陳留，以屏蔽江淮；四是以程千里為上黨（治所位於今中國山西長治）長史，防守上黨地區，以固山西；五是以榮王李琬為元帥，以右金吾大將軍高仙芝為副元帥，統諸軍東征。命他們以內府錢幣在京師募兵，十天內得十一萬人，號天武軍，但這些人大都是不堪戰鬥的市井子弟。至此，唐朝廷防禦安祿山叛軍的部署，在倉猝之間，草草完成。

十二月初一日，東征副元帥高仙芝率飛騎、彍騎、新募兵及邊兵之在京者，共計五萬人，從長安出發。玄宗派宦官、監軍將軍邊令誠監其軍，屯於陝州（今中國河南陝縣）。是時，安祿山叛軍在靈昌北，欲渡黃河南下。天氣十分寒冷，叛軍用長繩繫著破船和草木，橫河南北，一夜之間，凍成一座浮橋，遂渡過黃河，襲取了靈昌郡，隨之浩浩蕩蕩殺奔陳留而來。河南節度使張介然到陳留才數日，安祿山已兵臨城下。初六日，陳留不守，太守郭納舉城投降。這時安祿山聽說其子安慶宗被殺，大哭道：「我有什麼罪過而殺了我的兒子！」為洩私憤，便殺死陳留投降的將士近萬人，又在軍門前將張介然殺掉。任命其將領李庭望為節度使，駐守陳留。自率大軍西向滎陽（今中國河南滎陽縣）。

玄宗聞知陳留失陷，叛軍西向進攻滎陽，矛頭直指東京洛陽，知道不親征無以激勵將士，為求戰勝逆賊，乃於十二月初七日下詔親征。同時征朔方、河西、隴右各道節度使在二十天之內，率兵聚集在長安。初八日，滎陽陷落。滎陽既下，安祿山立即命令其部將田承嗣、安忠志、張忠孝等為前鋒，向虎牢關進攻。當時唐河南節度使封常清所募之兵，未經過訓練，便匆忙開赴虎牢前線，戰陣剛剛列成，就被叛軍鐵騎所沖而潰散逃走。封常清收拾餘眾，拒敵於洛陽城東之葵園，再次失敗。復收兵拒於洛陽上東門內覆敗。是月十二日，東京陷於叛軍之手。安祿山縱兵鼓噪，蜂擁入城，大肆殺掠。封常清在洛陽城內與叛軍展開巷戰，漸漸不支，便退守宣仁門，又敗。於是從苑西牆壞處西走。河南尹達奚珣降於賊，東京留守李憕、御史中丞盧奕、採訪判官蔣清皆不屈而死。

安祿山攻陷東都的同一天，其大同軍使高秀岩在北方也展開攻勢，進擊朔方之振武軍（今中國內蒙和林格爾）。朔方節度使郭子儀率軍將其擊敗，乘勝攻克叛軍占據的靜邊軍（今中國山西右玉縣）。安祿山之大同兵馬使薛忠義反攻靜邊軍，郭子儀派左兵馬使李光弼、右兵馬使高浚、左武鋒使僕固懷恩、右武鋒使渾釋之率軍迎擊，大破賊軍，坑其騎七千，遂進圍雲中（今中國山西大同）。隨後郭子儀又派別將公孫瓊岩率兩千騎兵攻克馬邑（今中國山西朔縣），始開東陘關（今中國山西雁門關東口），取得與太原王承業的聯繫。原來在高秀岩據大同軍時，太原方面的唐軍即關閉東西陘關（西陘關在今中國山西雁門關之西口）以拒之。所以郭子儀此一攻勢非常重要，不僅打通朔方軍與太原軍的聯繫，使安祿山下太原、趨永濟，以夾攻關中的計畫成為泡影，而且為其後子儀東出井陘，入常山，將安祿山叛軍攔腰截斷，給以嚴重打擊，創造了良好的開端。

再說封常清率敗兵逃至陝城，陝郡太守竇廷芝早已逃之夭夭。於是對副元帥高仙芝說：「常清連日血戰，賊鋒不可當，且潼關無兵，若賊豕突入關，則長安危矣。陝不可守，不如引兵先據潼關以拒之。」仙芝按他的計策行事，引兵西走，賊兵追至，仙芝軍狼狽奔逃，無復隊伍，士馬相踐，死者甚眾，至潼關，剛修防禦工事，叛軍又至，唐軍據險抵抗，敵不得入，遂退走。於是安祿山派其將崔乾祐屯兵於陝，相機進攻西京。

高仙芝東征時，監軍邊令誠多次干涉軍事行動，而高不聽他的，故心懷不滿。及高仙芝退守潼關，邊令誠入朝奏事，藉機談仙芝、常清作戰失敗的情況。並打小報告說：「常清以賊多動搖軍心，而仙芝拋棄了陝城幾百里土地，且偷盜、剋扣朝廷的軍糧和賞賜。」玄宗大怒，當即派邊令誠持敕到軍中斬仙芝及常清。當初，常清既敗，曾三次派人送表章陳說叛賊形勢，玄宗不予接見。常清欲自己前去，走到渭南時，正好趕上皇帝的敕書下來，免掉他的官職，讓他回到仙芝軍中，白衣自效。常清又上書說：「臣死之後，望陛下不輕此賊，無忘臣言。」這是因為朝中大臣都說安祿山狂悖，不久就會有人把他人頭送來，所以常清才這樣告誡玄宗。邊令誠至潼關，先把封常清叫來，宣布皇帝的敕書，常清將遺表交給他，然後就死。高仙芝從外面回來，發現封常清的遺體躺在蘆葦席上，丈二和尚摸不著頭腦，只見邊令誠率一百名長刀手走上前來，大聲說：「大夫也有詔命。」高仙芝跪伏在地，邊令誠宣讀敕令，高仙芝說：「我遇敵而退，死則宜矣。今上戴天，下履地，謂我盜減糧賜則誣也。」當時在場的士卒都大喊冤枉，聲音震天動地。隨後高仙芝被殺，朝廷以將軍李承光率領其眾。當時隴右名將哥舒翰臥病在家，玄宗欲借其威名，且過去與安祿山不和，便在下敕斬仙芝的同時，任命他為兵馬副元帥。舒翰以病固辭，玄宗不許。是月十七日，哥舒翰率漢兵八萬及河西隴右諸蕃部落共十餘萬出發，至潼關並仙芝舊部，號稱「二十一萬八千人」，屯守潼關。同時玄宗還敕令天下，四面進兵，會攻洛陽。

同月下旬，河北方向發生了對安祿山叛軍極為不利的變化。常山太守顏杲卿、平原太守顏真卿、濟南太守李隨、饒陽太守盧全城，皆起兵討伐安祿山，河北十七郡全都響應，其仍依附叛軍的，僅范陽、盧龍、密雲、漁陽、汲（今中國河南汲縣）、鄴（今中國河南安陽）六郡而已。其時，安祿山想自己率兵攻打潼關，至新安（今中國河南新安縣），聞聽河北各郡起兵，後方受到嚴重威脅，只得回師洛陽，重新調整作戰部署。

天寶十五年（西元七五六年）正月初一日，安祿山在洛陽稱帝，國號大燕，改年號為聖武。以達奚珣為侍中，張通儒為中書令，高尚、嚴莊為中書侍郎。爾後，急調留守范陽的大將史思明、蔡希德率軍進攻常山郡，顏杲卿日夜抵抗，糧盡箭絕，結果城被攻陷。叛賊縱兵殺死一萬餘人，顏杲卿被俘並押解洛陽，於是鄴、廣平、鉅鹿、趙、上谷、博陵、文安、魏、信都等郡重入叛軍之手。史思明為徹底掃清河北戰場，調頭東向，圍攻饒陽（今中國河北深縣東北），至二月初旬，凡二十九日未能攻下。這時，唐朝廷為挽救常山陷沒後河北戰場之頹勢，及謀再斷安祿山之後路，乃於二月初二日任命河東節度使李光弼兼魏郡太守、河北道採訪使，讓他率兵出井陘關，以收復常山。史思明遂撤饒陽之圍，西方在常山及其附近地區與李光弼展開激戰。相戰凡四十餘日，光弼最後因寡不敵眾，困守常山，並求救於郭子儀。約於三月末，郭子儀急引兵出井陘，四月初九日馳至常山。當天子儀、光弼展開反攻，史思明大敗，收兵退保博陵（今中國河北定縣），光弼乘勝進攻包圍。五月，安祿山調兵遣將，從洛陽、范陽兩個方向增援史思明，雙方遂在恆陽（今中國河北曲陽縣）進行會戰。郭子儀、李光弼大破叛軍，斬殺四萬多人，俘虜一千多人。史思明在慌亂中落馬，赤腳而逃，直到當天晚上，才拄著棍子回到軍營，然後逃往博陵。李光弼尾隨而至，將博陵團團圍住。至此官軍聲威大震，河北十幾個郡皆殺死叛軍守將，而來投降官軍。這樣，從洛陽到范陽的交通又被切斷，叛軍往來都是輕騎偷偷地經過，而且多被官軍捉獲，叛軍軍心動搖。安祿山大為驚恐，招來高尚、嚴莊，責罵他們說：「你們幾年來教我反叛，認為萬無一失。今官兵守潼關，我們幾個月沒有攻下來，北面的道路已被切斷，官兵從四面會合而來，我所占有的只是汴、鄭等幾個州罷了，萬全之機在哪裡？你們從今以後不要再來見我。」高尚、嚴莊懼怕，幾天不敢見安祿山的面。田乾真從潼關下來，勸安祿山說：「自古以來，帝王建大業，都有成功和失敗的經歷，哪能一蹴而就呢！現在四方官軍營壘固然很多，但都是新招募來的烏合之眾，沒有打過仗，哪能敵得過我們薊北的精銳部隊，不用擔憂！高尚、嚴莊都是輔佐你建立帝業的元勛，陛下一旦與他們斷絕來往，讓將領們聽到了消息，誰不恐慌？如果上下離心，我為陛下感到危險。」安祿山高興地說：「阿浩（田乾真），你能解除我的憂愁。」立即召來高、嚴

之，眾人皆欲出戰，魯炅以為不可。結果叛軍從上游偷渡，側擊唐軍陣地，唐軍潰敗，魯炅與中使薛道，集散兵退保南陽。叛軍遂圍困南陽，魯、薛督軍死守，雙方僵持不下。

從上述情況看，安祿山發動叛亂之後，唐朝廷已從倉促應變的被動態勢，逐步取得戰場上的主動權，並開始造成戰略上的絕對優勢。倘若後來進行的潼關之戰，玄宗能採納哥舒翰、郭子儀、李光弼之策，而不為楊國忠所誤，則安史之亂或能早期平定，絕不會出現長安城陷、玄宗幸蜀的困難形勢，也不至於釀成混亂八年之久，甚至遺患百年之後的惡果。

前面提到，安祿山見戰場形勢不利，曾一度產生退保范陽的想法。但潼關之戰卻使當時形勢發生了根本逆轉，進而把安祿山從困境中解脫出來。當時，人們認為是楊國忠專橫跋扈才招致天下大亂，因此都切齒痛恨他。加上安祿山是以討伐楊國忠的名義反叛的，故一些人上疏提出誅殺楊國忠，使他十分害怕。這時正好有人報告說，崔乾祐在陝城的軍隊不滿四千人，且都是一些疲憊之師。於是楊國忠乃請玄宗詔命哥舒翰盡快出擊，以收復陝城和洛陽。哥舒翰上奏說：「安祿山久習用兵，今始為逆，豈有無備。是必羸師以誘我，若往，正墮其計中。且賊遠來，利在速戰；官軍據險以扼之，利在堅守。況賊殘虐失眾，兵勢日蹙，將有內變，因而乘之，可不戰擒也。要在成功，何必務速？今諸道徵兵，尚多未集，請且待之。」郭子儀、李光弼也上書說：「請讓我們帶兵向北攻取范陽，傾覆叛軍的巢穴，將叛賊黨羽的妻子兒女作為人質扣押起來，招降叛賊，他們內部一定崩潰。潼關大軍，惟應固守以避之，不可輕出。」楊國忠懷疑哥舒翰要謀害自己，就向玄宗報告，說叛軍沒有防備，而哥舒翰逗留不進，將失去機會。玄宗認為楊國忠的意見對，就接連不斷地派中使催促哥舒翰出兵。哥舒翰不得已，撫胸慟哭，於六月初四日率軍出關。六月初七日，唐軍在靈寶縣一處叫西原的地方與崔乾祐叛軍相遇。這時崔乾祐已占據險要地形，南靠高山，北臨黃河，在七十里長的一段狹窄道路上預設伏兵。初八日，哥舒翰與田良丘浮舟黃河中流，觀察敵軍部署。見敵軍少，才督促各軍前進。王思禮率五萬精兵居於前，龐忠等率十萬士卒隨其後。哥舒翰自率三萬兵登臨黃河北岸的土山瞭望，擂鼓助威。開始，崔乾祐出動的士兵不過一萬人，十人一夥，五人一群，有疏有密，有進有退，官軍看了都覺得好笑，沒有想到崔乾祐卻把精兵埋伏在這些散兵後面。兩軍交戰，叛軍偃旗息鼓，好像要逃走的樣子，官軍懈不為備，繼續前進，結果全部進入叛軍的伏擊圈。叛軍的伏兵出擊，從高處拋下滾木礌石，砸死砸傷許多官軍。因道路狹窄，士兵有如被捆縛起來一般，長槍長槊發揮不了作用。哥舒翰用馬拉著氈車去衝擊叛軍，崔乾祐卻用幾十輛草車堵在氈車前面。時過中午，東風暴急，叛軍放火焚燒草車，火仗風勢，將氈車引燃，一時間濃煙瀰漫，烈火熊熊，官軍被嗆得睜不開眼睛，便胡亂地向煙霧中放箭，自相殘殺起來，直到傍晚，箭用沒了，才知沒有賊兵。崔乾祐派同羅的精銳騎兵，從南山繞到官軍背後進行襲擊，官軍首尾驚亂不知如何禦敵，於是大敗，潰散逃走。或棄甲竄匿山谷，或相擠落入黃河，哭喊之聲，震動山河。叛軍乘勝追擊，官軍爭相奔命。後軍見前軍潰敗，也都自動潰逃。黃河北岸的部隊看到這種情況，也向後潰退，轉眼之間兩岸都跑空了。哥舒翰獨與麾下百餘騎，從首陽山向西渡河入關。先前為防止叛軍進攻，哥舒翰命部隊在潼關外挖了三道塹壕，都是二丈寬，一丈深。自靈寶敗還者，人馬紛紛落入壕內，須臾而滿，餘眾踐踏而過，士卒得入關者才八千餘人。初九日，崔乾祐攻克潼關。

哥舒翰退至關西驛站，張貼布告收集失散的士兵，打算收復潼關。這時其部將火拔歸仁等帶領一百多名騎兵包圍了驛站，對哥舒翰說：「叛軍到了，請你上馬。」哥舒翰上馬剛出驛站，火拔歸仁逼迫哥舒翰說：「公以二十萬眾，一戰而全軍覆沒，有何面目復見天子？且公不見高仙芝、封常清的下場嗎？請公東行！」哥舒翰不同意，火拔歸仁便用繩索把他的雙腳綁縛在馬肚子上，把其他不服從的將領也都捆起來，押著向東走。正好叛軍將領田乾真來到，火拔歸仁便投降了叛軍，哥舒翰等被押送到洛陽。

潼關既陷，河東（今中國山西永濟）、華陰、馮翊（今中國陝西大荔）、上洛（今中國陝西商縣）等郡防禦使皆棄軍走，所在守兵也都逃散。初九日這天，哥舒翰的部下逃還長安告急，玄宗即遣劍南將軍李福德等率監牧兵三千人赴潼關。到了晚上，沒有看見平安火，玄宗開始害怕。初十日召宰相商量辦法。楊國忠因自己兼劍南節度使，聽到安祿山叛變，馬上命令內使崔園暗中作準備，想在危急時投奔那裡。到這時，楊國忠首先提出皇帝到蜀地的主意，玄宗同意。十一日，楊國忠在朝堂召集百官，驚慌流淚，向大家詢問計策。百官皆唯唯不置可否。楊國忠說：「人們告發安祿山謀反已經十年了，但皇帝不相信，今天的事情，不是宰相的過錯。」等到朝罷，士民驚擾，奔走不知所之，偌大的長安城頓時蕭條起來。楊國忠讓韓國夫人、虢國夫人入宮，催促玄宗盡快到蜀地去。十二日，百官上朝的不到十分之一二。玄宗登上勤政樓，頒下詔令，說要御駕親征，聽的人都不相信。當天晚上即命龍武大將軍陳玄禮整備六軍，賞給將士們許多錢帛，挑選馬廄中九百多匹好馬，外面的人都不知道。十三日黎明，玄宗即與楊貴妃姊妹、皇子、妃嬪、公主、皇孫、宰相楊國忠、韋見素、魏方進、陳玄禮及親近的宦官、宮人等，出了延秋門，向西而行。拋下了在外邊的妃嬪、公主、皇孫。玄宗經過左藏金庫時，楊國忠請求燒掉它，玄宗憂鬱地說：「叛軍來了得不到財物，一定要搜刮百姓，不如留給他們，不要使百姓更痛苦了。」是日晨，百官臨朝者，至宮門猶聞漏聲，儀仗隊侍立莊嚴。等到打開宮門，裡面的宮人蜂擁而出，宮廷內外，一片混亂，誰也不知皇帝跑到哪兒去了。於是王公士民，四向奔逃，竄入山谷；小民入宮，掠取財寶，乘驢上殿，焚燒大庫。留守崔光遠、將軍邊令誠率人救火，又召募人代理府縣長官，分別守衛，殺死十多人，才稍微安定下來。崔光遠派他的兒子前往東京，與安祿山聯繫投降事宜，邊令誠也把禁宮的鑰匙獻給安祿山。

玄宗已過渭水便橋，派宦官王洛卿前行，告訴郡縣準備飯食。到了咸陽望賢宮，王洛卿與縣令都逃走了，又派中使徵召吏民，卻沒有響應的。時至中午，玄宗一行尚未吃飯，楊國忠自購胡餅獻給玄宗，於是百姓爭獻粗米豆飯，皇孫們爭著用手抓吃，一會兒就吃光了，還沒能吃飽。玄宗付飯錢，並慰勞百姓，眾人都哭了，玄宗也掩面哭泣。這時有一位叫郭從謹的老人對玄宗說：「祿山包藏禍心，固非一日，亦有詣闕告其謀者，陛下往往誅之，使得逞其奸逆，致陛下播越。是以先王務延訪忠良，以廣聰明，蓋為此也。臣猶記宋璟為相，數進直言，天下賴以安平。自頃以來，在廷之臣，以言為諱，惟阿諛取容，是以闕門之外，陛下皆不得而知。草野之臣，必知有今日久矣，但九重嚴邃，區區之心，無路上達。事不至此，臣何由得睹陛下之面而訴之乎？」玄宗說：「此朕之不明，悔無所及。」玄宗繼續西走，隨行的人大多逃走了，就連內侍監袁思藝也溜了。玄宗至金城（今中國陝西興平縣），縣令及士民皆不知去向。是夜宿於驛中，因為沒有燈火，人們只好橫豎相枕而臥，高貴和低賤的人無法再分辨了。適逢王思禮從潼關來到，才知道哥舒翰被俘。於是玄宗任命王思禮為河西、隴右節度使，令他即刻赴鎮，收拾散卒，以等待機會再度舉兵反攻。

六月十四日，玄宗至馬嵬驛（今中國陝西興平二十五里之馬嵬鎮）。將士們飢餓疲勞，都很憤怒。陳玄禮認為禍患是由楊國忠引起的，想誅殺他，透過東宮宦官李輔國報告太子李亨，李亨沒有立即表態。恰巧吐蕃使者二十多人攔住了楊國忠的馬，說他們沒有食物吃，楊國忠沒來得及答話，軍士們大叫：「楊國忠與胡虜謀反。」話音剛落，就有人用箭射他。楊國忠見大事不好，便逃到西門內，軍士們追殺了他，切割他的屍體，用槍挑著他的頭掛在驛門外，並殺死他的兒子戶部侍郎楊暄及韓國夫人、秦國夫人。御史大夫魏方進說：「你們怎敢殺宰相？」眾又殺之。軍士包圍了驛站，玄宗聽到吵鬧聲，詢問外邊有什麼事，左右說楊國忠謀反。玄宗拄著枴杖，穿著便鞋，走出驛站門，慰勞軍士，命他們歸隊。軍士們不聽。玄宗讓高力士問話，陳玄禮回答說：「國忠謀反，貴妃不應再侍奉皇帝，希望陛下割捨恩愛，依法懲處。」玄宗說：「朕當自處之。」玄宗入門，倚杖傾首而立，過了一會兒，京兆司錄韋諤上前說：「今眾怒難犯，安危在頃刻之間，希望陛下趕快決定。」並叩頭流血。玄宗說：「貴妃一直住在深宮，怎能知道楊國忠的反叛陰謀。」高力士說：「楊貴妃實在無罪，但將士們已經殺了楊國忠，而楊貴妃又在陛下身邊，怎敢放心！希望陛下仔細考慮，將士安定，陛下就安定了。」玄宗遂命高力士把楊貴妃領到佛堂，用綢帶勒死了她，然後用車載著她的屍體放在驛站的庭院裡，召陳玄禮等人進去驗看。陳玄禮解下鎧甲，叩頭請罪，玄宗慰勞他們，並命傳告其他軍士。陳玄禮等人高呼萬歲，於是整頓隊伍，準備西行。之後國忠妻裴氏與幼子，及虢國夫人、夫人的兒子裴徽都逃走了，到了陳倉，縣令薛景仙率兵追捕，並殺死了他們。

六月十五日，玄宗將要從馬嵬出發，將士皆曰：「楊國忠謀反，他的親信將吏皆在蜀，不可往。」或請走河隴，或請走靈武，或請走太原，或請還長安。」但玄宗意在入蜀，但又怕違反眾人的意見，竟不言所向。韋諤說：「還京當有御賊之備，今兵少未宜東向，不如且至扶風（今中國陝西鳳翔縣），徐圖去就。」玄宗徵求眾人的意見，大家都贊成，遂決定去扶風。將要出發時，一些父老百姓攔住道路，請玄宗留下，說：「宮廷是陛下的家，陵寢是陛下的祖墳，現在陛下拋棄了它們，想到什麼地方去？」玄宗命太子李亨在後面安撫父老。父老們說：「皇帝既然不肯留下，我們願意率子弟從殿下東破賊兵，收復長安。如果殿下與皇帝都到蜀地去，誰做中原百姓的君主呢？」不一會兒，聚集了幾千名百姓。太子欲告訴玄宗，請玄宗做決定。建寧王李倓與李輔國執韁諫曰：「逆胡犯闕，四海分崩。不因人情，何以興復？今殿下從至尊入蜀，若賊兵燒絕棧道，則中原之地，拱手授賊矣。人情既離，不可復合，雖欲復至此，其可得乎？不如收西北守邊之兵，召郭李於河北，與之併力，東討逆賊，克復兩京，削平四海，使社稷危而復安，宗廟毀而更存，掃清宮禁，以迎至尊，豈非孝之大者乎！何必區區溫情，為兒女之戀乎！」廣平王李俶亦勸太子留下。父老共擁太子馬不得行。太子派廣平王馳告玄宗。玄宗乃分後軍兩千人及飛龍廄馬給太子，並對將士說：「太子仁義孝順，可以祀奉宗廟，你們要好好輔佐他。」又傳諭太子說：「你要努力，不要掛念我。西北各族，我平日待他們寬厚，你一定會得到他們的幫助。」這樣，玄宗最終入蜀，而太子則奔向靈武。

當時，安祿山因郭子儀、李光弼在河北大破史思明，進攻河南睢陽、南陽之叛軍毫無進展，陝郡之戰又非預知，故潼關之大勝，實出他的意料之外。此後他雖有進攻西京的設想，但估計仍將有一場惡戰，於是便急令崔乾祐據守潼關，勿得前進。十日後，才得知玄宗向西逃跑的消息，於是派孫孝哲率軍進入長安。由於叛軍將領皆粗猛而無遠略，占領長安後躊躇滿志，日夜縱酒，專以聲色財寶為能事，無有再向西進攻的想法，因此玄宗入蜀、太子北行，皆無追迫之患。

西京失陷，給全國各地進行的平叛鬥爭帶來極大的困難。河北方向，正在博陵圍攻史思明的李光弼得知潼關失守後，即解圍南下，與郭子儀合兵一處，入井陘關，退守晉陽；顏真卿所部義軍也分散各地堅持鬥爭。河南方向，堅守南陽的魯炅、堅守睢陽的張巡承受著更大的軍事壓力，進行著更為悲壯的抗敵鬥爭。

七月初九日，太子李亨即位於靈武，改年號為至德，是為肅宗，尊玄宗為太上皇帝。肅宗開始承擔起領導全國平叛鬥爭的重任。此後在唐軍諸多平叛戰役中，睢陽保衛戰是最為重要、最為慘烈的一次戰役。

唐肅宗至德二年（西元七五七年）正月，叛軍發生內訌。安慶緒殺其父安祿山，自立為帝。隨後，安慶緒為打開江淮通道，以尹子奇為汴州刺史、河南節度使。是月二十五日，尹子奇率十三萬大軍殺奔睢陽。睢陽太守許遠向屯駐於寧陵的張巡告急。巡乃率兵救睢陽。時張巡有兵萬人，睢陽守軍為六千八百人。尹子奇傾其全軍攻打睢陽，張巡督勵將士，晝夜苦戰十六天，擒賊將六十餘人，殺士卒兩萬餘。叛軍攻城不下，乃夜遁去。三月，尹子奇復引大軍攻睢陽。張巡對將士說：「我蒙受國恩，守衛睢陽，正應效死。只是想到各位為國捐軀，血灑草野，但卻得不到酬勞賞賜，因此痛心啊。」將士們聞其言，非常激動，紛紛請纓，決心奮力擊敵，張巡於是宰牛，犒勞士卒，然後全軍出戰。叛賊見官軍人少，不以為意。張巡手執軍旗，率將士們直衝叛軍陣地，叛軍大亂，斬殺其將領三十多人，士卒三千多人，乘勝追擊幾十里。第二天，叛軍復集於城下，張巡再次出戰，一晝夜交戰幾十次，屢挫其鋒，而叛軍亦圍攻不退。四月，尹子奇增兵圍攻睢陽益急。張巡在夜間擊鼓整隊，假裝要出擊的樣子。叛軍聞之，通宵達旦，不敢睡覺。等到天明，張巡才停止擊鼓，讓士卒休息。叛軍從飛樓上眺望城中，什麼也看不見，便脫下鎧甲，進帳睡覺。這時張巡與將軍南霽雲、郎將雷萬春等十餘名將領，各率五十騎兵打開城門，突然殺出，直衝尹子奇帳下，斬殺叛軍將領五十餘人，殺死士卒五千餘人。張巡想射殺尹子奇，但不認識他，於是讓人削蒿草為箭，被射中的叛軍很高興，跑去報告尹子奇，說唐軍的箭用盡了。尹子奇剛露頭，張巡命南霽雲射箭，一箭射中尹子奇的左眼，幾乎將其抓獲，叛軍被迫撤走。七月，尹子奇又收羅了幾萬兵眾，再次圍攻睢陽。先前許遠在城中積蓄了六萬石糧食，虢王李巨將其一半送給濮陽、濟陰二郡。許遠堅決反對，也未能阻止住。濟陰得到糧食後不久就以城投降叛軍，而睢陽這時糧食已將用盡。將士每天發給一合米，摻雜些茶紙、樹皮來吃，病餓和戰死的將士很多，僅剩一千六百餘人，被叛軍包圍著。叛軍使用雲梯，好像半條彩虹，在上面部署兩百名精兵，推它靠近城牆，想讓士兵跳進城中。張巡在城牆上鑿了三個洞穴，等雲梯將到，從一個洞穴中伸出大木頭，末端置一鐵鉤，將雲梯鉤住，使之不能後退；又從另一洞穴中伸出大木頭，頂住雲梯，使之不能前進；從第三個洞穴伸出一根木頭，在木的一端放一鐵籠，盛火焚燒雲梯。結果雲梯被燒斷，上面的賊軍全被燒死。叛軍又以鉤車鉤城上的敵樓，鉤之所及，莫不崩陷。張巡在大木末端置連環鎖，套住鉤頭，以革車拔之入城，截其鉤頭，縱車而去。叛賊又造木驢攻城，張巡熔化鐵汁灌它，鐵汁澆下，木驢就燒掉了。叛軍在城西北角，以土囊積柴，造成磴道，欲登城作戰。張巡不和叛軍爭利，每天晚上祕密派人把松明、乾草投於其中，積十餘日，敵不知覺。乘機出動軍隊大戰，派人順風持火燒台階，賊不能救，經二十餘日，其火方滅。張巡的作為，都是隨機應變，賊服其智，不敢再攻。於是在城外挖三道塹壕，立上木柵，來圍困張巡，張巡也在城內作塹壕以拒之。八月，睢陽士卒死傷之餘，只有六百人。張巡、許遠分兵守城。張巡守東北，許遠守西南，和士卒一起喫茶紙，不再下城。賊兵攻城者，張巡以逆順之理勸說他們，時常有棄暗投明者，為巡死戰，前後兩百餘人。這時許叔寂在譙郡、尚衡在彭城、賀蘭進明在臨淮，都擁兵不來相救，城中一天比一天緊迫。張巡派南霽雲帶三十名騎兵突圍出去，向臨淮告急。南霽雲出城，有幾萬叛軍攔擊。他直接衝入敵陣，左右馳射，無敢當者，遂衝出重圍，僅損失兩名騎兵。南霽雲到了臨淮，見到賀蘭進明，請求支援。賀蘭進明說：「今日不知睢陽存亡，兵去何益？」南霽雲說：「睢陽若陷，霽雲以死謝大夫，況且睢陽既破，即刻危及臨淮，譬如皮毛相依，安得不救？」賀蘭進明不想援救，但喜歡南霽雲的勇敢，欲留為己用。便準備好酒食歌舞，請他入席。南霽雲哭泣著說：「我來時，睢陽人已有一個多月沒有吃的了，我雖然自己想吃，也嚥不下去。大夫坐擁強兵，眼看睢陽被攻下，卻沒有一點分災救難的意思，這難道是忠臣義士應有的作為嗎？」遂咬下一個手指，交給賀蘭進明，說：「我既然不能完成主將的使命，請留下一指作為憑證。」在座的人都為之流淚。隨後南霽雲返回寧陵，與城使廉坦一起率三千人馬，於閏八月十五日，衝進敵包圍圈，且戰且走，至城下擊毀叛軍營壘，死傷之外只有一千人入城。尹子奇知其無援，圍之益急。十月，睢陽城中食盡，一些人議論棄城東走。張巡、許遠認為，睢陽是江淮的屏障，若棄之，叛軍必長驅直入，江淮必危。且以所率城中之眾，已疲憊不堪，很難突圍出去，所以仍決心堅守待救。於是所食紙既盡，乃食馬；馬盡，則羅雀掘鼠；鼠盡，又食城中老弱及婦人。人知必死，莫有叛者，最後只剩下四百餘人。十月初九日，賊登城，將士病不能戰，張巡向西拜了兩拜說：「我的力量都用盡了，但未能保全睢陽城，活著既然不能報答陛下，死後也要變成厲鬼去殺叛軍。」城被攻陷，張巡、許遠都被捉住。尹子奇問張巡說：「聽說你每次作戰目眥瞪裂，牙齒咬碎，為什麼？」張巡說：「我的志向是吞掉叛賊，只是力量達不到啊。」尹子奇用刀撬開他的嘴，滿口只剩下三四顆牙齒了。後來張巡、許遠、南霽雲、雷萬春等三十餘人先後赴難就義。睢陽戰役，從天寶十五年（西元七五六年）二月，至至德二年（西元七五七年）十月，歷時二十一個月。該役保障了江淮地區的安全，為唐朝其他地區的反叛鬥爭提供了重要物資保障，為最後平息安史之亂，做出了不可磨滅的貢獻。

再說唐肅宗在靈武稱帝後，依靠郭子儀等將領，一面收集西北各軍，一面請求回紇出兵相助，形勢逐漸有了好轉。轉過年來，安慶緒殺安祿山後，唐軍乘機反攻，郭子儀率軍十五萬，在回紇兵配合下，一舉攻克了長安，進而收復了洛陽。安慶緒被迫退守相州（今中國河南安陽），向鎮守范陽的史思明求救。西元七五八年，唐將郭子儀、李光弼等九節度使率兵二十萬進攻安慶緒，包圍了相州。史思明發兵增援安慶緒，雙方相持於相州城下。西元七五九年，史思明在相州城外大破唐軍，隨後殺安慶緒，合併其眾，北歸范陽，自稱大燕皇帝。不久又南下攻取洛陽，與李光弼相持於河陽（今中國河南孟縣）。西元七六一年叛軍再次內訌，史朝義殺其父史思明，在洛陽稱帝。唐朝又借回紇兵，再次收復洛陽，史朝義北走莫州（今中國河北任丘），部眾紛紛降唐。西元七六三年正月，史朝義逃至幽州，窘迫自殺。前後經歷了八年的安史之亂，遂告結束。

安史之亂是唐朝地方割據勢力企圖推翻中央政府的一次叛亂事件，也是唐朝由盛轉衰的轉折點。經過這次戰亂，經濟文化比較發達的黃河流域遭到了嚴重的破壞，廣大人民群眾的生命財產遭受了空前的洗劫，唐中央集權政治也由此一蹶不振。

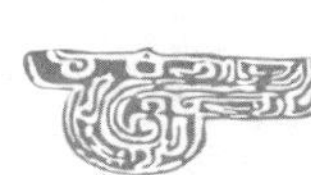

藩鎮連兵　兵連禍結

安史之亂平定後，唐朝中央政權被迫承認安史降將在河北的勢力，分別任命李懷仙、李寶臣、田承嗣為盧龍、成德、魏博節度使，是為河北三鎮。其他平定安史之亂的有功將領也被任命為節度使，因此節度使就由過去的邊疆擴大到內地。出現了「自國門以外，皆分裂於藩鎮」的局面。節度使在其管轄範圍內，委任官吏，擴充軍隊，徵收賦稅，集軍政財權於一身，名為唐朝守土大將，實為獨立的割據勢力。他們或父死子繼，或悍將廢立，根本不把朝廷放在眼裡，「喜則連衡而叛上，怒則以力而相併」，致使戰火連年，兵燹頻仍，社會生產受到嚴重破壞，黎民百姓處於水深火熱之中。對於藩鎮割據勢力的飛揚跋扈，唐朝中央政府並不甘心。唐代宗時，魏博節度使田承嗣，公開對抗朝廷，欲吞併相、衛諸州。代宗下令討伐，結果以失敗而告終。唐德宗即位後，決心結束分裂局面，遂與河北三鎮為首的割據勢力進行了長期的艱苦鬥爭。

唐德宗建中二年（西元七八一年）正月，成德節度使李寶臣去世。李寶臣的兒子李惟岳上表朝廷，要求得到節度使的旌節，唐德宗李適沒有允許。當初李寶臣與李正己、田承嗣、梁崇義互相勾結，希望能把藩鎮的土地傳給子孫。所以田承嗣死時，李寶臣極力請求朝廷，把節度使的職位傳給田悅，代宗李豫批准了他的請求。到此時，田悅又多次上書，請求讓李惟岳繼承父位。德宗想革除以往的弊病，始終未予批准。有人勸諫說：「李惟岳已經據有他父親的基業，不因此而任命他，一定會作亂。」德宗說：「叛賊本來沒有資本來作亂，都是憑藉我唐家土地，假冒我唐家名號，來聚集人馬罷了。從前因他們的請求而予任命的人很多，而作亂更加厲害，這說明授予爵位名號不足以制止作亂，而恰恰助長了作亂。故李惟岳必定作亂，任命不任命都是一樣的。」由於德宗沒有允許他們的請求，於是田悅同李正己各派使者到李惟岳那裡，研究如何聯合起來，共同抗拒朝廷。

前定州刺史谷從政，聽到李惟岳想謀反的消息後，便前去謁見他，並勸說道：「如今四海之內平安無事，從朝廷來的人都說天子聰明、英俊、威武，一心想要使天下太平，不願意讓諸侯子孫專有地盤。而你現在率先違抗詔命，天子一定會派各道出兵討伐你。將士受賞之際，都說為你盡忠死節，如果戰不能勝，各惜其生，誰不離心？有權勢的大將會乘危叛變，想取你之頭作為自己的功勞。況且你父親殺死的大將數以百計，當你遭到潰敗時，他們那些要報仇的子弟難道還用數嗎？再者，你父活著的時候與幽州方面有矛盾，朱滔兄弟常對我們懷恨在心，你若反叛，天子必然任命他為征討的將領。朱滔離我們這樣近，打更的梆子聲都可以聽見，接到朝廷的命令，向我們迅速進軍，如同虎狼追逐獵物一樣，如何去抵擋呢？以前田承嗣隨同安祿山、史思明父子一同反叛，身經百戰，凶悍聞於天下。後來違詔舉兵，自以為無敵，及至盧子期被擒，吳希光歸順朝廷時，他才指天垂泣，身無所措。幸賴你父按兵不動，並為他向朝廷求情，先帝（代宗）寬和仁厚，赦而不誅。不然的話，田氏還會有後代嗎？何況你生長富貴，齒髮尚少，沒有經歷過艱險呢？你現在聽信左右一些人的話，欲倣傚田承嗣的所作所為嗎？為你考慮，不如辭謝輔佐你的將領，讓你弟李惟誠代領軍府，你親自入朝，請求留在京師宿衛，並借此機會奏明讓李惟誠代理政事。任命之恩出於聖上的決定，皇帝必然對你的忠心感到高興。縱然不能得到很高的職位，也不會失去榮祿，這樣就可保證永無憂慮了。不然，大禍將至，悔之何及。我亦知道你向來疏遠於我，顧念甥舅之情，事急迫，不得不說罷了。」李惟岳非但不聽勸告，反而派人暗中監視他，氣得谷從政服毒而死。

是年五月，田悅、李正己、李惟岳連兵抗拒朝命。田悅派五千人北上援助李惟岳，自率數萬人進攻邢州（今中國河北邢台市）、磁州（今中國河北滋縣）。李正己發兵萬人屯曹州（今中國山東曹縣），後聽說朝廷發動全國各地兵力征討，乃派兵扼徐州甬橋（亦名永濟橋，在今中國安徽省宿縣北）、渦口（今中國安徽省懷遠縣東），斷絕朝廷運糧之道。此時山南東道節度使梁崇義為接應李正己，亦扼斷襄陽以南之水陸糧運交通。七月，朝廷命令河東節度使馬燧、昭儀節度使李抱真、神策先鋒都知兵馬使李晟率軍援救邢、磁二州。命淮西節度使李希烈討伐梁崇義。命范陽節度使朱滔討伐李惟岳。

馬燧在出兵前，派使者送一封信給田悅，言辭謙卑，講了許多好話。田悅以為馬燧怕他，沒有認真設防。馬燧與李抱真合兵八萬，東出壺關，軍於邯鄲，先擊破田悅守磁州之支軍，然後北上臨洺（今中國河北永年縣），一舉擊敗田悅主力，斬首一萬餘人，田悅率殘兵連夜逃跑，邢州之圍遂解。田悅兵敗，李正己驚恐而死，其子李納祕而不宣。適逢田悅求救，李納派大將衛俊領兵萬人前去救援，而李惟岳也派兵三千前來。故田悅又糾集兩萬餘人，與朝廷軍隊相抗。

八月，梁崇義與李希烈相戰於江陵東，聽說田悅兵敗，軍心渙散，也一敗塗地，逃回襄陽，閉門拒守。李希烈尾追而至，守城士卒知不可抗，開門以降，不可禁止。梁崇義遂與其妻投井自殺，李希烈占有襄陽之地。

十一月，宣武節度使劉洽、神策都知兵馬使曲環、滑州刺史李澄、朔方大將唐朝臣在徐州大敗淄青、魏博的叛軍。在此之前，李納派遣部將王溫和魏博軍將領信都崇慶會合，共同進攻徐州。徐州刺史李洧派人向朝廷告急。唐德宗發朔方兵五千人前來救援。當時朔方的物資裝備未到，旗幟服裝不好，宣武軍士兵譏笑他們說：「討飯的人能擊敗賊兵嗎？」唐朝臣用這句話激勵士兵，說：「都統有令，先破賊兵營者，營中的物品全都賞給他。」結果朔方軍士兵在戰鬥中同仇敵愾，奮勇爭先。魏博軍將領信都崇慶進攻彭城，二十餘日未能攻下，請求李納增兵。李納派部將石隱金率萬餘人援助，將劉洽之宣武軍擊退。這時朔方軍馬使楊朝晟對唐朝臣說：「你用步兵背山而列陣，等待敵軍，我用騎兵埋伏在山間拐彎處。賊兵見我孤軍深入，勢力單薄，一定來戰。屆時，我用伏兵將其攔腰截斷，必定能打敗他。」唐朝臣贊同。信都崇慶等人果然率領兩千騎兵向西追擊官軍，朔方伏兵突然發起衝擊，信都崇慶狼狽敗逃，官軍乘勝追擊。敵軍被斬首八千級，淹死過半。朔方的士兵得到了他們的全部軍資，旗幟和服裝也都鮮豔光華起來。於是對宣武軍說：「討飯人的功勞，與宣武人相比，到底誰多？」宣武人都為他們說過的話感到慚愧，並相互激勵說：「必立功以解徐州圍。」隨後，官軍緊追不捨，一直打到徐州城下，魏博、淄青的叛軍撤退逃跑，江淮的漕運重新開通。

建中三年（西元七八二年）正月，馬燧、李抱真、李晟，在臨洺擊破田悅之後，隨即屯軍於漳水之上及鄴城一帶，以準備會戰。田悅懼怕官軍渡漳河向南進攻，乃遣部將王光進在漳河南岸築月城，以守長橋。馬燧乃用鐵鎖連車數百輛，內裝沙土，於夜間阻塞河的上游，使河水變淺，然後揮軍涉水而渡。南與田悅夾洹水列陣，兩軍對峙於黎陽倉口（今中國河南內黃縣楚旺鎮以西，衛河入洹河之處）。這時李抱真認為馬燧的舉動有違常規，便問道：「糧少而深入者，是什麼戰法？」馬燧說：「糧少則利速戰。現在三鎮連兵不戰，欲疲勞我軍。田悅以淄青軍屯其東，成德軍屯其西，我若分兵擊其左右，則田悅必然分兵去救，而我軍就會腹背受敵，戰則不利。故進軍逼迫田悅，所謂攻其必救也。彼若出戰，必為諸君所擊破。」於是，馬燧命製作三座浮橋，派軍過河挑戰，而田悅則深溝高壘，堅壁不出。一天，馬燧讓各軍半夜起來吃飯後祕密撤退，沿洹水北岸，直奔魏州。他下令說：

「賊追來，則停止前進，列成陣勢。」同時留一百名騎兵，在營中擊鼓吹角，仍抱薪持火，等諸軍全部出發後，就停止擊鼓吹角，並在一旁躲藏起來。看到田悅的軍隊全部渡河，立即把橋燒毀。一切布置停當，馬燧方率軍撤退。田悅發覺後，立即率領淄青、成德步騎兵四萬餘人過橋，掩襲官軍背後，叛軍火把遍野，鼓噪而進，約十餘里，始追及官軍。這時馬燧按兵不動，先清除前邊百步之內的野草作為戰場，列好陣勢，以待來敵，並將預先選拔出來的五千勇士作為前隊，迎擊敵人。田悅率叛軍來到陣前，喘息未定，陣列未齊，馬燧即縱兵反攻。叛軍立不住腳，乃向後退卻。這時神策軍、昭義軍及河陽軍見賊勢洶湧，不敢硬敵，稍微退卻。但看到河東軍已擊敗敵人，將奏大捷，也回軍反擊，共破叛賊。官軍追殺十里，叛軍奔至洹河橋邊，見三橋已毀，全部潰亂，爭赴水中，溺死者無計其數。官軍自後面追殺，更以騎兵四處截阻，一直殺到天明，共斬首兩萬餘級，俘虜兩千餘人，屍體枕藉三十餘里，田悅僅率殘兵千人，向東北逃奔魏州。

李抱真素與馬燧不和，此戰意見更是相左，因而形成牽制之局。馬燧為息事寧人，遂留屯黎陽口；李抱真乃屯兵在平邑（今中國河南南樂縣東北），皆遷延不進。故使田悅得安然北行一日，入夜之後到達魏州城。魏州守將李長春為田悅的失敗而高興，閉門不納，以等待官軍到來。天明後官軍不至，長春始打開城門讓田悅進去。田悅進城後即殺李長春，然後環城據守。城中士卒不滿數千，死者親屬滿街號哭。田悅憂懼，便持佩刀乘馬立於州府大門之外，把全體軍民召集起來，痛哭流涕說：「田悅不肖，承蒙淄青、成德二丈人（田悅娶李正己、李寶臣的女兒為妻，故稱之為丈人）保薦，得以繼承伯父的基業（田悅為田承嗣之侄）。今天二老去世，他們的兒子不得承襲父位，我不敢忘卻二老的大恩，因此不自量力，抗拒朝廷命令，失敗到如此地步。使士大夫肝腦塗地，都是我田悅的罪過啊！我有老母，不能自殺，願各位用這把刀砍掉我的頭，拿出城投降馬僕射（馬燧），各自尋求富貴，不要和我一起去死。」說著從馬上跳下來，伏在地上，將士們爭著向前把他抱持住，說：「尚書起兵是為了大義，而不是為了自己，勝負乃兵家常事。我們累世受恩，怎能忍心聽到這些。願支持尚書決一死戰，不勝則以死繼之。」田悅說：「各位不因我的失敗而拋棄我，我就是死了也不敢忘恩於地下。」於是和各位將領各自剪斷頭髮，約為兄弟，誓同生死。並拿出府庫的資財和聚斂富人家的財物，共得錢一百萬，全部賞給士卒。眾人之心才開始安定。同時，田悅召來貝州刺史曹俊，讓他整頓軍隊，修繕防守設施，其軍事勢力又重新振作起來。

李納駐軍於濮陽，因被河南軍逼迫而奔回濮州（今中國山東鄄城縣北），遣使求援於田悅。田悅因洹水新敗，自顧不暇，不能援人。便派其將符璘、李瑤率塞百騎送李納的使者出魏州城。行前，符璘的父親符令奇對其子說：「我老了，歷觀安、史輩叛亂者，今皆安在？田氏能久乎？汝因此出，當棄逆從順，是揚汝父名於後世也。」遂與子抱臂而別。符璘、李瑤出城，即降於馬燧。田悅將符家老少全抓起來，符令奇大罵而死。李瑤之父李再春時為博州（今中國山東聊城）守將，聞聽之後即以博州降；田悅之從兄田昂亦以洺州（今中國河北永年縣）降；守在長橋之王光進亦以長橋降。於是田悅的勢力更加衰弱。

其時，奉命討伐李惟岳叛軍的范陽節度使朱滔，與新任成德節度使張孝忠連兵攻下束鹿，遂回軍圍攻深州。李惟岳在恆州（今中國河北正定縣）甚為恐懼，在邵真的勸說下，派使者進京，表示願意歸降朝廷。田悅聞知大怒，即派衙官扈岌去責備李惟岳說：「田尚書舉兵，正為大夫求旌節，非為己也。今大夫聽信讒言，奉表朝廷，將反逆之罪歸於田尚書，以洗清自身。田尚書有什麼對不起你的地方，而至於如此？若看到你殺死邵真，則彼此相交如初，不然，就和你絕交了。」判官畢華對李惟岳說：「田尚書為了你的緣故，才使自己陷入重圍之中，你現在背棄他，未免太不仁義了。況且魏博、淄青兵強糧多，已足以對抗天下，以後的事是不可預料的，何必倉猝之間作出不穩妥的決策呢？」李惟岳生性懦弱，遂改變主意，當著扈岌的面將邵真殺掉，發成德兵一萬人反攻束鹿。結果被朱滔、張孝忠內外夾擊，大敗而逃。朱滔想乘勝進攻恆州，張孝忠卻領兵向北，駐紮在義豐（今中國河北深澤縣東）。其部將感到奇怪，張孝忠解釋說：「恆州宿將尚多，未可輕視。迫之則併力死戰，緩之則自相圖謀。諸君等著瞧吧，我們駐軍義豐，可坐待李惟岳的滅亡。況且朱滔是個說大話而見識淺的人，可與共始，難與共終也。」於是朱滔也屯軍束鹿而不敢前進。

李惟岳的部將王武俊勇冠三軍，李寶臣生前非常喜歡和信賴他。李寶臣死後，李惟岳聽信讒言，開始懷疑他。但因其勇敢善戰，故不忍心殺他。束鹿之敗後，很多人責怪王武俊作戰不力，李惟岳更加懷疑他。王武俊心中非常害怕，便託人對李惟岳說：「先相公把王武俊當作心腹，讓他輔佐你，你們又是親戚關係，更兼他勇猛無比，當今危難之際，不應再加猜疑，如果沒有他，想用誰來打退敵人呢？」李惟岳認為說得對，於是讓王武俊與步軍使衛常寧一起率軍進攻趙州。王武俊離開恆州後對衛常寧說：「我今天很幸運離開虎口，不想再回去了。應當向北投歸張尚書（張孝忠）。」衛常寧說：「李惟岳愚昧而又懦弱，聽信左右之言，看他的發展趨勢，早晚得被朱滔所消滅。現在天子有詔命，得李惟岳頭者，就把官爵授予他。你平素為眾人所推服，與其出亡，不如倒戈推翻他，轉禍為福，這是易如反掌之事。如果事情不能取得成功，再投奔張尚書，也不為晚。」王武俊深以為然。於是回軍攻殺了李惟岳，將其首級傳送京師。

二月，河北基本平定，僅剩魏州沒有攻下。河南各軍在濮州進攻李納，李納的勢力也日漸衰弱。朝廷認為用不了多久天下就可以平定，遂任命張孝忠為易、定、倉三州節度使；王武俊為恆、冀都團練觀察使；康日知為深、趙都團練觀察使。把德、棣二州交由朱滔管轄，讓其盡快回歸本鎮。朱滔執意要求得到深州，朝廷沒有准許，因而對朝廷產生不滿，並賴在深州不走。適逢朝廷下詔讓王武俊撥給朱滔糧三千石，給馬燧五百匹馬。王武俊認為朝廷不該使用當地舊將為節度使，魏博攻下後，一定會攻取恆冀，所以先分其糧馬以削其勢，便不肯接受詔命。已經處於絕境中的田悅聽到這個消息後十分高興，馬上派判官王侑、許士則從小道趕到深州，對朱滔說：「你接受詔命討伐李惟岳，僅用十多天時間，攻取束鹿，拿下深州。李惟岳處境窘迫，才使王武俊借你的勝勢，斬李惟岳之首，這些都是你的功勞。再有天子明明下詔書，令司徒所獲李惟岳城邑皆歸本鎮，今乃割深州給康日知，這是朝廷自己背棄了信義。況且現在皇上欲掃清河朔，不使藩鎮承襲，將全部以文臣代替武將，魏亡則燕、趙就成為下一個打擊目標。如果魏存在，則燕、趙就無須顧慮。然而司徒果真存心於魏博之危而救之，不但得存亡繼絕之義，亦子孫萬世之利也。」同時答應，如果朱滔援救魏博，則以貝州（今中國河北清河縣）相贈。朱滔早有二心，聽到之後就很高興，即派王侑歸報魏州，使將士知有外援，各自堅守城池。同時派王郅到恆州對王武俊說：「你冒著生命危險，誅滅叛亂元兇，拔除禍亂根源，而康日知連趙州都沒出去，怎能與你同日論功呢？但朝廷的獎賞卻都一樣，誰不為你感到憤憤不平呢？今又有詔命，讓支糧馬與鄰道，朝廷之意，蓋以大夫（王武俊）善戰無敵，恐為後患，先欲貧弱軍府，俟平魏之日，使馬僕射北首，朱司徒南向，共相滅耳。朱司徒亦不敢自保，派我王郅前來進獻愚計，欲與你一起共救田尚書而存之。大夫自留糧馬以供軍，朱司徒不欲以深州給康日知，願將其給與大夫，請早定刺史以守之。三鎮連兵，共耳目手足之相救，則他日永無患矣。」王武俊也高興地許諾下來。當即派判官王臣源使於朱滔，且令其知深州事。相與約定，刻日舉兵南向。朱滔又派人去勸說張孝忠反叛，張孝忠不從。田悅施用了一個小小的把戲，就把朱滔從官軍陣營中分化出來，從而斷送了朝廷平叛鬥爭的大好形勢，這本身說明，封建軍閥為了滿足一己之私利，是什麼背信棄義的事情都能幹出來的。

德宗派中使征發盧龍、恆冀、易定兵一萬人到魏州討伐田悅。王武俊不接受詔命，並捉住朝廷使者送到朱滔那裡。朱滔對眾人說：「將士們有功者，我都奏請朝廷給予官爵，但未能如願。現在想和各位一起奔赴魏州，擊敗馬燧以求得溫飽，你們看怎麼樣？」大家都不回聲，再三追問，才有人說：「幽州人自從安祿山、史思明反叛，跟隨南下者無一人能夠歸還，現在他們的後人恨之入骨。況且太尉（朱泚）、司徒（朱滔）都受到國家的寵信和榮祿，將士也各蒙官勳，實在只願保住眼前的富貴就行了，不敢再有意外的奢望。」朱滔聽後默然不語，於是誅殺大將數十人，優撫他的士兵。康日知了解到他們的陰謀便告訴了馬燧，馬燧立即上報朝廷。唐德宗由於此時魏州沒有攻下，而王武俊則再次反叛，無力制服朱滔，乃賜朱滔通義郡王，希望借此來安撫他。朱滔知道朝廷用意，謀叛的活動日甚一日，不久，朱滔率步騎兩萬五千人從深州出發，救援田悅。而王武俊則率兵圍攻趙州康日知。

朱滔將一封密信封在蠟丸中，派人送給朱泚，約其共同謀反。馬燧將此信截獲，連同送信人一起押送長安。德宗傳召朱泚來鳳翔，將信拿給朱泚看。朱泚慌忙叩頭請罪，聲稱自己並不知道此事。德宗說：「相隔千里，開始並未同謀，不是你的過錯。」於是將朱泚留在長安，讓他住在自家宅院中。後來德宗又賜他名園、良田、各色絹綿、金銀等，他原先擔任的幽州、盧龍節度使、太尉、中書令等職務如故，以此來安定其心。

夏四月，朱滔、王武俊自寧晉南救魏州。當時朔方節度使李懷光率朔方兵及神策兵步騎一萬五千人，東討田悅，也進至魏州。馬燧以敵軍勢銳，又因朔方軍剛到，故請休兵數日，來觀察敵軍動靜。李懷光見朱滔、王武俊軍屯兵於城北愜山（今中國河北大名縣境內），魏州城內歡聲動地，田悅派人突圍出城，送給他們牛酒，便對馬燧說：「他們營壘修完，將成為後患，機不可失。」遂於愜山以西攻擊朱滔，殺步卒一千餘人，朱滔軍潰亂。李懷光按轡觀之，面有喜色。士卒爭入滔營，掠取財貨寶物。不料這時王武俊軍突然從側翼殺出，向李懷光軍橫衝直撞，朱滔乘機率軍反攻，李懷光軍招架不住，大敗而逃，被擠入永濟渠中淹死的無計其數。馬燧等各收軍保營，才避免了全軍俱敗。當天晚上，朱滔在永濟渠修壩，引水倒灌官軍，平地水深三尺。馬燧害怕，派使者以卑微的言辭向朱滔謝罪，要求各節度使撤回本鎮。並奏請天子，將河北政事交給朱滔處理。王武俊認為不可，但朱滔卻同意了。官軍遂於七月涉水西行，退保魏縣，抵禦朱滔，魏州之圍遂解。王武俊因此而痛恨朱滔。

田悅對朱滔的援救非常感激，便和王武俊商議，共同擁立朱滔為盟主，稱臣事奉。朱滔說：「恆山大捷都是你和二兄（王武俊）的力量，我怎敢獨居尊位！」於是幽州判官李子千、恆冀判官鄭濡等議論道：「請和鄆州李大夫（李納）為四國，俱稱王，而不改年號，如同過去諸侯侍奉周朝那樣，築壇結盟，有不遵從盟約的人，大家共同討伐。不然，豈得常為叛臣，茫然無主。用兵既無名，有功也無官爵可賞，使將吏何所歸依？」朱滔等人都以為說得對。於是，朱滔自稱冀王，田悅稱魏王，王武俊稱趙王，李納仍稱齊王。是日，築壇軍中，祭告上天而接受稱號。朱滔為盟主，自稱孤，王武俊、田悅、李納自稱寡人。所居堂室稱殿，處置政事稱令，群臣上書稱箋，妻子稱妃，長子稱世子。分別以其所治的州為府，設置留守兼元帥，負責軍政之事。又設置東西曹，相當於朝廷的門下、中書省；左右內史，相當於侍郎、中書令；其餘各官模仿中央朝廷而改換名稱。這樣各封建軍閥就在自己所占領的區域內建起了國中之「國」。

十二月，李希烈自稱天下都元帥、太尉、建興王。當時朱滔等人連續幾個月和官軍對抗，為使官軍面臨兩面作戰，減輕自己的壓力，便勸淮西節度使李希烈稱帝。李希烈未敢擅稱帝號。

建安四年（西元七八三年）正月，朱滔、王武俊、田悅、李納各派使者到李希烈那裡，上表稱臣，再勸其稱帝。他們對李希烈說：「朝廷誅殺功臣，失信於天下，都統英雄威武出自天性，功勞業績蓋世無比。但已被朝廷所猜忌，將會有韓信、白起的禍難。望速加尊號，使四海之內的臣民知道有所依歸。」李希烈將朝廷派來的使者顏真卿召來，指著他們說：「現在四王派遣使者，使我受到擁戴，他們不謀而合，太師看到這種情形，難道是我獨自受到朝廷忌恨而無地自容嗎？」顏真卿說：「這是四凶，怎能稱四王！你不自己保住功勞業績，成為唐朝的忠臣，而與亂臣賊子相互投和，這不是要與他們同歸於盡嗎？」李希烈採取種種威逼利誘手段，顏真卿始終堅貞不屈，後被殺害。

是年九月，唐德宗征發涇原（今中國甘肅涇川縣北）等各道軍隊進攻淮西節度使，援救襄陽。十月初二，涇原節度使姚令言領兵五千人到達京城。士兵們冒雨行軍，飢寒交加，且大多數攜帶子弟而來，希望得到豐厚的賞賜，以帶回家中。然而到京城後，朝廷卻沒有任何賞賜的表示。第二天，士兵們離開長安，東行到達滻水，朝廷才令京兆尹王翃前來犒勞軍隊，但只給粗糧素食。引起眾人不滿，將飯菜踢翻，並揚言道：「吾輩將死於敵，而食且不飽，怎能以孱弱之軀去抵擋刀槍劍戟呢？聽說長安瓊林、大盈二庫金銀盈溢，不如相互一起拿去。」於是，眾人披甲張旗，大呼小叫，直趨京城。當時節度使姚令言正入朝向皇帝辭行，尚在宮中，聽說後馳至長樂阪（長安東門十里），遇眾兵，軍士們向姚令言射箭，令言抱馬竄突，入亂兵中，大呼道：「各位想錯了，東征立功，何患不富貴？乃作這種將要被滅族的打算呢？」士兵們不聽，用兵器威脅姚令言向西而行。德宗急忙傳令每人賞賜布帛二匹。眾人更加憤怒，用箭射死中使。德宗再次命令中使宣慰，亂兵已至通化門外，中使出門，為亂兵所殺，遂一擁入城。喧嘩鼓噪，不可復遏。百姓嚇得狼狽逃走，亂兵大呼道：「你們不要害怕，不搶你們的貨物和錢財，不收你們的間架稅錢了。」德宗派普王李誼、翰林學士姜公輔出面宣諭慰問，亂兵已斬關而入皇城。德宗急召禁軍以御賊，禁兵一向是名在籍而人在家，竟無一人應召前來。德宗便與其妃及太子、公主、諸王等自宮苑北門出，逃奔奉天（今陝西乾縣）。

隨後亂兵入宮，登含元殿，大聲呼喊道：「天子已出行，人人應該自求富貴。」於是歡呼吶喊，爭相進入府庫搬運金帛，直到搬不動為止。百姓也跟隨他們進入宮內，盜取府庫財物，出而復入，通宵不止。那些未能入宮的人，就在路上搶劫，各裡巷居民聯合起來進行自衛。這時姚令言同亂兵商量說：「現在眾人沒有主帥，不能持久。朱太尉閒居在家，讓我們共同尊奉他為主帥。」眾人同意，遂派數百騎兵到晉昌裡迎接朱泚。到了半夜，朱泚按轡列炬傳呼入宮。居含元殿，嚴設警戒，自稱權知六軍。翌日出榜安民稱：「涇原將士，久居邊庭，不知朝禮。輒入宮闕，臻驚聖駕，西出巡幸。太尉已權知六軍，應神策等軍士及文武百官，凡有祿食者，均應前往皇帝所在之地，不能去的人，就應該到本府這裡。如超過三日，檢查無其名者皆斬。」於是百官出來見朱泚，有人勸朱泚迎接車駕回宮，朱泚非常不高興，百官漸漸逃去。有一個叫源休的人，因出使回紇返回，賞賜微薄，而怨恨朝廷。入見朱泚，向他陳說了利害關係，並引用符命，勸說朱泚僭越稱帝。朱泚高興，然而還沒有最後下定決心。一天，朱泚召集李忠臣、源休、姚令言及段秀實等人商議稱帝事宜。先是司農卿段秀實不為朝廷所用，一直閒居在家，朱泚以為他也必定對朝廷不滿，就將其留在城中。段秀實也想尋機誅殺朱泚。正在朱泚為其即將稱帝而得意洋洋的時候，段秀實勃然而起，奪下源休的象笏，上前吐了朱泚一臉唾液，大罵道：「狂妄之賊，我恨不能把你碎屍萬段，怎能隨你謀反呢？」說罷用象笏擊中朱泚前額，血流如注。二人廝打在一起，別人不敢靠前。李忠臣幫助朱泚，才使他得以爬著逃走。這時衛兵上來，段秀實自知不免，便大聲說：「我不同你們一起造反，為什麼不殺死我。」眾人上前將段秀實殺害。德宗在奉天聽到這一消息，悔恨沒有讓段任職，痛哭流淚很長時間。

十月初八，朱泚頭上裹著白布進入宣政殿，自稱大秦皇帝，更改年號為應天。任命姚令言為侍中、關內元帥，李忠臣為司空兼侍中，源休為中書侍郎、同平章事，又立其弟朱滔為皇太弟。隨後朱泚派遣使者給朱滔送信，內稱：「三秦一帶在屈指可數的日子裡就可平定。大河以北，委託你來消滅敵軍。我自當與你在洛陽見面。」朱滔接到書信，高興得手舞足蹈，急忙向軍府中的人宣布，並向諸道發布文書，藉以自誇自大。

十月十三日，朱泚親自領兵進逼奉天，軍隊的聲勢甚為盛大。德宗命令邠寧留後韓游瓌、慶州刺史論惟明、監軍翟文秀率三千兵馬在便橋迎敵，與朱泚在醴泉發生戰鬥。官軍遂又退回奉天防守。朱泚叛軍尾隨而至，將奉天團團圍住。二十日，叛軍乘夜攻打奉天，渾瑊奮力而戰，多次擊退敵人的進攻。十一月十二日，朱泚叛軍攻打奉天已一個月了，城中的物資和糧食都已耗光。德宗派遣善於行走的人出城察看敵情，該人說天氣寒冷，請求德宗賜給他一件短襖和套褲，德宗派人為他尋找，未能找到，最後還是默默地讓他穿著單衣走了。當時供給德宗的糧食僅有粗米二斗，官員們利用敵人休息時間，夜裡將人繫在繩上放到城外，去採來蔓菁根，獻給皇上進食。德宗將公卿將官召集起來，對他們說：「朕因無德，自陷於危亡之中，固然是應該的，諸位沒有罪過，最好及早投降，以便救出自己的家人。」群臣都伏地叩頭，痛哭流涕，相互約定要竭盡自己最大的力量。所以將士們雖置身於困苦危難之中，但他們的志氣卻毫不衰減。當此之時，朱泚所占領的地盤，只有長安而已。各路勤王之兵陸續向京師趕來，留守長安的李忠臣等人屢次出兵，均被官軍打敗，於是向朱泚求救。朱泚也為長安的防守感到憂慮，便加緊攻城。他讓僧人法堅製造了一架雲梯，長寬各數丈，外面包著犀牛皮，下面是巨大的輪子，上面可容納五百人，城裡的人看見了都非常害怕。渾瑊說：「這雲梯必然十分沉重，並且容易下陷。我請求在它來路開鑿地道，積蓄乾柴和火種，等待它的到來。」將軍韓澄估量了雲梯的指向，在城東北角拓廣了三十步，在上面儲備了大量的膏油、松脂、蘆葦等。十五日，朱泚叛軍大舉進攻。朱泚軍推出雲梯，箭石如雨，官軍死傷的人無法計算，有的敵軍甚至登上了城牆。德宗發給渾瑊一千告身文書（委任狀），讓他宣慰士兵死戰。當時官軍士兵又餓又累，又缺乏武器裝備，渾瑊以忠義的道理撫慰戰士，於是士兵們都擂鼓吶喊，奮力而戰。渾瑊中了亂箭，仍然向前奮戰不止。這時恰好雲梯壓在地道上面，一隻輪子陷進去，即不能前進，也不能後退，火從地下冒出來，不一會兒，雲梯和雲梯上的人全部化為灰燼。散發的焦臭氣味，數里之外都能聞到，於是敵軍退卻。正當此時，太子親自督戰，奮勇抗擊進攻奉天東、南、北三門的叛軍，敵軍大敗，死亡數千人之多。入夜時分，叛軍稍事休整，重新對奉天展開進攻，亂箭落到離德宗只有三步遠的地方，德宗被嚇出了一身冷汗。就在奉天即將不保之際，李懷光、李晟率官軍五萬人從魏州趕到醴泉（今中國陝西永壽縣東北），擊敗駐守在那裡的叛軍。朱泚聞聽後非常恐懼，急忙率軍逃回長安，奉天之圍遂解。當時人們議論，李懷光再有三天不來，奉天城就要失陷了。

李懷光生性粗疏，自山東來赴難，途中曾多次對別人說：「盧杞謀議乖方；趙贊賦斂繁重；白志貞刻薄犒賜。三人都是奸佞之臣。天下大亂都是他們造成的。我見到天子當立即請求誅殺他們。」及至解奉天之圍，懷光自大矜功，心想必定得到皇上的特殊禮遇。盧杞等人害怕李懷光朝見德宗，便想出一個壞主意，在德宗面前假惺惺地說：「懷光勳業，社稷是賴，賊徒破膽，皆無守心。若使之乘勝取長安，則一舉可以滅賊，此破竹之勢也。今聽其入朝，必將賜宴，留連累日，使賊入京城，得從容戒備，恐難圖也。」德宗以為他們的意見對，就下令讓李懷光率軍東行，與李建徽、李晟及神策軍兵馬使楊惠元，刻期共取長安。李懷光以為咫尺之間不得面見天子，悶悶不樂，說：「我已被奸臣所排擠，以後的事情可想而知了。」遂徐徐東行，走到咸陽，不肯再進。

唐德宗興元元年（西元七八四年）正月，朱泚在長安更國號為漢，自稱漢元天皇，改元天皇。淮西節度使李希烈自恃兵強財富，亦自立為帝，國號大楚，改元成武。

先不說京師方面戰事，當時河北方向，朝廷詔命各地討賊軍援救京師，馬燧、李晟、李懷光等軍紛紛西去，駐守在臨洺的李抱真為減輕自己的壓力，採取了一系列分化瓦解敵軍的措施和行動。他了解到王武俊與朱滔不和，便派參謀賈林去勸說他。賈林說：「皇帝知道你內心裡對朝廷是忠誠的。你在登壇稱王之日，撫摩胸膛對左右說：『我本徇忠義，天子不察。』你的話皇帝都知道了。他告訴使者說：『朕前事誠誤，悔之無及，朋友失意尚可謝，況朕為四海之主乎？』」王武俊聽到此話很受感動，說道：「僕胡人也，為將當知愛百姓，況天子豈專以殺人為事乎？今山東連兵，暴骨如莽，就使克捷，與誰守之。僕不憚歸國，但已與諸鎮結盟，胡人性直，不欲使曲在己。天子誠能下詔，赦諸鎮之罪，僕當首倡從化。諸鎮有不從者，請奉辭伐之。如此則上不負天子，下不負同列，不過五旬，河朔定矣。」從此王武俊與李抱真暗中相結，表面上對朱滔十分恭謹，背地裡則約田悅共絕於朱滔。當時正趕上朝廷下達罪己之詔。王武俊約田悅、李納、朱滔、李希烈各去王號，田悅、李納同意，只有朱滔、李希烈不肯。不久，朱滔派人告訴田悅，欲與他共同攻取大梁（今中國河南開封）。田悅的謀士許士則說：「朱滔昔日事李懷仙為牙將，後與兄朱泚及朱希彩共殺懷仙，而立希彩。希彩非常寵信他們兄弟。滔又與判官李子瑗謀殺希彩而立朱泚。朱泚既為帥，滔乃勸其入朝，而自為留後以奪其實權。平生與他同謀共功者，如李子瑗之徒，負心而殺之者二十餘人。兄弟尚不容，況同盟乎？朱滔為人有恩者誅殺，同謀者傾覆，其心腸歹毒可想而知了。今天不如表面同意與他共同行動，暗中做好防禦他的準備。厚加犒賞慰勞他的部隊，同時托以他故，遣將分兵而隨之。則外不失報德之名，而內無倉猝之憂矣。」這時王武俊也派人來說道：「武俊向以朝廷處事失宜，恐禍及自身，又趕上你陷入重圍，故與滔合兵救之。今天子對我們感到憂慮，以恩德撫慰我們，我輩怎能不悔過而歸之呢？又怎能捨棄唐朝天子不事，而事朱泚與朱滔呢？你慎勿與他一起南進，但閉門拒守，武俊請伺其隙，連昭義之兵，擊而滅之。與君再清河朔，不也是一件好事嗎？」田悅大喜，詐報朱滔說：「如約。」於是朱滔率范陽兵步騎五萬人，私從者萬餘人，回紇兵三千人，從河間出發，向南開進，輜重首尾四十里。入趙境，王武俊大事犒勞；入魏境，田悅供給倍豐，使者相迎，不絕於道。朱滔至永濟渠，派人約田悅在館陶相會，然後一起渡河，向大梁進軍。田悅對使者說：「我固然願意和大王南行，昨日將要出兵，將士們都不願起行。說『我兵新破，戰守踰年，物資儲備已經枯竭，現今將士難免凍餓，又怎能全軍遠征？大王每日巡視撫慰尚不自安，如果舍城而去，則朝出暮必有變。』我不敢懷有二心，但卻如何向這些將士解釋？已令孟佑整頓步騎五千，跟隨大王，供你驅使。」朱滔聞報大怒說：「田悅以前受重圍，命如絲髮，使我叛君棄兄，發兵晝夜相救，幸而得存。許我貝州，我推辭不要，尊我為天子，我堅辭不受。今乃負恩，誤我遠來，飾詞不出，是何道理？」於是立即攻打魏州，又縱兵劫掠館陶，然後率兵北上攻打貝州。朝廷聞知後，下詔赦免王武俊、田悅、李納之罪，以王武俊為恆、冀、深、趙四州節度使。後來李抱真官軍與王武俊軍聯合作戰，在貝州大破朱滔軍，斬殺數萬人。朱滔率數千人逃回幽州老巢，不久在羞愧中病死。

德宗興元元年二月，李懷光有了反叛朝廷的念頭。同時他上奏，請求與李晟合兵一處，以便控制李晟統率的神策軍。朝廷答應了他的要求。李晟與李懷光在咸陽西面的陳濤谷會師。營壘還未修完，朱泚的叛軍就開到了。李晟對李懷光說：「賊若固守宮苑，或曠日持久，未易攻取。今去其巢穴，敢出來戰，此天以賊賜明公，不可失也。」李懷光說：「現在我軍剛剛開到這裡，戰馬未餵，軍士未食，豈可馬上進攻敵人？」李晟不得已，堅守營壘，朱泚戰不得利而退去。李晟擔心李懷光叛變，便祕密上奏請求移軍東渭橋。德宗仍希望李懷光洗心革面，沒有准奏。陸贄視察懷光軍營回到奉天，上奏德宗說：「逆賊朱泚為了拖延被誅殺的時間，聚兵退保宮禁。但是他大勢已去，外援斷絕，不過是遷延時日，苟且偷生罷了。李懷光總領正義之軍，乘著勝利的聲勢，如果擂鼓進軍，剿滅叛軍就像秋風掃落葉一般。然而李懷光在敵寇敗逃的時候不肯追擊，坐待士氣低落，難以用兵。各軍主帥每每打算進軍殺敵，李懷光總是阻止他們。據此看來，他的意圖很難解釋。陛下的本意在於保全他，因而對他委曲求全，言聽計從。現在觀察他的所作所為，如果不採取另外的謀略，逐漸控制他，而只是對他無原則地寬容下去，最終還是要發生難以預測的變故。」於是德宗下詔，通知李懷光，讓李晟移作別軍。懷光迫於當時的形勢，不敢違命。李晟遂結陣東行，歸屯東渭橋。這時德宗見懷光毫無進攻長安的意思，便想親率禁兵到咸陽去督促他。懷光聞知後上表阻其行，言詞頗為不遜。此時德宗仍想攏住李懷光，於是任命他為太尉，增其食祿，賜其鐵券。當使者去宣布這件事的時候，李懷光當面將鐵券摔到地上，說：「聖上懷疑我嗎？人臣反叛者才賜鐵券，今賜我鐵券，是讓我反叛吧！」朔方兵馬使張名振見到這種情況，大聲說：「太尉見著叛軍不出擊，對待使者不恭敬，果真是要反叛嗎？你功高泰山，一旦棄之，自取滅族，富貴他人，有什麼好處呢？今日我以死爭之。」懷光說：「我不反，因叛賊正在強盛的時候，需養精蓄銳，等待時機啊。」不久懷光殺死張名振，又夜襲鄜坊節度使李建徽、神策行營節度使楊惠元，公開宣布說：「我今與朱泚聯合，車駕宜當遠避。」同時部署軍隊，欲襲擊奉天。德宗聞訊，急忙逃奔梁州（今中國陝西漢中）。李懷光聽說天子已南走，遂派孟保率軍追擊。孟保等以沒有追上為辭，半途而返。當時朱泚在長安，因懷光勢力強大，在信中以兄稱之。相互約定，分帝關中，永為鄰國。等到懷光反叛之日，部下大多離他而去，兵勢日弱，朱泚頒發詔書，以臣禮對之，且征其兵。李懷光又慚愧又憤怒，內憂麾下為變，外恐李晟見襲，遂脅其眾，燒營東走，沿途大肆劫掠，涇陽等十二縣雞犬不留。到達富平（今中國陝西富平縣），其大將孟涉、段威率數千第三是唐朝軍制的破壞，軍紀的鬆弛，為鎮守一方的將帥產生野心，包藏禍心，擁兵自重，對抗朝廷，創造了必要的前提條件。唐玄宗時廢府兵制，改募兵制，使一些邊鎮節帥直接掌握軍政大權，把國家的軍隊視為私人的武裝，實現個人的野心驅使軍隊，造成兵連禍結，戰火連天，赤地千里，屍橫遍野的悽慘場景。

藩鎮割據極大地加重了人民的苦難。藩鎮與唐中央、藩鎮與藩鎮之間的連年混戰，嚴重地阻礙了經濟和社會的發展，加重了人民的經濟負擔，危及了百姓的生命安全。僅以人口為例，唐玄宗開元年間，人口總數為六千五百萬人左右；安史之亂後，人口總數為五千兩百九十一點九萬人，銳減一千兩百餘萬；至唐文宗時，人口總數進一步下降到兩千五百萬人。由此可見，割據戰爭對社會生產力的巨大破壞作用。

朱溫削藩　藩削唐亡

唐朝末年，統治階級內部鬥爭愈演愈烈，階級矛盾日趨尖銳，終於導致了黃巢、王仙芝農民大起義。唐僖宗廣明元年（西元八八〇年）十二月，起義軍攻占長安，不久黃巢在長安稱帝，國號大齊，年號金統。唐僖宗中和二年（西元八八二年）起義軍的重要將領朱溫叛變，投降了唐王朝，使起義軍的力量大為削弱，以致最終失敗。此後，鎮壓起義軍的各藩鎮勢力相互火拼，以朱溫為首的汴軍先後削平秦宗權、孫儒、朱瑄、朱瑾、時溥等割據勢力，奪得他們的地盤，成為最強大的藩鎮之一。隨後又剷除了李茂貞、劉仁恭、李克用等藩鎮勢力，控制了唐王朝，並取而代之，於公元西元九〇七年建立起後梁政權。

朱溫，小字阿三，宋州（今中國河南商丘縣）碭山午溝裡人。父朱誠，是位教書的先生，在本鄉設帳課徒，娶妻王氏，生有三子，長子名全昱，次子名存，三子就是朱溫。朱溫與其二哥朱存從小就喜歡舞槍弄棍，打架鬥毆。朱溫未及弱冠，其父朱誠一命嗚呼，身後家徒四壁，母子四人投往蕭山富人劉崇家，母為傭媼，子為傭工。長子朱全昱十分勤勞、謹慎，而朱溫、朱存卻經常躲起來偷懶。劉崇責備說：「朱阿三，你平時好說大話，無事不能，其實是一無所能。你作傭我家，有哪塊田是你耕作？又有哪塊田是你灌溉？」朱溫接口說道：「市井鄙夫，徒知稼穡，曉得什麼男兒壯志，我豈能長作種田傭工嗎？」劉崇見他出言不遜，操起木棍便打。朱溫則不慌不忙地奪下棍子，並且折成兩段，揚長而去。一日朱溫把劉家飯鍋偷了出去，劉崇將其追回，欲嚴加杖責，崇母出來勸解，方才得免。劉崇的母親便勸朱溫說：「你年已長成，不該如此頑皮，你不願耕作，又能幹點什麼呢？」朱溫答道：「平生所喜，只是騎射，不如給我弓箭，到山中獵些野味，供給主人。」崇母同意，讓人取來弓箭，交付於他。從此朱溫、朱存便每日上山打獵，倒也落得個逍遙自在。

一日，朱溫對朱存說：「現今唐室已亂，兵戈四起，人們不是從軍，就是為盜。前聞王仙芝發難於濰州（今中國山東濰坊市），近聞黃巢起兵於曹州（今中國山東曹縣西北），似你我這般勇力，不如隨他為盜，搶些玉帛子女，強似在這裡廝混，埋沒了一世英雄。」朱存連連稱妙，兄弟二人隨即秉告母親，離家而去，投奔黃巢起義軍。後來朱存戰死，朱溫則因軍功，被黃巢拜為大將。黃巢在長安做了大齊皇帝後，即命他率軍阻擊邠、岐、鄜、夏各路官軍，所戰皆捷，被視為得力幹將。不久黃巢又命朱溫東略同州（今中國陝西大荔縣），自求發展。這時，唐半壁江山已歸黃巢，中原大地，滿目瘡痍，朱溫認為是天賜良機，遂有叛巢之志。

中和二年（西元八八二年）九月，朱溫的幕僚謝瞳獻策說：「黃巢起自草莽，乘唐衰亂，伺機入關，得登大寶，並非功德及人，足王天下。所以易興易滅，不足以與成大事。今唐天子在蜀，諸鎮兵聞命勤王，雲集京輔，協謀恢復，可見唐朝雖衰，人心還未去盡。況且將軍在外力戰，庸奴在內牽制，敢問將來能成功否？鄗邯背秦歸楚，不失為智，願將軍三思。」朱溫聽了這番話，正中下懷，不禁點頭稱是，遂將黃巢所派之監軍嚴實誘進帳中，一刀殺死，然後獻城投降了唐將王重榮，被封為同華節度使。隨即掉過頭來，幫助唐軍進攻農民起義軍。中和三年三月，朝廷任命朱溫為宣武節度使。六月，朱溫率部攻下汴州（今中國河南開封市）。中和四年正月，朱溫等看到黃巢兵力仍很強大，自已招架不住，便向河東節度使李克用求救。五月十四日，李克用率軍到了汴州，在城外安營紮寨。朱溫堅持請李克用進入城內，在上源驛為他設立館舍，並盛情款待。宴會上有精彩的歌舞音樂，豐盛的珍饈佳餚，態度十分謙恭禮貌。但李克用乘著酒興大發議論，語言多有衝撞之處，朱溫心中憤憤不平。傍晚時分，酒宴結束，李克用及其隨從被送到館驛之中。夜裡，宣武將領楊彥洪和朱溫祕密地將車馬樹柵連接起來，阻塞住大街小巷，然後發兵圍攻上源驛。當時李克用醉得不省人事，親兵薛志勤、史思敬等十餘人與朱溫軍奮力格鬥，侍衛郭景銖熄滅蠟燭，將李克用藏到床下，用冷水澆頭，才使其清醒。爾後保護他跳牆突圍。李克用好不容易跑到汴州城的南門，順繩子爬下城牆，才逃出虎口。監軍陳景思等三百餘人全被汴軍殺死。東方破曉，李克用逃回大營，想立即發兵攻打朱溫，其妻劉氏勸說道：「你連著為國討賊，挽救東部諸侯的危難，現在汴人不義，想謀害你，你自然應向朝廷申述。如果擅自舉兵相攻，那麼天下誰也不能辨明這件事的是非曲直了！而且還會為對方提供藉口。」李克用採納了劉氏的意見，率軍撤回本鎮，同時寫信譴責朱溫。朱溫狡辯說：「前夜的變故我不知道，是朝廷的使者和楊彥洪定下的計謀。現楊彥洪已被殺死，望你諒察。」從此李克用與朱溫結下了怨仇。

是月，黃巢圍攻陳州（今中國河南淮陽縣）之役失敗，退居故陽里，自殺於虎狼谷，唐末農民起義告終。隨後，朱溫等割據勢力之間明目張膽的大廝殺開始了。經過幾年的混戰，朱溫的勢力逐漸強大，先後平定了淮西、河南、青淄等割據勢力，到西元八九七年，已占有鄆、齊、曹、棣、兗、沂、密、徐、許、陳、汝、鄭、滑、濮等州，成為當時最強大的軍閥。這時，能夠與朱溫相抗衡的藩鎮割據勢力，尚有河東節度使李克用、幽州節度使劉仁恭、鳳翔節度使李茂貞。朱溫制定了先攻河東李克用、後擊幽州劉仁恭的基本戰略。

唐昭宗光化元年（西元八九八年）三月，朝廷任命朱溫為宣武、宣義、天平三鎮節度使。為了實現自己的既定作戰目標，朱溫遂採取拉攏引誘等手段，與劉仁恭結成統一戰線。先是李克用圖謀向河北發展，一舉攻克幽州，並上表朝廷，請任命劉仁恭為盧龍節度使，朝廷准其所奏。後來克用向劉仁恭徵兵，欲西定關中，仁恭推辭說契丹入侵，需要派兵防禦，等敵虜退後再按命西行。克用屢次催促，劉仁恭按兵不動。克用寫信斥責他，劉仁恭則當著使者的面將信摔到地上，大肆謾罵，並想斬殺河東守將。李克用聞知大怒，便於八月親自征討劉仁恭，結果為劉仁恭所敗。冬十月，劉仁恭上書朝廷，說：「李克用無故發兵征討，本道在木瓜澗大破他的軍隊，請允許我自為統帥討伐李克用。」唐昭宗沒有准許。隨後劉仁恭又給朱溫寫信，讓其向朝廷推薦自己。朱溫遂上奏朝廷，請加劉仁恭為同平章事，朝廷很快批准了，這使劉仁恭感激涕零，便與朱溫親近起來。不久他又派使者去向李克用道歉，說自己離開李克用後很不安心，請求重修舊好。李克用覆信說：「現在你仗著斧鉞符節掌握兵權，理民事、立法度，提拔士卒是想讓他們報德，選拔大將是希望他們謝恩。自己還沒有準則，對別人又有什麼足以信任的？我認為你猜防之心已到了骨肉自家，嫌棄之心可生於身邊左右，手持干將之劍，不敢授給別人，捧著盟盤在想用什麼詞去發重誓！」西元八九八年春，劉仁恭派軍進攻昌義節度使盧彥威，奪取滄州、景州、德州三州，兵勢日益強盛，自以為得到上天的幫助，便產生了吞併河朔的野心。他向朝廷為其子劉守文請求官職旌節，朝廷沒有准許，就對宦官說：「節度使的旌節我自己就有，只是想得到長安頒發的正宗官職標誌罷了。為什麼我多次上書朝廷都給以拒絕？」劉仁恭已發展到如此驕橫悖慢。朱溫與劉仁恭的和好親善，使他解除進攻李克用的後顧之憂，遂於四月率軍攻擊河東兵，在鉅鹿城下打敗李克用軍，斬殺河東兵萬餘人，一直追到青山口（今中國河北邢台市西北）。隨後朱溫又派其部將葛從周進攻洺州，攻占該城，並斬殺洺州刺史邢善益。五月，葛從周進攻邢州，刺史馬師素棄城逃走；旋攻磁州，刺史袁奉自殺。於是朱溫盡得三州之地，委任葛從周為昭義內黃屯駐。初十日，朱溫派中軍在滑州安營。劉仁恭對他的兒子劉守文說：「你的勇猛是李思安的十倍，你應當首先俘獲這些無能鼠輩，然後再擒獲羅紹威。」劉仁恭遂派劉守文和他的妹夫單可及，率精兵五萬人，在內黃攻打李思安。十四日，李思安派遣部將袁象先在清河水右側預設埋伏，自己率軍在繁陽迎戰劉守文。兩軍相遇後，李思安一開始假裝戰敗向後退去，劉守文揮軍追擊，到內黃縣的北部，李思安率領軍隊回頭反擊，埋伏下的軍隊也發起進攻，兩面夾擊。結果劉仁恭軍大敗，單可及和三萬士卒被斬殺，劉守文隻身逃走。單可及是幽州的一員虎將，號稱「單無敵」，他的死使劉仁恭的軍隊大傷元氣。這時，葛從周從邢州率精壯騎兵八百人趕到魏州。適值劉仁恭率軍攻打上水關、館陶門。葛從周與宣義牙將賀德倫出城交戰。葛從周回頭對守門人說：「前有大敵，不可返回，快關上城門。」於是葛從周軍殊死拼戰，劉仁恭軍再度大敗，其大將薛突厥、王會郎被擒。第二天，汴、魏軍合兵一處，乘勝攻擊，連續攻破八座營寨，劉仁恭父子燒掉大營，狼狽奔逃。汴、魏兵緊追不捨，一直追到臨清，將他們逼進永濟渠，殺死淹死者不計其數。而鎮州軍王熔也出兵在深州、冀州一帶阻截，從魏州到滄州，五百里間殭屍枕藉。劉仁恭軍從此一蹶不振，朱溫更加橫行無忌。

是時，汴軍大將葛從周乘著打敗幽州兵的氣勢，從土門（即井陘口，在今中國河北獲鹿縣西南）攻擊河東軍隊，占領承天軍（治所在今中國山西平定縣東北娘子關）。汴軍的另一將領氏叔琮從馬嶺（即馬嶺關，在今中國山西太谷縣東南）進入，攻占遼州（今中國山西昔陽縣西南）樂平縣，進軍榆次（今中國山西榆次縣）。李克用派大將周德威迎擊他。叔琮屬下有一位名叫陳章的勇將，號稱「陳夜叉」，是汴軍的先鋒。他對氏叔琮說：「河東所依靠的是周德威，請讓我去擒獲他，求拿一個州的土地作為獎賞。」李克用聽到這一消息，轉告周德威讓他有所戒備。周德威說：「陳章不過是說大話罷了。」雙方在洞渦展開激戰，周德威身穿便服到陣前挑戰，並對屬下將領說：「你們看見陳章就躲開。」陳章果然縱馬追擊周德威，周德威揮舞鐵檛將陳章打落馬下，活捉了他，並押送到李克用處。隨後河東軍乘勢發起攻擊，大破敵軍，斬殺三千人，氏叔琮放棄營寨逃跑，周德威率軍緊追不捨，出石會關（今中國山西太谷縣南昌源河上游東岸），又殺千餘人。葛從周見氏叔琮兵敗，也引兵退去。

唐昭宗光化三年（西元九〇〇年）四月，朱溫派葛從周率兗州、鄆州、滑州、魏州四鎮的十萬軍隊攻打盧龍節度使劉仁恭。五月初四攻克德州，斬殺德州刺史傅公和。十三日將劉守文圍困於滄州。六月，劉仁恭親率五萬幽州兵援救滄州，在乾寧軍（今中國河北清縣）紮下大營。葛從周留下張存敬、氏叔琮守衛滄州營寨，自己率精銳部隊在老鴉堤迎戰劉仁恭，大敗劉仁恭的軍隊，斬殺首級三萬。劉仁恭率殘兵逃走，退守瓦橋。劉仁恭派使者用卑恭的言辭、豐厚的禮品，請求李克用出兵相救。七月李克用派都指揮使李嗣昭率五萬軍隊攻打邢州、洺州，來救援劉仁恭，在內丘打敗了汴州軍隊，適逢連日陰雨，朱溫便招降汴軍。

十月，朱溫派張存敬再次率軍攻打劉仁恭，連克二十七座城池，將要從瓦橋驛奔赴幽州，但因道路泥濘，軍隊無法前進，遂西向進攻易州、定州。劉仁恭派他的小兒子劉守光率軍援助定州，駐紮在易水之上。張存敬向劉守光發起進攻，殺死幽州兵六萬餘人。從此河北諸鎮全都降服了朱溫。

唐昭宗天復元年（西元九〇一年）正月，朱溫征服河北後立即派軍進攻河中（唐藩鎮之一，治所在蒲州，今中國山西永濟縣西蒲州鎮），為最後制服河東李克用作準備。十五日，朱溫召集諸將動員說：「王珂是庸才，依靠太原李克用而驕橫奢侈，我今天就攻取河中斬斷長蛇之腰，諸君替我用繩捆住他。」十六日，汴將張存敬率三萬人馬從汜水渡黃河襲擊河中，朱溫率中軍在後面壓陣。汴州軍很快攻下了絳州、晉州。王珂派密使向李克用告急，路上相繼不斷。李克用認為汴軍已據晉、絳二州，兵馬無法援救。王珂的妻子李氏給李克用寫信說：「女兒早晚將作俘虜，父王為何不救？」李克用回信說：「現在賊兵堵塞晉州、絳州兩地，眾寡不敵，進就會與你兩下俱亡，不如你和王郎舉眾歸順朝廷。」王珂又給鳳翔節度使李茂貞去信說：「天子剛回朝坐穩，詔令讓藩鎮之間不要再繼續攻伐，共同輔佐王室。現在朱公不顧詔命，率先興兵攻伐，其狼子野心，昭然若揭。河中若亡，則同、華、邠、岐各州無法自保。這樣天子就勢必要將政權拱手讓給朱溫了。明公應趕緊率關中諸鎮兵馬，固守潼關，赴救河中。在下自知不勇武，情願在您的西面偏得一個小鎮，這裡請您占有。關中安危，國運長短，全仰賴您了，希望詳慎考慮。」李茂貞向來沒有遠大圖謀，沒有回應。結果在汴軍的進攻下，王珂勢窮，被迫向朱溫投降。

這時，朱溫聽說愛妻張夫人病危，趕緊從河中東歸。而李克用自感勢力不及朱溫強大，便派使者給朱溫送去厚禮，請求重歸於好。朱溫雖派使者回報，卻對於李克用在信中使用傲慢的言語感到不滿，仍決定派兵攻打他。三月二十一日，朱溫派大將氏叔琮率五萬軍隊去攻打李克用，從太行山進入；魏博都將張文恭率部從磁州新口進入；葛從周率兗州、鄆州軍隊從土門進入；洺州刺史張歸厚率部從馬嶺進入；義武節度使王處直率軍沿飛狐道（在今中國河北蔚縣、淶源縣交界處，為華北平原通往晉北高原的交通要道）進入；代理晉州刺史侯言率慈州（今中國山西吉縣）、隰州（今中國山西隰縣）、晉州、絳州軍隊從陰地關（一名汾水關，在今中國山西靈石縣西南汾河東岸）進入，形成三面夾擊之勢，進攻目標直指晉陽。氏叔琮從天井關進入後連克沁州、澤州、潞州，河東守將蓋璋、李審建、王周等率所部一萬餘步騎兵投降，各州刺史或降或逃，汴軍很快進至晉陽城下。晉陽軍民非常恐慌，李克用親自登城防守，無暇飲食。當時大雨一連下了十天，城牆多處坍塌毀壞，李克用命令看到壞掉的城牆就要補修。河東將領李嗣昭、李嗣源從城內挖鑿暗門密道，乘夜衝出城去，攻擊襲擾汴軍營壘，每次襲擊都有殺傷和俘獲。同時，李存進也在洞渦驛（今中國山西清徐縣東）打敗汴州軍隊。

其時攻打晉陽的汴軍眾多，糧草供應不足，又長時間下雨，很多兵士得虐疾鬧痢疾，部隊大量減員。於是朱溫下令撤軍。五月，氏叔琮等率軍從石會關返回，其他各道軍隊也都退師。河東將領周德威、李嗣昭等率五千精騎跟蹤追擊，殺傷俘獲了許多汴州兵士。六月，李克用派李嗣昭、周德威率兵出陰地關，攻打隰州，刺史唐禮投降。又進攻慈州，刺史張瑰投降。

唐昭宗天復二年（西元九〇二年）正月，河東大將李嗣昭、周德威率軍再次攻打隰州、慈州。朱溫聽說後立即率軍增援河中，十萬汴軍紮營於蒲南。氏叔琮攻破了李嗣昭的營壘，殺獲一萬餘人。三月十二日，氏叔琮、朱友寧驅兵進攻李嗣昭、周德威的營寨。當時汴軍橫陣十里，而河東軍隊不過數萬人，且深入敵人境內，眾人心中恐懼，德威出戰失利，密令嗣昭率後軍先撤，他自己不久也引騎兵退走。氏叔琮、朱友寧率軍長驅直追。河東軍驚慌潰散，李克用的兒子李廷鸞被俘，兵器糧草等物幾乎全部拋棄。朱溫命汴軍乘勝進軍河東軍腹地。李克用聽說李嗣昭等失敗，急忙派遣李存信率軍前往迎敵。李存信到達清源縣，遇見汴州軍隊，未經交戰，便逃回晉陽。汴軍遂奪慈、隰、汾三州。十五日，汴軍包圍晉陽，在晉祠紮下大營，攻擊晉陽城的西門。李嗣昭、周克威收羅殘兵，沿西山返回晉陽。此時城中兵力尚未集結，氏叔琮攻城甚緊，而李克用每次巡城時，都寬袍大帶，以示悠閒自得。李克用晝夜守在城上，得不到吃飯和睡覺。一天他召集諸將商議對策，提出退保雲中。李嗣昭、李嗣源、周德威說：「我等在這裡，一定能固守住晉陽。您不要做退守雲州的打算，以免動搖軍心民心。」李存信說：「關東、河北都受朱溫控制，我們兵力不足，地方狹小，據守這個孤城，他們環城壘砌牆垣，挖掘濠溝，用長期圍困的辦法來制服我們，使我們上天無路，入地無門，坐等困死罷了。現在的形勢已經緊張，不如暫入北方韃靼之地，慢慢再設法進取。」李嗣昭極力爭辯，李克用不能決斷。這時李克用的夫人劉氏說：「李存信不過是北川的放羊娃罷了，哪裡知道長遠打算！大王常譏笑王行瑜輕率棄城逃走，死於敵人之手，今天要倣法他嗎？況且你從前在韃靼居住，幾乎不能自免，幸虧朝廷多事，才得以再回來。今天一隻腳出了城，則禍患變亂就難以預測，塞外可以去嗎？」李克用這才打消離城出走的念頭。過了數日河東軍逃散的士卒又集結起來，節度使軍府逐漸安定。此後，李嗣昭、李嗣源屢次率敢死隊突入汴軍營中，斬殺捕虜，攪擾得汴軍日夜不得安寧，適值當地發生瘟疫，二十一日，氏叔琮率汴軍撤走。李嗣昭、周德威率兵追趕，一直追到石會關，氏叔琮在高坡上留下幾匹馬和旌旗，河東軍以為有埋伏，便全部撤回，重新收復慈、隰、汾三州。自此以後，李克用多年不敢與朱溫相爭。

這時，朱溫的實力更加強大，天下敢與他抗爭的藩鎮勢力就剩下盤踞於關中和隴西一帶的鳳翔節度使李茂貞了。某一次突發事件，讓朱溫得以進兵關中，得到了可以削平李茂貞的絕好機會。先是唐昭宗末年，宦官勢力十分猖獗，朝官與宦官之間的鬥爭也十分激烈。宰相崔胤與昭宗密謀誅殺宦官。事情洩露，宦官非常恐懼。左軍中尉劉季述、右軍中尉王仲先等宦官相互謀劃說：「主上輕佻多變，難侍候，專聽南司崔胤的，我們終究要遭其禍。不如擁奉太子為帝，尊主上為太上皇，引岐州李茂貞、華州韓建的軍隊做後援控制諸藩，誰還能加害於我們呢？」隨後率禁軍衝入宮中，將昭宗捕獲並囚禁起來，另立太子李裕為帝。爾後一面加封百官，獎賞將士，一面濫施殺戮，樹立淫威。凡是昭宗崇信的宮人、侍臣、方士、僧侶、道士，一律用棒打死。他們本想殺掉崔胤，但由於懼怕朱溫，未敢貿然行動，只是解除了他的度支、鹽鐵、轉運使等職。而崔胤則給朱溫發信，讓他興兵入關，扶正朝綱。此時朱溫正在定州行營，聽說朝中變亂，立即趕回大梁。正巧劉季述派人來見他，答應將唐朝社稷交給他。朱溫猶豫不決，召集幕僚議論此事。有的說：「朝廷大事，不是藩鎮可以預先知道的。」天平節度副使李振說：「王室有難，這是霸者成業的時機和條件。現在您是唐朝齊桓公晉文帝，安危在您。季述一個宦官小兒，也敢囚廢天子，您若不討伐他，怎能號令諸侯？且幼主皇位穩固之後，則天下之權又都歸宦官了，這是把國家太阿劍柄（古代寶劍名，太阿之柄，喻為政權）交給別人啊。」朱溫完全醒悟了，便囚禁了朝中來人，並派人到京師與崔胤聯繫，準備率兵進京。

就在朱溫躍躍欲試，準備揮軍入關的時候，朝廷又出現新的情況，左神策軍指揮使孫德昭聯合右神策軍將領董彥弼、周承誨設伏兵將劉季述、王仲先捕獲，亂棍打死，迎昭宗復位。昭宗任命孫德昭為同平章事，靜海節度使，賜姓名為李繼昭；任命周承誨為嶺南西道節度使，賜姓名為李繼誨；任命董彥弼為寧遠節度使，賜姓李，兼同平章事，與李繼昭一起留下保衛宮廷。崔胤則官復原職。晉爵朱溫為東平王。朱溫入關事遂告作罷。鳳翔節度使李茂貞來京祝賀，昭宗加封他為尚書令兼侍中，晉爵為岐王。李茂貞很高興地辭歸鎮所。

不久，宰相崔胤奏請昭宗殺盡宦官。掌管內廷的宦官韓全誨等都很恐懼，每次吃飯後都流淚說聲永別，日夜謀劃除掉崔胤的辦法。崔胤當時統任戶部、度支、鹽鐵三使，全誨等鼓動禁軍對皇上喧鬧，控訴崔胤剋扣士兵冬季衣服。昭宗不得已，解除了崔胤的鹽鐵使一職。當時朱溫、李茂貞各有挾天子以令諸侯的意思，朱溫想讓皇上到東都，茂貞想讓皇上去鳳翔。崔胤知道密謀洩露，感到事情緊急，就給朱溫去信，說已接到皇上密詔，命令朱溫率兵迎接皇駕，並說：「前次能重新恢復皇帝正位，都是朱公的高妙之計，但是鳳翔李茂貞先入朝來掠取這一大功。現在若不快來，必成為罪人，豈止是功勞被他人占有，而且要被征討了。」朱溫見信，急歸大梁發兵。昭宗聽說朱溫發兵的消息後，緊急召見韓偓，說：「聽說朱溫想來京除掉君王身邊隱惡，確是竭盡忠誠，但須令他與李茂貞共有其功。如果兩帥互爭，事情便危險了。你替我對崔胤說，火速飛馬向兩鎮發信，讓他們互相友好，共同謀劃，那就好了。」天復元年十一月初四日，韓全誨等列兵殿前，對昭宗說：「朱溫帶大兵逼近京師，想劫天子到洛陽，要求傳讓皇位給他。臣等請皇上到鳳翔，收集兵馬抗拒他。」昭宗不答應，仗劍登上乞巧樓。全誨等逼昭宗下樓，爾後脅迫他及皇后、妃嬪、諸王一百餘人西去，並放火燒了皇宮。此時朱溫已兵至零口（今中國陝西渭南縣東赤水鎮）屯駐。崔胤讓太子太傅盧渥等兩百餘人聯名寫信，請朱溫西迎聖駕。朱溫回信說：「前進怕遭受脅迫君王的毀謗，後退又懷有對不起國家的羞愧。然而也不能不勉力而為。」初十日朱溫從赤水出發。二十日抵達鳳翔，駐軍城東。李茂貞登上城樓對朱溫說：「天子在此避災，不是我無禮劫持。小人進讒言矇蔽你來到這裡。」朱溫答道：「韓全誨劫持遷徙天子，現在是來問罪，並保護聖駕回宮。岐王如果不參與陰謀，何必陳說表白。」昭宗幾次下詔，讓朱溫返回鎮所，朱溫遂移兵邠州。昭宗天復二年（西元九〇二年）正月，河東軍將領李嗣昭、周德威攻打慈州、隰州、汾州，朱溫撤軍回河中。四月二十一日，崔胤從華州來到河中，哭著向朱溫訴說，恐怕李茂貞劫持天子到蜀地，應該及時迎駕東來，形勢刻不容緩。當天朱溫請崔胤喝酒，崔胤親自拿著木板擊節唱歌，以助酒興。五月十四日，朱溫率五萬精兵，從河中出發，西上進攻李茂貞。

六月初三日，朱溫率軍進至虢縣。六月初十日，李茂貞率大軍從鳳翔出發，在虢縣以北與朱溫的軍隊激戰，大敗而歸，死萬餘人。十二日，朱溫派其將孔勍出散關，攻打鳳州（今中國陝西鳳縣東北鳳州鎮），奪取了州城。十三日，朱溫進軍鳳翔城下。朱溫穿著朝服向城哭拜，說：「我只想迎車駕回宮，不想與岐王較量勝負啊！」於是環城設置五座營寨，將鳳翔圍困起來。

九月初二日，朱溫因為長期下雨，士卒患病，召集諸將商議帶兵回河中。親隨指揮使高季昌、左開道指揮使劉知俊說：「天下英雄窺伺這裡快一年了。現在李茂貞已經困難至極，為什麼放棄這裡回河中呢？」朱溫擔心李茂貞堅守不出，高季昌要用欺詐的計策誘使他出來。於是召募能進城當間諜的人，騎士馬景請求前去，說：「這次進城一定死，希望大王收養撫卹我的妻子兒女。」朱溫悲傷地阻止他，馬景堅持要去。這時朱溫已讓朱友倫從大梁發兵，第二天就要到了，應當出兵接應。馬景請求借此機會用駿馬混在眾坐騎一起出營。朱溫聽從了，命諸軍馬餵飽草、人吃飽飯，做好應戰準備。初四日晨，放倒旗幟，潛伏起來，寂靜無聲，宛若空營。馬景與眾騎一起出去，突然躍馬西去，裝作逃亡的樣子，進城告訴李茂貞說：「朱溫率主力撤退了，只留下一萬名傷病之兵堅守大營，今晚也要撤退，請迅速去攻打他。」李茂貞信以為真，便打開城門，帶全部人馬進攻朱溫大營。朱溫在中軍猛擊戰鼓，百營人馬一齊躍出，縱兵攻敵，又派數百騎兵占據鳳翔城門，鳳翔軍隊進退不得，相互踐踏，死傷幾盡。李茂貞突出重圍，逃回城中。從此元氣大傷，才商議同朱溫講和，擁奉聖上回京，再也不敢以詔書來勒令朱溫回鎮了。初八日，李茂貞派出全部騎兵到鄜州去征運糧草。初九日朱溫挖掘如蚰蜒行地形狀的長塹，將鳳翔圍困起來，設置由狗守護的犬鋪，掛著鈴鐺的鈴架，藉以隔絕內外交通。

十月二十一日，李茂貞又派兵出城攻擊汴州軍隊在鳳翔城西的營寨，失敗而歸。朱溫給投降的人穿上絳色袍子，讓他們招集城中人，因此許多鳳翔城中的士兵夜裡用繩子爬下城來，還有很多藉由出去砍柴逃走不回的人。李茂貞派兵出城攻擊汴軍，大多不聽命令，逃散回城。這時汴軍每夜都擊鼓鳴角，城中好像在地震。攻城的人罵城上的人是「劫天子賊」，城上的人罵城下的人是「奪天子賊」。時值寒冬，連降大雪，城中食物吃光了，凍餓而死的人不可計數；有的躺下還沒有死已經被人割肉離骨。市中賣人肉，一斤值一百錢，狗肉一斤值五百錢。李茂貞儲存的食物也用完了，用豬肉和狗肉給昭宗作御膳。昭宗到市場上賣掉御衣和小皇子的衣服來換取日常生活費用，削剝一些松木浸水來餵御馬。十二月，這時李茂貞坐守孤城，陷入絕境，遂想謀殺宦官以贖罪，並給朱溫寫信說：「禍亂興起，都因為韓全誨。我迎接聖上到這裡是防備別人劫持。您既有匡扶社稷之志，請您迎護聖上回宮，我會以破甲殘兵，為您出把力氣。」朱溫回信稱：「我率兵至此，正是因為聖駕遷徙流離，您能協力，當然是我所希望的了。」二十五日，昭宗召集李茂貞、蘇檢、李繼誨、李彥弼、李繼岌、李繼遠、李繼忠到行宮，商議與朱溫講和。昭宗說：「十六宅諸王以下，每天凍餓死的有好幾個人，在內宮的諸王、公主、嬪妃，一天喝粥，一天吃湯餅，現在也沒了。你們想怎麼辦呢？」這些人都不回答。昭宗說：「應立即和解。」鳳翔兵十餘人在左銀台門攔住韓全誨，吵罵道：「全境困窘，全城餓死，就是為軍容你們幾個人罷了。」全誨向茂貞叩頭訴說，茂貞說：「小卒之流知道什麼！」命斟酒兩杯，對飲完事。全誨又向昭宗訴說，昭宗也開導勸解一番，而未加士卒之罪。李繼昭對韓全誨說：「當年楊軍容毀了楊守亮一族，今天軍容你也要毀繼昭一族啊！」辱罵一番後，李繼昭投降了朱溫。

天復三年（西元九〇三年）正月初六日，李茂貞單獨參見昭宗，請求誅殺韓全誨等人，與朱溫和解，護駕回京。昭宗大喜，當即派宦官率鳳翔兵四十人收押韓全誨等人，將其殺掉。這天晚上又殺掉了李繼筠、李繼誨、李彥弼和皇宮內諸使司韋處廷等十六人。初七日，昭宗派人將韓全誨等二十人的人頭送給朱溫，並說：「前時脅迫扣留皇駕，恐懼畏罪，挑撥離間，阻撓和解的，就是這些人。現在朕與茂貞決意殺了他們，你可以通告各軍，以平眾憤。」初九日，朱溫派觀察判官李振進城獻奏章謝恩。韓全誨既已被誅，然而朱溫之圍未撤，李茂貞懷疑是崔胤讓朱溫這樣做的，便稟告昭宗急召崔胤，命他率百官到鳳翔見駕。共四次下詔，三次賜御札朱書，言語極為懇切，答應恢復他的一切官職，崔胤仍稱病不來。茂貞害怕，親自寫信給他，言辭卑恭謙遜。朱溫也寫信召他並開玩笑說：「我不認識天子，請您來辨認他是與不是。」崔胤這才來到鳳翔。二十二日，昭宗車駕出鳳翔，到朱溫大營，昭宗哭著對朱溫說：「宗廟、社稷，依賴你的忠心才再得安定；我與皇族都依仗你才再生啊。」並當場解下玉帶賜與朱溫，朱溫當日護駕到達長安後，立即大肆屠殺宦官官，前後被殺者數百人，喊冤號哭聲，響震內外。從此朱溫完全控制了朝政。

二月初七日，朝廷賜朱溫號為「回天再造竭忠守正功臣」。初八日，又加封他為署太尉，充任天下諸道兵馬副元帥，進爵為梁王。

唐昭宗天復四年（西元九〇四年）正月，朱溫挾持昭宗遷都洛陽。是年八月十一日，朱溫派人弒殺了昭宗，另立十三歲的李祚為帝，是為唐昭宣帝。西元九〇七年夏四月，朱溫逼迫昭宣帝禪位，自己做了皇帝，改國號為梁，史稱後梁。至此唐朝滅亡。

朱溫在唐末藩鎮割據戰爭中，以河南為根據地，不斷向外擴張，逐漸發展成為全國最大的軍閥，最終篡奪唐政權，建立後梁，揭開五代史的第一幕。朱溫所以能在眾多藩鎮中脫穎而出，乃是殘唐各種社會矛盾的發展、各割據勢力長期鬥爭的客觀形勢所促成的必然結果。同時，也與他善於利用矛盾，把握時機施以謀策的政治投機能力分不開的。朱溫篡唐的全過程，既是統治階級內部的血淋淋的廝殺過程，也是廣大人民群眾飽受兵災之苦的過程。所以他是踏著白骨築成的台階而登上皇帝寶座的。朱溫後梁政權的建立，並未真正結束割據戰爭，也未實現國家完全統一，而是繼續維持著分裂和戰亂局面。梁以後出現的後唐、後晉、後漢、後周及十國割據政權就是證明。

陳友諒自稱草頭王

西元九六〇年，趙匡胤取代後周，建立大宋王朝，結束了五代紛爭，中原大地復歸一統。此後三百餘年，雖然戰亂不已，但大多是中央政權與遼、金、西夏、蒙古等周邊少數民族之間的戰爭，未出現大規模的軍閥混戰。元朝建立後，一方面對外用兵，一方面加強內部控制，也未出現大的割據勢力。元朝後期，政治日益腐敗，不斷增加階級矛盾和民族矛盾，終於導致了元末農民大起義。隨著元中央政權的削弱，在江淮一帶逐漸形成陳友諒、朱元璋、張士誠、方國珍等軍事割據集團，他們你爭我奪，混戰了七八年之久。其中尤以陳友諒與朱元璋之間的征戰最為激烈和殘酷。

陳友諒，湖北沔陽人，是漁民的後代，原本姓謝，先世入贅於陳家，冒姓陳，曾經做過書獄吏，意不能伸，悶悶不樂。恰逢徐壽輝、倪文俊起兵反元，建立天完政權，徐壽輝自稱皇帝。陳友諒慨然投奔他們帳下，最初在倪文俊手下做一名文書，不久就統領部伍，做了元帥。後來倪文俊逐漸驕恣專橫，陳友諒與他有了積怨。碰巧倪文俊謀殺徐壽輝未果，逃奔黃州（今中國湖北黃岡），陳友諒藉機襲殺了倪文俊，吞併了他的軍隊，自稱平章，勢力強大起來，連天完皇帝徐壽輝也無法控制他了。

朱元璋出身於貧苦農民之家，幼時是個放牛娃，七歲時入黃覺寺，成為一名雲游僧。元至正十一年（西元一三五一年），紅巾軍起義爆發，朱元璋參加起義軍，後成為義軍的重要將領。至正十五年（西元一三五五年），義軍元帥郭子興病逝，朱元璋成為大元帥，勢力開始強大起來。西元一三五六年攻占集慶（今中國南京市），將其改為應天府。朱元璋遂以此為中心，向四周擴張地盤。當時朱元璋的北面有韓林兒、劉福通的紅巾軍，東面有張士誠，西面有徐壽輝，故不直接與元軍接觸，且元軍主力正與劉福通激戰，無力他顧。朱元璋利用這一有利形勢，去消滅周圍一些處於與大部隊隔絕、孤立、分散的元軍、地主武裝和其他割據政權的軍隊，占領了鎮江、長興、常州、寧國、江陰、常熟、池州（今中國安徽貴池）、徽州（今中國安徽歙縣）、揚州等地。至此朱元璋的地盤更大，根據地也更加鞏固，已有能力向更遠的地方發展。

陳友諒是個大野心家，連做夢都想當皇帝，為此積極發展個人勢力。至正十八年（西元一三五八年）四月，陳友諒派遣部將趙普勝從樅陽（今中國安徽樅陽縣）出兵進犯池州（今中國安徽貴池縣），開啟陳朱戰爭的序幕。當時，陳友諒兵鋒甚銳，其分兵南下者，於兩個月內，連陷龍興（南昌）、瑞州（江西高安）、撫州（今中國江西臨川縣西）、贛州及吉安等地，且分兵直攻福建之邵武路、汀州路，有如破竹之勢。當時朱元璋正銳意東圖宜興、蘭溪、婺州（今中國浙江金華）等浙東地區，無力抽兵西迎。及至次年三月，婺州已克，乃把注意力轉至陳友諒這邊，兩軍的大規模衝突才真正開始。是月，友諒分兵東下，一路派趙普勝率軍自池州攻朱元璋之青陽、石棣、太平縣等地；一路由其弟陳友德率領進攻信州（今中國江西上饒縣）、衢州（今中國浙江衢縣）。朱元璋一面派徐達、俞通海在柵江營擊敗趙普勝，並乘勝收復池州。八月，徐達又率軍攻打安慶。徐達派部將張德勝等人從無為（今中國安徽無為縣）登陸，夜間至浮山砦，打敗趙普勝的部將胡總管的軍隊，一直追殺到潛山地界。陳友諒的參政郭泰率部到沙河迎戰，徐達又大破敵軍，殺死郭泰，繳獲糧草軍械無數，並攻下潛山，形成對安慶水陸夾攻的局面。九月，攻打安慶的將領俞廷玉戰死，將士們對守衛安慶的趙普勝都很畏懼。朱元璋說：「趙普勝勇而無謀，陳友諒一直要挾主公來脅迫眾將，我們用離間之計，只是一個人的力量罷了。」當時，趙普勝身邊有個門客，精通數術，為他出謀劃策。朱元璋便派人公開同門客交往，暗地裡卻給門客寫一封信，並故意把信送到趙普勝手裡。門客驚懼，就投奔了朱元璋，從而了解了趙的許多祕密。然後又用重金收買門客，讓他到陳友諒那裡揭發趙的罪過。這一切趙普勝都不知道，仍對陳友諒派來的人大誇其功，洋洋自得。友諒更加懷疑他對自己有二心，於是假稱會兵，突然來到安慶，誘趙普勝出營相迎，至雁漢登舟，當即將其擒殺，併吞並了他的軍隊。

是年十二月，徐壽輝想遷都於龍興（今中國江西南昌市）。陳友諒害怕他遷來後對自己不利，於是堅決阻止他前來。徐壽輝不聽，親自率兵從漢陽出發，南下江州。陳友諒假裝出城迎接，暗中在城內設下伏兵，等到徐壽輝一進城，立刻關閉城門，伏兵四起，把徐壽輝左右將士全部殺掉，並將徐壽輝幽禁在江州。陳友諒自稱漢王，還設置了各級官署。

元至正二十年（西元一三六〇年）四月，陳友諒聲言率大隊人馬來救援安慶。常遇春估計他一定會去攻打池州，遂在九華山預先埋伏下精兵，而以老弱病殘之兵守城，結果第二天陳友諒果然來攻池州，聲勢十分浩大。這時朱元璋的軍隊突然高舉旗幟，戰鼓齊鳴，伏兵四起，沿著有利地形向陳軍發起猛烈衝擊，大破陳軍，斬殺萬餘人，活捉三千人。常遇春想將俘虜全部殺死，便對徐達說：「這些都是勁敵，不殺了他們，必將成為後患。如果吳王（朱元璋）知道了，一定不讓殺。」徐達認為不妥，立即上報朱元璋。朱元璋對使者說：「你迅速回去告訴各位將軍，現在戰爭剛剛開始，不能濫殺無辜，使人絕望。這三千名精銳士兵，應該釋放，以為後用。」待使者返回時，常遇春已經殺了兩千七百人，朱元璋聽說這件事很不高興，命令將其餘的三百人全部放還。

陳友諒憤於池州之敗，又增加十倍兵力，想越過池州，攻取太平，然後約張士誠，夾擊應天府，一舉消滅朱元璋。五月下旬，陳友諒親率大軍，挾持徐壽輝順流東下，進攻太平（今中國安徽當涂）。守將花雲率部下三千人，列陣迎戰，連戰三天，陳友諒未能攻入城中。於是利用巨船乘漲潮之機進至城外西南角，船尾與城牆一般高，陳軍士兵順著船尾登上城頭。當時城中缺乏糧食，朱軍士兵飢餓疲勞，無力作戰。閏五月初一日，太平陷落。陳軍士兵將花雲綁住，花雲怒罵道：「賊奴！汝等現在綁我，我主日後必定為我報仇，把汝等剁成肉片。」說罷大叫一聲，掙斷繩索，奪下看守者的刀，連殺五六個敵兵，復大罵道：「汝等不是我主的對手，還不趕快投降！」敵將大怒，將花雲綁到船桅上，亂箭齊射，直到死，花雲仍罵不絕口。院判王鼎、知府許瑗皆不屈而死。

陳友諒已克太平，便急於謀劃篡改年號，於是當船行至采石時，假裝派人前去向徐壽輝請示事宜，乘機將其殺死，對外假稱徐得暴病而卒。隨後以采石的五通廟為行殿，冒雨登基稱帝，定國號為漢，改元大義，以鄒普勝為太師，張必先為丞相，張定邊為太尉，並率舟師折返江州。陳友諒既已自定國號，遂派人聯合張士誠，共同進攻朱元璋。未等張士誠回音，便親自率軍從江州再次東下。消息傳到應天，諸將議論紛紛。主降者有之，主棄城守鐘山者有之，主決一死戰者有之。朱元璋不同意這些人的意見，便將劉基召入內室問計。劉基說：「先殺掉建議投降和逃奔鐘山的人，便能打敗敵軍！」朱元璋問道：「先生將要獻出何計？」劉基說：「用兵之道，後發制於人。我軍以逸待勞，何患不勝。不如傾盡府庫，開通至誠，穩固人心。而後伏兵擊敵，戰而勝之，帝王大業，在此一舉。」朱元璋聽後大喜，於是轉身出來對眾將道：「敢再提投降和棄城者，必殺無赦！」隨後與大家一起研究作戰部署。有人提出先攻取太平，朱元璋認為：「太平壕塹深固，且彼居上游，舟師十倍，猝難攻克。」有的提出由朱元璋親自率兵迎敵，朱元璋又說：「若出師迎敵於境外，彼以偏師綴我，我欲與戰，彼不交鋒，而以舟師順流下應天，半日可達，我步騎並回，百里趨戰，兵法所忌，皆非良策。」於是決定守城，誘敵深入，用計謀破敵。李善長問道：「剛才還擔憂敵之來侵，為何又要誘敵速至？」朱元璋說：「遲則二寇謀合（友諒與張士誠），為害益大，何以支？今先破此賊，則東寇膽落矣！」於是快馬告知胡大海從浙東直搗信州（今中國江西上饒），以牽制陳友諒的後路。又密召指揮康茂才（與陳友諒有舊交），讓他寫信給陳友諒，「約為內應，引其快來」，同時假報城中虛實，使其兵分三路，以弱其勢。康茂才應聲說是，並跟朱元璋說：「我家有一老看門人，過去曾服侍過陳友諒，派他去送信，陳友諒一定會相信，不致生疑。」朱元璋同意。康茂才遂派老僕乘船，徑至陳友諒軍中，呈上書信。陳友諒見信，深信不疑，問道：「康公今在何處？」看門人說：「現正駐守江東橋。」陳又問：「橋是什麼樣的？」答曰：「是木橋。」陳友諒聞聽非常高興，當即設宴招待看門人。在送看門人返回時，陳友諒又說：「你回去告訴康公，我到了就喊『老康』作為信號。」看門人應諾。康茂才將整個經過報告了朱元璋，朱元璋非常高興，說道：「陳賊已落入我的圈套了。」遂命令李善長迅速將木質結構的江東橋換成鐵石橋，第二天橋已告竣。正在這時有一個從陳友諒軍逃來的人，說陳曾探問新河口的道路。朱元璋又急忙派大將趙德勝速建橫跨新河口的虎口城，封鎖這一通道。又命令馮國勝、常遇春率帳前五翼軍三萬人，埋伏於石灰山兩側；徐達等人陳兵南門外，以楊璟駐軍大勝港；張德勝、朱虎率領水軍出龍江關外；朱元璋親自率大軍屯駐盧龍山（即獅子山，在城的西北隅）。命令拿旗的人，把黃旗藏在山的左側，把紅旗藏於山的右側，告誡他們：「敵至則舉紅旗；舉黃旗則伏兵齊起，各嚴陣以待。」

閏五月十日，陳友諒果然率大軍東下，楊璟整兵抵禦，港口特別狹窄，僅能容納三隻船一起進入。陳友諒見船隻不得並進，急忙率軍撤回大江，直趨江東橋，見橋是大石砌成，並不是木橋，甚感驚異，連呼「老康」，無人答應，乃知中計。即與其弟友仁率舟千餘趨龍江。先遣萬人登陸立柵，來勢十分兇猛。時值酷暑，天氣悶熱，朱元璋身穿紫絨甲衣，在傘蓋下指揮作戰，見士卒汗流浹背，即命去掉傘蓋。眾人想馬上與敵接戰，朱元璋說：「天將下雨，待雨來乘機攻打敵軍。」說話時尚晴空萬里，須臾間，西北風起，黑雲翻滾，一聲悶雷後大雨如注。朱元璋命高舉紅旗，並令各軍乘雨拔除敵柵。陳友諒麾軍來爭，兩方兵馬剛接觸雨就停了。朱元璋又命舉起黃旗，鼓聲大震，馮國勝、常遇春伏兵四起，徐達也驅兵趕到，張德勝、朱虎水軍亦雲集而來。朱軍內外合擊，陳軍大敗潰逃，紛紛登舟。適值潮退，其舟擱淺，被殺和溺水而死的無計其數，生擒七千餘人，劉世衍等皆降。陳友諒另乘小船逃遁。朱元璋命徐達、馮國勝、廖永忠等率軍追擊，至慈湖（當涂北六十里）又焚其舟，陳軍四散逃命。追到采石，陳友諒整軍再戰，馮國勝以五翼軍衝擊敵陣，又大敗之。陳友諒率殘軍逃回江州。徐達所部乘勝收復太平。五月二十三日，胡大海也取得了攻克信州的勝利。是役由於朱元璋的速勝，張士誠驚恐之餘，未敢派兵助戰。

是年六月，朱元璋軍攻克安慶。七月，徐壽輝舊將於光、余椿，擊敗陳友諒部將辛同知，攻陷饒州（今中國湖北波陽），獻城投降朱元璋。九月，徐壽輝舊將歐普祥獻袁州（今中國江西宜春）降。

元至正二十一年（西元一三六一年）三月，陳友諒派部將李明道反攻信州，兩軍相戰至六月，胡大海復破之，生擒了李明道，押送應天。朱元璋釋放並任用了他。其時朱元璋準備西進征討江州、南昌，向李明道詢問陳友諒虛實。李明道說：「陳友諒謀殺徐壽輝後，將士們離心離德，政令也不統一，作戰驍勇的將領如趙普勝，被疑忌而殺，所以雖有眾，不足恃也。」於是朱元璋召集諸將說：「陳友諒殺主公冒用帝王的尊號，侵犯我之疆土，傷我之名將，觀其所作所為，不掃平他是不可以的。你們要各自激勵士卒，奮力作戰。」八月十二日，朱元璋乘龍驤巨艦，督率水師，乘風逆流而上，征討陳友諒。二十日，進攻安慶（時安慶被陳友諒大將張定邊所奪），廖永忠、張志雄等奮勇當先，拔了水寨，進兵攻城，自旦至暮不下。劉基獻計說：「安慶城高而固，急切不能攻下，何若移師江州，破他巢穴。」元璋不待說畢，即下令撤圍，鼓舟西上。朱元璋軍行至小孤山，遇有數舟來降，舟中有兩員大將，一個叫傅友德，一個叫丁普郎。元璋召入，問明來歷，知是陳友諒部將，自然心喜，且見傅友德乃一英武奇才，即提拔為大將，命他仍率原舟，作為前導。沿途遇著江州巡兵，一概招降，稍有不服，立刻掃淨。結果朱軍一帆風順，徑達江州城下。友諒聞報，尚疑是士卒誤傳，待至城外鼓角喧天，方知敵軍來到，慌忙整軍守禦。江州抱水依山，也是一座堅城，友諒所以將其倚作巢穴，就是因為它易守難攻。當下兩軍一守一攻，相持兩日，城完如故。陳友諒稍稍放心，不想到了夜間，朱軍竟登城而入，帶著妻小，逃出城門，乘舟西上，直至武昌。原來朱元璋用劉基的計策，密測城之高矮，令軍士在各艦尾搭造天橋，乘著暗夜，將船倒行，直逼城下，天橋與城樓相接，將士緣橋登城如履平地，不費力氣便殺入城中，友諒還以為是神兵天降，怎能不倉猝逃去？

八月二十五日，朱元璋進入江州，並乘勝攻拔南康（今中國江西星子）。與此同時，還分兵攻略蘄州（今中國湖北蘄春）、黃州（今中國湖北黃岡）、興國（今中國湖北陽新）、黃梅（今中國湖北黃梅）、廣濟（今中國湖北廣濟）等地，皆一一獲勝。

這時陳友諒行省丞相胡廷瑞守南昌，遣其部將鄭仁傑到朱元璋營表示願意投降歸順，並請求不要解散他的部下。朱元璋聽後面露難色，劉基暗中用腳踢朱元璋所坐之床，元璋恍然大悟，立即答應他們的要求，並賜書安慰說：「鄭仁傑到我這裡，說明你有歸附之意，這是你的明智之舉。至於所擔心你的部眾分與他人統管之事，請勿須多慮。我起兵已有十年，英雄豪傑，八方彙集而來。其中有能預知天時、料算事機的，均委以重任。前來投奔的人，也是想在世上建功立業，以留名後世。大丈夫相遇，相互間本應磊磊落落，一笑之間情投意合，洞察肺腑，所以應當推心置腹地相待，根據才能而任用。如果兵力少可增添兵力，地位低下，可提升官職，錢財缺少可多賞錢物，這是我對待將士的想法。如此我怎能拆散你的部下，辜負你前來投靠的一片心意呢？陳友諒對待部將就不是這種態度了，如像趙普勝這樣的驍將，仍因猜疑而被殺害。像這樣猜疑別人的人，怎能成大事呢？近來有龍江之役，長張、梁鉉、彭指揮等人來降，我把他們看成自己的部將，恩義均一，相互之間沒有半點嫌隙。所以長張攻破安慶，梁鉉等攻克江北，功業已相當卓著。像這些人，他們自己認為沒有再活下去的可能，我尚且如此厚待他們，更何況不勞一兵一卒，你就獻給一座完好無損的城池前來歸服呢！得失之機，成敗之利，其間不容一根毛髮，還是應該早定大計。」胡廷瑞接書後即派康泰前往江州投降。此後，陳友諒的部將余干吳宏、龍泉彭時中、吉安曾萬中和孫本利等人，聞聽南昌胡廷瑞已向朱元璋投誠，遂分別派人前來聯繫投靠事，朱元璋一一接見，好言相慰，納為己用。

元至正二十二年（西元一三六二年）正月，朱元璋親臨南昌，胡廷瑞率祝宗、康泰等人前來迎接拜見。朱元璋命鄧愈為江西行省參知政事，鎮守南昌。當時祝宗、康泰歸降並非本意，歸降後不久就謀劃叛亂，胡廷瑞將此事密報朱元璋。朱為防止事變，命祝、康率所部隨徐達一起攻打武昌。二月，朱元璋率胡廷瑞返回應天。當祝、康軍行至女兒港時，公開反叛，回攻南昌，知府葉琛兵敗被殺，鄧愈逃回應天。徐達得知兵變消息，立即回師南昌，擒殺祝宗，南昌失而復得。康泰因是胡廷瑞的外甥，特別寬恕了他。朱元璋聞報，高興地說：「南昌遙控荊、越，是西南的屏障，得到南昌，等於去掉陳友諒的一隻臂膀，不是骨肉重臣是不可鎮守的。」遂命大都督朱文正統領元帥趙德勝、薛顯和參政鄧愈駐守南昌。

元至正二十三年（西元一三六三年）二月，陳友諒對自己的疆土日漸縮小，心中憤憤不平。於是開始大規模地製造艦船，積極準備東征。所造巨艦高數丈，外塗紅漆，分為上下三層，各層都置馬棚，下設板房作掩蔽之用，又造數十個大櫓置於板房中。上下層相互聽不到說話的聲音，櫓箱用鐵皮包裹，自以為堅不可摧，戰則必勝。三月，張士誠部將呂珍聯合元軍進攻安豐（今中國安徽壽縣西南），劉福通請求朱元璋救援。朱元璋同徐達、常遇春率軍馳援，呂珍敗走，安豐克復。夏四月，陳友諒利用朱元璋赴安豐救難的機會，率六十萬大軍東下，進攻南昌。二十三日，陳友諒兵臨城下，將南昌城團團圍住。城中守將朱文正緊急部署防守事宜。命鄧愈鎮守撫州門，趙德勝鎮守官步、士步、橋步三門，薛顯守章江、新城二門，牛海龍等鎮守琉璃、澹台二門，朱文正自己坐鎮中央，指揮調度各路兵馬，四處往來，互相策應。二十七日，陳友諒親自督兵攻打撫州門，陳軍士兵各拿箕狀盾牌，用來抵擋城上射來的飛箭流矢，極力進攻，城毀壞二十多丈。鄧愈以火銃擊退敵兵，隨即樹立木柵，敵兵前來爭奪木柵，朱文正督促諸將死戰，一面拒敵，一面修築城牆，一夜之間全部修好。但是李繼光、牛海龍、趙國旺、許珊、朱潛、程國勝等將領全都戰死。五月八日，陳友諒再次進攻新城門，薛顯率領精銳士卒開門迎戰，斬殺敵將劉震昭，擊退敵兵。六月十四日，陳友諒增修進攻所用兵器，想破柵後從水路入城。朱文正派勇士用長槊從柵欄內刺殺敵軍，敵奪槊而進。文正又命人將鐵戟、鐵鉤用火燒紅，穿柵刺敵，敵來奪，手皆灼爛。陳友諒用盡所有攻擊辦法，而城中備御有方，木柵巋然不動。陳軍又去攻打宮步、士步二門。守將趙德勝巡城至宮步門樓指揮，被敵流箭射中，箭頭入體內六寸，趙奮力拔箭，拍著大腿嘆道：「我自從三十歲從軍，被流箭飛石打傷多次，沒有一次像現在這樣重，是天意啊，只恨不能跟隨主上掃清中原了！」說完大叫一聲死去。南昌被圍既久，內外隔絕，朱文正見形勢危急，派千戶張子明告急於應天。朱元璋詢問陳友諒兵力情況，張子明答道：「兵勢雖然強盛，但戰死的人很多。現在江水日益乾涸，對巨艦行動不利。且師久糧乏，援兵至，必可破敵。」朱元璋讓張子明趕快回去向朱文正報告，再堅守一個月，援兵即到。張子明返回時，在鄱陽湖口被陳軍所擒。陳友諒逼令他到城下誘降。子明表面答應，到城下後大聲呼道：「主上令諸公堅守，大軍且至矣！」陳友諒怒而殺之。朱文正等將領聽到這一消息，守城的決心更加堅定。

是年七月六日，朱元璋親率徐達、常遇春、廖永忠、俞通海、馮國勝諸大將，及劉基、陶安等人，舟師二十萬，刻期出發，浩浩蕩蕩，順江而上。七月十六日，進駐湖口（即鄱陽湖入長江之口）。朱元璋先派指揮戴德以一軍屯於涇江口（安徽宿松縣西南百里，濱於長江處），另以一軍屯南湖嘴（九江東四十里臨彭蠡湖口），以斷陳友諒歸路；又派人調信州兵守武陵渡（南昌東南西洛水入武陽水之口），以防其奔逸。從朱元璋以上部署，可見其在鄱陽湖聚殲陳友諒軍的雄心壯志。

截至七月十九日，陳友諒圍困南昌共八十五天，及聞援軍將至，乃撤南昌之圍，東出鄱陽湖以迎敵。朱元璋率諸軍由松門（今中國江西都昌縣南二十里）入鄱陽湖。七月二十日，兩軍相遇於康郎山（江西余干縣西北八十里鄱陽湖南涯）。陳友諒將巨舟一字排開，擋住朱軍去路。朱元璋見狀對將士說：「彼巨舟首尾相連，不利進退，可破也。」遂命舟師編為十一隊，火器、弓弩依次鱗列，並告誡諸將說：「我軍靠近敵船時，先發射火器然後再用弓弩，等到接觸敵船時就用刀劍等短兵器攻擊敵兵。」二十一日，徐達、常遇春、廖永忠、俞通海等進兵搏戰。徐達身先士卒，擊敗陳軍前鋒，殺死一千五餘人，並繳獲一艘巨艦，士氣大振。俞通海乘風發射火炮，焚燒敵船二十艘，被殺和溺水而死的無計其數。徐達搏戰良久，大火延及己舟。他邊撲火邊與敵相戰，敵艦乘機襲來，朱元璋派舟增援，經過苦戰敵兵方退。不久，陳友諒的驍將張定邊奮力衝向前來，進攻朱元璋的戰船。朱元璋所乘之船這時已被淤泥膠住，動彈不得，遂被陳軍重重圍住。程國勝手提利劍，大聲呵斥，和陳兆先一起奮力拒敵。牙將韓成進見朱元璋說：「古人殺身以成仁，我不敢吝其生，願替主上死。」說完穿上朱元璋的衣服，投水而亡。陳軍以為朱元璋已死，攻勢稍減。當此危急時刻，常遇春一箭射中張定邊，俞通海、廖永忠飛舸來擊，張定邊之舟方才退去。朱元璋的船也因通海、永忠之舟驟來，水急浪湧，脫出淤泥，離開險境。俞通海、廖永忠用快船追擊張定邊，張定邊奪路而逃，身上中箭百餘處，陳軍戰船亦迅速退卻。時至傍晚，朱元璋鳴金收兵，召集諸將申明約束，喻以生死利害。同時，朱元璋考慮到張士誠進攻安豐得手，並擊敗割據杭州的楊完者，自稱吳王於平江，其勢大張，為防其偷襲，命徐達撤離鄱陽，還守應天。

七月二十二日晨，朱元璋鳴角集師，親自布陣，再次與陳友諒決戰。陳友諒將大船連鎖在一起排成長陣，旌旗樓櫓，望之如山。朱軍船小仰攻，屢屢受挫，形勢極為不利，張志雄、丁普郎、余昶、陳弼、徐公輔等戰將先後陣亡。朱元璋連失愛將，十分惱火，親自督戰，斬隊長十餘人，仍無效果。部將郭興進言道：「非將士不用命，實舟小不敵，非用火攻不可。」朱元璋認同，便命令常遇春等調來漁船，載滿蘆荻，雜以火藥、膏油。又在七隻小船上用草紮成假人，飾以甲冑，手執兵器，像是準備與敵戰鬥的樣子。下午四時，颳起東北風，朱元璋讓敢死隊員操縱小船在前，而以載草大船在後，急速向陳軍船隊駛去。將要接近敵船時，乘風放火，風急火烈，迅速燃及敵船，片刻之間，陳軍數百隻戰船變成一片火海，鄱陽湖水也被映得通紅。直燒得陳軍士卒哭爹喚娘，紛紛落水，不是燒死，就是淹亡。朱元璋乘勢擂起戰鼓，朱軍人人奮勇爭先，陳軍死傷甚眾。陳友諒的弟弟陳友仁、陳友貴、平章陳普略等皆被燒死，陳友諒因此非常氣餒。

翌日，朱元璋通諭諸將說：「友諒戰敗氣沮，亡在旦夕，今當併力，一舉將其擊滅。」朱軍將士摩拳擦掌，躍躍欲試，當即向陳軍進攻。陳友諒發現朱元璋所乘之船的桅杆是白色的，於是集中兵力攻擊。朱軍拚力相抗，雙方互有死傷。朱元璋知道後，連夜將所有船隻的桅杆全部漆成白色，使敵無法辨認。二十四日，陳軍再次聯舟進攻，其巨艦運動困難，朱軍以小船靈活機動地打擊敵人，殺傷士卒甚多。搏戰自辰至午，陳友諒軍大敗，遺棄旗鼓器仗浮蔽湖面。

陳友諒屢戰不利，想要退守鞋山（即大孤山），但為朱軍所扼，於是斂舟自守，不敢再戰。朱軍諸將欲退師休整，朱元璋說：「兩軍相持，先退不利。」俞通海以湖水淺，請移舟扼江上流，劉基也提出應移軍湖口。朱元璋聽從了他們的意見。因水路狹窄，船隻不能並進，又怕白天開進為敵所乘，於是朱元璋夜間行進，在船上放一燈籠，相繼渡水。這樣天明時朱軍船隻全部撤至左蠡（今中國江西昌都西北鄱陽湖岸）。陳友諒也移船出湖，停泊在渚磯（星子南七十里當鄱陽湖之西渚）。兩軍相持兩日，陳友諒之左右執金吾將軍投降了朱元璋，友諒兵力益衰。朱元璋見其避戰，遂派人送信給他。信中講道：「你憑藉船大與我對峙，但已損兵折甲。以你平日的強橫兇殘，應當親自出來同我決一死戰，為何卻緩緩跟在後面，好像是聽我的指揮，難道你不是大丈夫嗎？」陳友諒接到書信後大怒，將使者扣留，並將俘獲朱軍士卒全部殺死。朱元璋聞悉，馬上下令將所俘陳軍士卒全部釋放，傷病者給以醫治。並通知部隊，以後俘敵將士，都不能殺死。另外還祭奠陳友諒的弟弟及死難將士，以此作為攻心之戰。同時，命令常遇春率舟師橫截湖面，阻其歸路，又以一軍立柵於岸，控制湖口。十五天過去了，陳友諒一直不敢出兵。朱元璋再次寫信給他說：「過去你我之船相對著停泊在渚磯，我曾派人前去送信，現在仍然不見使者回來，你的度量太淺了！大丈夫謀取天下，哪有什麼私仇，自從辛卯以來，天下豪傑紛紛舉起義旗……江淮英雄，只有你和我，為什麼要自相吞併呢？你的弟弟、侄兒和一些部將都已戰死，你還逞什麼威風呢？你的土地，我已經得到了，即使你竭盡全力指揮殘兵敗將決一死戰，也不可能再奪回去了。假如你能僥倖逃走，也應修身養性，不要再作出一副欺負人的樣子。去掉帝王的名位，而真心對待主公，不這樣，將會喪家滅姓，後悔晚矣。」陳友諒看過書信，沒有作聲，但心裡更加憤恨。當時陳軍糧草已經耗盡，派軍到南昌去劫掠糧食，朱文正派兵火燒其船，使其

官署，置中書省左右相國，以李善長為右相國，徐達為左相國，常遇春、俞通海為平章政事，立長子朱標為世子，仍以龍鳳紀年，百官皆有封賞。二月一日，吳王朱元璋因武昌久圍不下，復親往視師。十七日至武昌，即命諸將攻城。朱元璋見城東有一座高冠山，登及山頂，可以俯瞰城中一切，陳軍已事先派人駐守。為收地形之利，便對諸將說：「誰能為我奪之！」傅友德當即請纓，率五百壯士衝上山去。傅身先士卒，衝在最前面，臉上中了一箭，肋下又中了一箭，毫不氣餒，一鼓作氣奪下高冠山，眾人全都歎服他的勇敢。當夜陳軍大將陳同僉，驍勇敏捷，善使一桿長矛，騎馬衝入軍帳之中，朱元璋正坐在床上，大聲疾呼：「郭四，替我殺死賊人！」郭英聞聲而起，執槍奮臂大喝一聲，將敵刺落馬下。朱元璋解下身上紅袍，賞賜給他，並稱其為「典韋再生，敬德重現」。一波剛平，一波又起。就在這時，探子進帳報告，說陳友諒的丞相張必先率潭州、岳州士兵來援，已到夜婆山。吳王大吃一驚。原來張定邊見武昌危急，暗中派人，縋城而出，奔赴岳州，請張必先救援。張必先率軍前來，屯紮於洪山（武昌東二十里）江面觀望，未敢輕進。吳王得知這一消息，急命常遇春率精兵五千前去截擊。常乘其立足未穩，一舉將其擊敗，生擒了張必先。張必先驍勇善戰，綽號為「潑張」，武昌依以為重。吳王將張必先綁至城下，告訴城上守軍說：「你們一向倚仗的張必先，已被我軍擒獲，還有何人可賴？趕快投降吧！」張必先也大聲喊道：「我現在已到如此地步，事情不會逆轉，你們應趕緊歸降，方為上策。」張定邊被氣得說不出話來。幾天之後吳王朱元璋又派陳友諒舊部羅復仁進入城中，告訴陳理說：「如前來投降，當可不失富貴。」陳理表示懷疑，羅復仁出城對朱元璋說：「主上實施好生之德，恩惠一方，使陳氏這根獨苗能存留下來，那麼我就是丟掉性命，也死而無憾。」朱元璋說：「我的兵力不是不夠，所以長期圍困這裡，就是要讓他們自己前來歸降，以免傷害生靈。你再去一次，一定不負你之勞。」羅復仁來到城下大聲號哭，陳理感到有些意外，於是放他進城。羅復仁將朱元璋的意見轉告陳理，言辭誠懇親切。當時陳理手下將士謀略沒有能超過張定邊的，張定邊也知道不能堅持多久，於是決定舉城投降。二月十九日，陳理面縛銜璧，率張定邊等人到軍門投降，陳理俯伏在地，顫慄不已。吳王見他年紀幼小，拉著他的手說：「我不怪罪你，不要害怕。」遂派太監入宮，傳達自己的命令，撫慰陳友諒的父母，凡是府中的資財物品，陳理均可取用。隨後將其文武官員依次遣送出門，他們的妻子兒女也得資助行裝跟隨。從至正二十三年（西元一三六三年）九月朱軍圍困武昌城起，到至正二十四年（西元一三六四年）二月陳氏殘餘勢力獻城投降止，長達半年時間，朱軍沒有擅入城內，城中平靜的樣子好像沒有戰事。待武昌城下時，城內百姓已發生飢荒，吳王見此情形，忙命人發放糧食，賑濟貧民，對城中父老進行安慰，人們都很高興。附近漢、沔、岳等郡縣聽說後也都相繼歸降。吳王朱元璋當即設立湖廣行中書省，命樞密院判楊璟為參政，鎮守武昌。封陳理為歸德侯。江西行中書省把陳友諒曾用過的用金子做的龍床進獻給吳王。吳王仔細觀看一下後對侍臣說：「這和五代時蜀國國君孟昶用過的七寶溺器有何區別！一張床如此精工巧做，其他的東西不是可想而知嗎？陳友諒豪華奢侈到這種程度，怎能夠不滅亡呢？」當即命人將金床銷毀。

吳王朱元璋克復武昌後，採取了兩項重要戰略行動：一是略取廬州；一是略取襄漢。前者為「淮右襟喉，江南脣齒，自大江而北出，得合肥，則可以西問申蔡，北向徐壽，而爭勝中原」。後者為「跨連荊豫，控扼南北」，「北通汝洛，西帶秦蜀，南遮湖廣，東瞰吳越。欲退守江左，則襄陽不如建鄴；欲進圖中原，則建鄴不如襄陽；欲御強寇，則建鄴、襄陽，乃左右臂也」（上述引語見《方輿紀要》）。為此，朱元璋在武昌城下不久，即向長江中上游發展，控制荊湘地區。同時揮兵東向，先後消滅張士誠、方國珍等割據政權。然後北進中原，與元軍決戰，於西元一三六八年消滅元朝政權，建立大明王朝。

元末農民起義爆發後，在江淮河漢之間逐漸形成了陳友諒、朱元璋、張士誠、方國珍等割據集團，其中尤以陳友諒的勢力最為強大。陳友諒自恃勢大，想吞併朱元璋等，主動挑起戰爭。朱元璋面對陳友諒、張士誠的兩面夾攻，集中兵力，重點抗擊陳友諒，用六年時間削平陳氏，然後東向進擊張士誠、方國珍，漸次剷除各割據勢力，再北伐中原，擊垮元朝政權，建立明朝。陳朱之戰是元末最激烈、最殘酷的軍閥混戰之一，特別是鄱陽湖戰役，其緊張慘烈的程度，是朱元璋討伐其他軍閥作戰中所沒有過的。陳朱之爭，以陳友諒的徹底慘敗而告終。究其原因，主要是陳友諒政治上目光短淺，軍事上不善用兵；就其個人品格來說，他仍未脫離草頭王的本質，如奢侈腐化，剛愎自用，驕傲輕敵，猜忌嗜殺等。而朱元璋則與其相反，他在兩強夾擊中，善於審時度勢，運用謀略，被動變為主動，劣勢變為優勢，每戰占有先機，事事胸有成竹，從而以弱小之兵，戰勝強大的敵人。另外，朱軍紀律嚴明，指揮統一，兵精將勇，也是其取勝的重要因素。

吳三桂挑起三藩亂

明朝末年宦官專政，政治混亂，內憂外患十分嚴重。一方面，封建土地所有制迅速發展，地主階級與農民的矛盾日益尖銳，農民起義此起彼落；另一方面，位於東北地區的清朝勢力迅速崛起，直接威脅到明王朝首都北京的安全。明崇禎十七年（西元一六四四年）三月十九日，李自成農民起義軍攻進北京，崇禎皇帝自縊而死，腐朽的明王朝終於被推翻。當時駐守在山海關一帶抗阻清軍的吳三桂，出於一己私憤，勾結清軍入關，擊敗李自成起義軍。隨後入主北京的大清王朝，實行以漢制漢的政策，封吳三桂為平西王，使徇川滇；封孔有德為定南王，使徇廣西；封尚可喜為平南王，使徇廣東；封耿仲明為靖南王，使徇福建，這裡使徇有攻占、占領之意。此四人皆為明室降將，為清廷消滅各地起義軍和明朝殘餘勢力，效盡了犬馬之勞。後來，定南王孔有德與子孔廷訓戰死於桂林，清朝所封四王，僅餘其三，史家稱為「三藩」。

吳三桂，字長白，又字月先，明萬曆四十年（西元一六一二年）生於遼西中後所。生母姓氏不詳，繼母祖氏，為遼西豪族祖大壽的妹妹。其祖父原居安徽徽州，後因販馬，「流寓遼東」。其父吳襄，初為明軍低階軍官，後因軍功升為總兵。三桂自幼習武，弓馬嫻熟，十七歲中武舉，在舅父祖大壽手下任低階軍官，二十歲升為游擊將軍，二十三歲升為參將，至崇禎十一年（西元一六三八年）被破格提拔為副將。第二年又被朝廷任命為寧遠總兵，是繼袁崇煥、祖大壽之後，第三個鎮守寧遠的封疆大吏。崇禎十四年（西元一六四一年），明軍在松山（今中國遼寧錦縣西南）被清軍擊敗，洪承疇、祖大壽被俘投降，吳三桂遂成為明軍在遼西的實際統帥。其間，清政權多次勸降，許以高官，均不為所動。西元一六四三年春，三桂奉命馳援京師，受到崇禎皇帝的接見，賜尚方寶劍，寄以重託。五月，納京城名妓陳圓圓為妾。旋因邊事緊急，留圓圓於其父吳襄家，自回任所。一元一六四四年正月，李自成義軍進兵京師，吳三桂奉命勤王，軍至山海關，京師已陷，崇禎自盡，遂滯留不進，徘徊觀望。三月二十八日，李自成派人前來招降，三桂「忻然受命」，決定率師歸附，並命全軍縞素，為崇禎皇帝治喪舉哀，而後起行。至永平（今中國河北盧龍縣），遇見從北京逃出的家人。三桂詢問家中情況，家人告其父被捕，三桂毫不在意。又告陳圓圓為劉宗敏所奪，三桂不禁勃然變色，怒髮衝冠，咬牙切齒地說：「大丈夫不能保一女子，有何面目見人耶！」當即下令停止前進，揮師東向，一路擄掠，返回山海關。這才是「慟哭六軍俱縞素，衝冠一怒為紅顏。」

吳三桂回到山海關後，即給清攝政王多爾袞寫信請兵。信中說：「三桂初蒙我先帝拔擢，以蚊負之身，荷遼東總兵重任，王之威望，素所深慕。但春秋之義，交不越境，是以未敢通名。人臣之誼，諒王亦知之。今我國以寧遠右偏孤立之故，令三桂棄寧遠而鎮山海，思欲堅守東陲而鞏固京師也。不意流寇逆天犯闕，以彼狗偷烏合之眾，何能成事？但京城人心不固，奸黨開門納款，先帝不幸，九廟灰燼。今賊首僭稱尊號，擄掠婦女、財帛，罪惡已極，誠赤眉、綠林、黃巢、祿山之流，天人共憤，眾志已離，其敗而可立待也。我國積德累仁，謳思未泯，各省宗室如晉文公、漢光武之中興者，容或有之；遠近已起義兵，羽檄交馳，山左、江北，密如星布。三桂受國厚恩，憫斯民之罹難，拒守邊門，欲興師以慰人心。奈京東地小，兵力未集，特泣血求助。我國與北朝通好二百餘年，今無故而遭國難，北朝應惻然念之，而亂臣賊子，亦非北朝所容也。夫除暴翦惡，大順也；拯順扶顛，大義也；

出民水火，大仁也；興滅繼絕，大名也；取威定霸，大功也。況流寇所聚，金帛、子女不可勝數，義兵一至，皆為王有，此又大利也。王以蓋世英雄，值此摧枯拉朽之會，誠難再得之時也。乞念亡國孤臣忠義之言，速選精兵，直入中協西協，三桂自率所部，合兵以抵都門，滅流寇於宮廷，示大義於中國，則我朝之報北朝者，豈惟財帛？將裂地以酬，不敢食言。本宜上疏北朝皇帝，但未悉北朝之禮，不敢輕瀆聖聰，乞王轉奏。」當時清太宗皇太極已故，年幼的順治皇帝剛剛登基，多爾袞為攝政王，掌管朝廷大事，他接信後，立即召集多鐸、阿濟格、恭順王孔有德、懷順王耿仲明、智順王尚可喜及范文程、洪承疇等一大批滿漢蒙將領進行討論。然後統率十萬清軍出關，連同吳三桂的五萬遼軍，浩浩蕩蕩殺奔北京。一舉擊敗李自成的農民起義軍，大清王朝定都北京。吳三桂被封為平西王。此後清廷對吳三桂寵信有加，命他統率大軍，東征西討，去消滅各地農民起義軍和明朝殘餘勢力。順治二年（西元一六四五年），西入甘陝，追擊李自成起義軍，於湖北襄陽將其剿滅；順治五年，進入四川，移鎮漢中，八年剿滅張獻忠起義軍；十五年入貴州，擊敗南明李定國軍；十六年攻下雲南，旋入南寧，圍剿南明永曆帝朱由榔；十八年捕捉逃到緬甸的朱由榔，並平息雲南土司之叛。由此可見，吳三桂在清王朝統一全國的過程中甘當鷹犬，為清廷效盡了犬馬之勞的同時也成為割據一方的大軍閥。

當初吳三桂統兵由陝甘入川滇，路途遙遠，交通不便，通信不暢，清廷乃假以便易行事，讓雲貴兩省督撫皆受其節制。凡財賦兵馬及設官用人之權，全部由吳三桂做主，朝廷吏、戶、兵三部不得過問，儼然一獨立王國。這時耿尚二藩王各統十五佐領（清軍編制，每佐領統兩百甲，每甲五丁，共有正兵千人、副兵千人、伕役數倍於兵數。故一佐領相當於今之一旅之兵力），此外又各有綠旗兵六七千人，丁口各約兩萬。總計起來，他們各自所擁有的兵力不下十六萬之數。而吳三桂則擁有漢軍旗五十三佐領，綠旗兵一萬兩千人，其兵力數倍於耿尚。合三藩之兵，每年需俸銀兩千萬兩（平均每人年俸三十兩），糧兩百萬萬石，要耗去清政府全年總收入的一半以上，江南各省賦稅皆歸三藩提調依然不夠用。康熙六年（西元一六七七年），吳三桂自感人事上之不安，乃以目疾為辭，將任免官吏之權歸還吏部，但對兵餉的要求卻有增無減。常自派使者至西藏，設茶、馬互市，以自徵關稅；更課賦於各土司，以充實其私囊；同時還私開礦山、私鑄銀錢，入於藩庫之中。一開始，三桂的本意只不過是貪戀權勢，保其祿位，並無反清意圖，後來隨著地位的鞏固，生活上的奢侈腐化，政治上的野心也隨之膨脹起來。吳三桂晚年在昆明，把明永曆帝五華山舊宮變為自己的藩王府；將明故國共沐恩波之七萬畝莊園，變成藩王別墅。一時間蒙古、新疆名馬，充實藩王之廄；奇珍異寶，流入藩王之庫；「四面觀音」、「八面觀音」等美女，集於藩王後宮，使得著名美女陳圓圓失寵退位，到尼姑庵削髮為尼。這時他認為以雲貴為基地，進可以謀取中國，退可以自為帝業，因而更加驕奢淫佚，專橫跋扈，根本不把北京皇室放在眼裡。清廷對吳三桂也是如骨鯁在喉，必欲除之而後快。

康熙十二年（西元一六七三年）春，粵藩尚可喜與其子尚之信互不相容，便託辭年老，不克守邊，請准其歸還遼東，留尚之信襲爵守邊。康熙皇帝早就認為三藩擁兵南陲，尾大不掉，是為國家隱憂，遂當即准其父子俱還遼東海城故鄉，是謂撤藩之命。吳三桂初聞撤藩消息，頗為震驚。後來又一思量：尚可喜教子無方；長子之信，淫洶恣橫，不得留鎮，自罪有應得。而自己是開國元勛，功高尚氏，實力尚氏也比不上，何況康藏回疆尚未平定，沙俄乘勢侵犯北邊，清廷更該留住自己鎮守西南。於是，三桂決定以爭取皇帝的信任，穩固自己的地位為由，相約閩藩耿精忠同時上疏，請求撤藩安插，藉以窺視朝廷真意。康熙皇帝接奏疏後，召開御前會議，許多王公大臣都主張慰留，只有戶部大臣米思翰、兵部尚書明珠、刑部尚書莫洛主張撤藩。他們認為：「天下財賦之半耗於三藩，天下兵員之半統於三藩，彼又私自開山鑄錢，截關稅購買蒙古馬群，厚自封殖，奢於皇帝，是撤藩亦反，不撤藩亦必反，不如從其所請，為先發制人之計。」康熙皇帝因而決策說：「藩鎮久握重兵，猶如人體養癰，若不及早除之，何以善後？況其勢已成耶？撤亦反，不撤亦反，不若先發制之。」於是乃下撤藩之詔。並令禮部左侍郎折爾肯、學士傅達禮前往雲南催促吳三桂上路；命戶部尚書梁清標往廣東、吏部侍郎陳一炳往福建，處理粵、閩二藩啟行事宜。又因雲南地處邊陲，撤藩後需加強控制，特增設雲南總督，以鄂善任之。由於康熙皇帝此次撤藩準備不充分，急於成行，於是激起了三藩叛亂。

當初，吳三桂自負功高，以為清廷必不會奪其封土，所以才上疏請求撤藩，直到朝廷撤藩令到，跟他的想法有所出入，因此一怒之下，決定謀反。但是以什麼名義造反呢？這讓他非常困擾。想以反清復明為號召，他卻親自弒殺了永曆帝朱由榔，但不以復明為號召，又會招天下唾罵，思來想去，不得其解，便決定先撤至中原而後發難。因此他表面上對詔命恭順，暗地裡積極部署，並不斷拖延行期。偏偏雲南巡撫朱國治卻不知好歹，三天兩頭來催問行期一下子惹惱了吳三桂，遂於康熙十二年十一月二十一日，逮捕並處死朱國治，自稱大明天下都招討兵馬大元帥，公開起兵反清。並檄告天下說：「原鎮守山海關總兵官，今奉旨總統天下水陸大元帥，興明討虜大將軍吳，檄天下文武官吏軍民人等知悉：本鎮深叨大明世爵，統鎮山海關。惟時李逆倡亂，聚賊百萬，橫行天下，旋寇京師。痛哉，毅皇列後之賓天！慘哉，東宮定藩之顛踣！文武瓦解，六宮紛亂，宗廟邱墟，生靈塗炭，臣民側目，莫敢誰何。普天之下竟無仗義興師勤王討賊者，傷哉國運，夫復何言？本鎮獨居關外，矢盡兵窮，淚乾有血，心痛無聲！不得已，歃血訂盟，許虜藩封，暫借夷兵十萬，身為前驅，斬將入關，李賊逃遁。夫君父之仇，不共戴天，必親擒賊帥，獻首太廟，始足以對先帝之靈，幸而渠魁授首，方欲擇立嗣君，繼承大統，封藩割地，以謝滿酋，不意狡虜逆天背盟，乘我內虛，雄據燕京；竊我先朝神器，變我中華冠裳。方知拒虎進狼之非，莫挽抱薪救火之誤。本鎮刺心嘔血，追悔靡及，將欲反戈北伐，掃蕩腥羶，適遇先皇之三太子，太子年甫三歲，刺服為記，寄命託孤，宗社是賴。姑飲血隱忍，未敢輕舉，故避居窮壤，養晦待時，選將練兵，密圖興復，迄於今日，蓋三十年矣。茲者虜酋無道，奸邪高張，道義之儒，悉處下僚，斗屑之輩，咸居顯職，山慘水愁，婦號子泣，以致彗星流隕，天怒於上；山崩土裂，地怨於下。本鎮仰觀俯察，是誠伐暴救民順天應人之日。爰卜甲寅之年（康熙十三年）正月元旦，恭奉太子，祭告天地，敬登大寶，建元周啓。」吳三桂的這篇討清檄文，巧言偽飾，謊稱起兵是為報君仇，把當漢奸說成是忍辱負重，弒殺永曆帝事卻避而不談。為了矇蔽部下，他又厚顏無恥地說：「為故君復仇，須先謁故君之陵，以別故君。別故君，當以故君衣冠見。」並指著自身說：「我先朝曾有此冠乎？我先朝曾有此衣乎？老臣且易服以祭，諸君共預圖之。」然後來到永曆陵前，戴上方巾，穿著素服，再拜痛哭，伏地不起。於是其軍皆哭，聲震如雷，人情激憤。隨後三桂下令舉兵北伐。

十二月初三日，吳三桂檄書到京，舉朝震動，不知所措。大學士索額圖請誅建議削藩之臣，以削三桂，康熙皇帝不准。只好派人馳詔閩粵，勿撤耿尚兩藩。並命各地駐軍將領，各率精兵向湘、川馳進增防。命荊州都統巴爾布增防常德；命武昌都統珠滿增防岳州；西安將軍瓦爾喀率部速赴四川；命直、魯、豫、晉各都督率軍馳西安、漢中、安慶、兗州、鄖陽、汝寧、南昌等地，聽候調遣。命順承郡王勒爾錦為寧南靖寇大將軍，率領滿漢諸將進討吳三桂。為瓦解叛軍軍心，又讓新安處士謝四新作詩揭露三桂之檄文，詩曰：

李陵心事久風塵，三十年來詎臥薪？
復楚未能先覆楚，帝秦何必又亡秦？

丹心已為紅顏改，青史難寬白髮人。
永夜角聲悲不寐，哪堪思子又思親。

三桂閱讀此詩，卻不覺得氣餒。

吳三桂既舉兵反叛，清貴州巡撫曹申吉、提督李本森，雲南提督張國柱皆響應之，遂據有雲、貴兩省。於是派其部將王屏藩率軍由貴州北取四川；遣馬寶為大軍先鋒，由貴州向湖南前進。康熙十三年（西元一六七四年）正月，令張國柱、龔應麟、夏國相各軍相繼出湖南。清湖南提督桑額自澧州（今中國湖南澧縣）逃往湖北宜昌；清湖南巡撫盧震亦放棄長沙。而清將巴爾布、碩岱、珠滿等於二月初才率兵進至荊州、武昌，皆畏縮不前。於是常德、長沙、岳州（今中國湖南嶽陽）、澧州、衡州（今中國衡陽）等重鎮全都落入叛軍之手。這時清廣西將軍孫延齡、提督馬雄，清四川巡撫羅森、提督鄭蛟麟、總兵譚洪、吳之茂，清襄陽總兵楊來嘉皆叛清響應，雲、貴、川、湘及廣西五省俱歸三桂掌握。

其時閩藩耿精忠聞吳三桂起兵，又得傳檄及遊說，亦於是年三月據閩響應。耿精忠關押了福建總督范承謨，一邊約據守台灣的鄭經（鄭成功之子）出兵潮惠（今中國廣東省東部）；一邊自稱大明總統兵馬大將軍，派總兵曾養性率軍出東路，進攻浙江之溫（永嘉）、台（臨海）、處（麗水）、紹興等府縣；派總兵白顯忠率軍出西路，進攻江西之廣信（上饒）、建昌（南城）、饒州（鄱陽）等府縣；派都統馬九玉率軍出中路，進攻浙江之金華、衢州、杭州等府縣。這樣，福建全省及浙江、江西兩省之大部陷於耿精忠之手。

吳三桂在滇，聞湖南已定，乃自雲南啟行，親赴常德、澧州督戰，招苗猓土司以助其軍鋒，伐湘西山木製造樓船巨艦，鑄滇銅為錢，轉川湖之粟。廣布羽書，號召天下，聲勢所趨，咄咄逼人。但這時吳三桂害怕其在京任官的兒子被誅，欲與清朝保留講和餘地，先割江南而有之，不為乘勝北伐之計。因此派其將吳應麟作堅守岳州之準備，於岳陽城外築壕三道，掘陷坑，植鹿角，並於洞庭湖口攢立梢樁，以拒舟艦。至於澧州、石首、華容、松滋等城，亦皆布重兵以為犄角，下令諸將，不許北進，同時托西藏達賴喇嘛向清廷說和。當時清朝各提督已率兵聚集於荊州、襄陽、武昌、宜昌一帶，在寧南靖寇大將軍勒爾錦統帥下，各據地為守，不敢渡長江以攖其鋒。三桂諸將有的建議疾行渡江，以全力進攻畏縮之清兵，一戰而勝之；有的建議大軍沿江東下，攻取南京，以扼運河，絕清南北糧道。這些好的意見三桂皆不採用，相反卻分兵東攻江西，西出四川，北攻陝西。鑑於三桂上述表現，可以看出，他在骨子裡，並非真的要推翻清王朝，起兵造反不過洩一時之憤而已。割據一方，稱王稱霸才是他的根本目的。

就在吳三桂據有南方六省，清廷大軍南下守禦長江不久後，北方也出現了內蒙古察哈爾部汗布爾尼和陝甘右鎮總兵王輔臣的叛亂。布爾尼本是內蒙古察哈爾親王額哲之後裔，以其族被清朝征服及受虐待為恥，久欲起兵復仇而未得其便。適逢三桂起兵，北京空虛，遂於康熙十三年四月，舉兵反清，與吳三桂遙相呼應，成為清朝背後的一大威脅。陝西右鎮總兵王輔臣，乃是吳三桂的養子，三桂檄書傳到彼處，他曾派其子王繼貞進京告變，受到皇帝嘉勉並晉封其爵。旋清將莫洛征四川，欲盡調輔臣軍中之馬，輔臣怒，派人殺死莫洛，並公開叛清。

康熙皇帝這一年才二十歲，面對這種四面楚歌的形勢，沉著鎮靜，指揮若定，有條不紊。他首先認定陝西王輔臣並非有意叛亂，而是莫洛調馬逼迫使之，因此派其子王繼貞返回陝西進行勸諭，希望他迷途知返。其時，王輔臣已起兵寧羌（今中國陝西寧強縣），並派人與吳三桂聯絡，三桂許以餉銀二十萬兩，封其為平遠大將軍、陝西東路總管。但王輔臣認為三桂向來口惠而實不至，故對清朝尚未採取大的軍事行動。及至王繼貞攜詔書回陝，輔臣見朝廷並未責其擅殺莫洛，說他「變起倉促，情非得已」，便立即上疏朝廷表示歸順。不久吳三桂派人運來銀兩，持來大印，輔臣為利所動，遂又大舉反清，並攻陷甘肅及陝西之南北部大片地區。後來在平涼（今中國甘肅平涼縣）為清軍所敗，輔臣又投降於清，陝甘始得平靜。對於內蒙古察哈爾叛軍，康熙皇帝則採取快刀斬亂麻的辦法，迅即派大學士圖海率京師滿蒙老弱殘兵及隸役轎伕等數萬人北伐，因無糧餉可用，特准該部以胡匪搶掠方式自籌糧草，向北驅進。及出張家口外，圖海對部下說：「前此所掠，皆士庶家，不足為寶，今察哈爾之開平（今中國內蒙古多倫），承有元代數百年之業，珠玉寶物不可勝計，汝等如能獲取，富貴終身矣。」其眾踴躍從命，很快進至達祿（今中國河北沽源縣東北），布爾尼在大梁山設伏，以三千騎來誘，圖海率眾擊之，直至梁山下。叛軍伏兵齊發，圖海分兵力戰破其一部。布爾尼悉眾出戰，圖海率清軍拚死擊之，大破其眾，布爾尼率三十騎北走，被科爾沁額駙沙律所追斬。察哈爾部從此被列為蒙古四十八旗之外，直接為朝廷所管，成為清朝的牧馬場。

康熙十三年四月，康熙皇帝聞知吳三桂以重兵守岳州，不北上，亦不東進，有據守雲、貴，割地請和企圖，遂誅殺了三桂的兒子吳應熊和孫子吳世霖，以示征討到底的決心。三桂聽說後大吃一驚，說：「上少年乃能是耶？事決矣。」遂令王屏藩出四川北攻秦隴，進取山西、河北而窺京師；留兵七萬守岳州、澧州，七萬守長沙、醴陵、萍鄉；自駐松滋，調度上游，以扼荊宜咽喉。對外揚言將破壞荊州的堤防，灌水淹城，以掩飾移兵之意圖。當時正巧清朝安遠靖寇大將軍尚善，率大軍至荊州，知三桂有移兵入川之意，為破壞其戰略企圖，便採用心理戰法，致書吳三桂說：「王以亡國餘生，乞師我朝，殄殲賊寇，為國雪恥，為父復仇。蒙恩眷顧，列爵分藩，榮施後嗣，迄今三十餘年矣。而

不敢輕出，清廷屢以詔書催之，不得以始出南昌與高軍戰。高大節善能以少擊眾，岳樂、喇布之軍常為所敗。有一次高大節率百餘騎攻清軍於南昌西之大覺寺，衝入清軍陣中，斬殺清將，擎旗而出。還有一次，高大節以少數兵攻喇布及布爾根於新西之螺子山，喇布和布爾根大敗棄營逃走，高大節入據其營，縱兵飲食，飽掠而歸。其後，高大節病死於軍中，韓大任繼領其軍，則不敢出戰，因而清軍得以出兵進圍吉安。康熙十六年（西元一六七七年）春，吳三桂派部將馬寶率精兵九千人，自長沙援吉安，軍至吉安河西，與清軍激戰，見城中寂然無聲，疑不敢進。而韓大任卻懷疑清軍用詐術誘其出戰，故不相應，以待機變。馬寶不敢進戰，乃引兵退。是年四月，吉安空竭，不能再守，吳軍遂相率乘夜突圍出城南，步兵涉水渡河，且行且以炮反擊，清軍以為劫營，天明猶不敢追擊，韓大任率吳軍得以逃出吉安，東走寧都一帶。

吳三桂起兵反叛後，閩藩耿精忠積極響應，而粵藩的尚可喜堅決抵制，一面將三桂派來的使者逮捕關押起來；一面將三桂誘降之書上奏朝廷。又慮其長子尚之信不可靠，遣其次子尚之孝率軍進攻潮州叛軍，並請以之孝襲封其爵，朝廷下詔授之孝為平南大將軍，而以之信為討寇將軍。當時廣東方面響應三桂者全都被尚可喜捕滅，但長子尚之信心中想隨三桂叛，因懼於其父之威嚴，未敢驟然發動。康熙十四年以後，耿精忠與鄭經聯兵進攻廣東沿海，三桂亦派原廣西提督馬雄自廣西進圍肇慶，加之尚可喜的部將祖澤清叛變，廣東十郡已失其四，可喜在腹背受敵的情況下，便乞請江西清軍往援，清廷遂命將軍覺囉囒恕及副都統莽依圖自江西進兵廣東，尚之信見清軍入廣，便嚴兵守府，並將其父尚可喜軟禁起來，使他不得再傳一令，然後接受三桂東路招討大將軍之任命，改旗易服，移檄遠近，公開叛清。

當時尚之孝駐軍於惠州，清將舒恕軍於高州（今中國廣東省茂名縣），莽依圖則軍於肇慶，精銳不下三萬，本可合力制服尚之信，但清兩廣總督金光祖接到三桂的密信，暗中進行牽制，讓各軍孤立作戰，故被尚之信叛軍各個擊破，尚之孝軍敗退守廣州，舒恕所率之清軍也被擊破，而莽依圖援軍則望風而逃，兩廣總督金光祖、廣東巡撫佟養鉅均降吳三桂，廣東遂入三桂之手。吳三桂任命尚之信為輔德親王，命其率師北伐，但尚之信遲遲不動，吳三桂見之信不願出兵，而兩廣總督金光祖、巡撫佟養鉅又不足以任大事，遂任命其親信大將董重民為兩廣總督，以馮蘇為廣東巡撫，同時限期之信出兵，於是金光祖、佟養鉅、尚之信三人相互勾結，暗中與清軍聯繫投降事宜。清廷當即以莽依圖為鎮南將軍，自江西再入廣東，尚之信則將吳三桂委任之兩廣總督董重民捕獲，率軍民投降清軍。三桂聞廣東有變，急派大將馬寶、胡國柱率大軍南攻廣東。清鎮南將軍莽依圖認為韶州（今中國廣東省曲江縣）是扼制贛粵之咽喉，故率軍死守，自七月至九月，多次激戰，互有勝負。十月，清援軍大舉南下，擊破馬寶、胡國柱叛軍，並一直追到樂昌（今中國廣東樂昌縣）。清軍在韶州獲勝，風聲所至，廣東震動，三桂將佟國卿以瓊州（今中國海南島）降，祖澤清亦以高州、雷州（今中國海康縣）、廉州（今中國合浦縣）降。於是廣東省復入於清。

在閩浙方向，耿精忠響應吳三桂反叛後，出兵浙、贛及廣東沿海，一時聲勢極重。康熙十三年六月，清廷派康親王傑書為征閩大將軍，率貝子傅拉塔赴浙江增援。是年秋與耿軍東路曾養性戰於衢州。次年破曾養性於金華城外，奪回處州（今中國浙江省麗水縣）。傅拉塔間道出兵黃岩，連破叛軍，曾養性退保溫州（今中國浙江省永嘉縣）。耿軍中路馬九玉部據有浙西開化、常山、江山三縣，與清浙江總督李子芳數戰，相持不下。當時正好耿精忠與台灣之鄭經交惡，鄭經出兵攻奪福建南部各府縣，精忠前後受敵，無力支援北方。清大將軍傑書等乘勢進攻馬九玉於衢州，先截其糧道，攻其外圍，於八月十五日搗其大營，火燒其寨，馬九玉大敗，率三十騎奔仙霞嶺，於是浙江省復為清朝所有。

這時耿軍進至江西之白顯忠部也為清將布爾根所敗，白顯忠投降。清大將軍傑書遂率各軍進入閩境，並寫信勸耿精忠投降，信中說：「爾蒙累朝厚恩，世授王爵，正當遇時立功，以承先緒。乃溺於奸計，自取誅族。聖上念爾祖之功，凡爾在京諸弟俱留原職，如舊豢養。復遣爾弟聚忠招撫，不得前進還京。今大兵屯仙霞嶺，長驅直入，攻破浦城。浦城乃閩省財賦要地，咽喉先塞，糧運不通，建寧、延平，旦夕可下。與其引頸受戮，不如率眾歸誠，仍受王爵，保全百萬生靈，況鄭經與爾有仇，爾當助大軍，進剿立功，何久事仇人為？」耿精忠得信，遲疑未決，這時傑書率清軍已攻克建陽，進圍延平，精忠震懾無措，遂派其子耿顯祚到傑書軍前，獻吳三桂所賜之總統印綬，並殺福建總督范承謨以滅口，然後出降清軍。其東路指揮官曾養性在溫州聽說後，亦以溫州降清。至此耿藩浙、閩之亂平定，時在康熙十五年（西元一六七六年）十月。

當時廣西為孫延齡叛軍所據。孫延齡是孔有德女兒孔四貞的丈夫，最初被封為和碩額駙、內輔政大臣。順治十七年（西元一六六〇年）被封為鎮守廣西將軍，不久又晉升為上柱國光祿大夫。吳三桂反叛後，朝廷認為廣西與雲、貴相鄰，遂封孫延齡為撫蠻將軍，命其就地防守。康熙十三年二月，孫延齡響應吳三桂叛軍，自稱安遠大將軍，吳三桂則加封他為臨江王，當時廣西各地皆叛，惟獨提督馬雄據柳州不從，不久三桂出兵廣西，馬雄則以廣西降，三桂任命他為東路總管，孫延齡因此與馬雄不和。有一個叫傅宏烈的人，曾當過廣西知府，因告發吳三桂生活奢侈事，被朝廷以誣陷罪貶謫到蒼梧（今中國廣西蒼梧縣），三桂舉兵反叛時，知道他的才能，便派人說服他反叛，宏烈表面上接受三桂將軍之職，私底下卻想為朝廷恢復兩廣，他知道孫延齡與馬雄有隙，便擴大他們之間的猜疑而加以利用。遂先去說服孔四貞不要忘記朝廷恩德，然後向延齡曉以利害與大義。延齡派傅宏烈東行聯絡清軍，使宏烈得以率兵出廣西，爾後傅宏烈傳檄聲討吳三桂之叛亂，並跟隨尚可喜收復肇慶，迎清軍自江西進入廣東。三桂知道被宏烈欺騙後憤恨不已，下令馬雄在柳州殺害宏烈一家。宏烈遂建議清軍說：「王師但進廣東為聲援，則廣西一面，宏烈可獨當之。但當假以虛銜，並頒各土司印，以便號召。」清廷當即任命宏烈為廣西巡撫、撫蠻滅寇將軍，准其招募義勇，便宜行事，並令莽依圖等分兵助之。但兵力一下子難於集中，宏烈便派人勸孫延齡趁早歸降，馬雄探聽到這一消息後，立即上報吳三桂，說孫延齡有異志，趕快想辦法對付他。康熙十五年（西元一六七六年）十二月，吳三桂派從孫吳世琮率軍進入桂林，捉住孫延齡，將孫殺死。孔四貞因為是吳三桂義女的關係，被送到雲南，讓她在那裡籠絡吳三桂軍。傅宏烈聞孫延齡已死，認為桂軍多有可招撫者，便不再等待清軍的援助，獨自率軍進入廣西，襲取梧州、潯州（今中國廣西桂平縣），成為吳世琮在廣西的勁敵。後來馬雄死，宏烈說服馬雄的兒子馬承蔭率部降清。這時三桂已失去廣西一帶。

康熙十六年（西元一六七七年），吳三桂原先占有的陝西、福建、廣東、廣西、江西、浙江已先後為清軍收復，其所據之地僅有湖南、雲南、貴州、四川四省。康熙十七年（西元一六七八年），清廷命清軍專攻湖南，以動搖吳三桂的根本。清將穆占率軍進攻茶陵，收復湘東十三縣；清將軍岳樂連克瀏陽、平江，三桂的水師將軍林興珠在湘潭投降。湖南的東北部為清軍所有。

康熙十七年（西元一六七八年），吳三桂的處境越來越困難。由於他自起兵以來，東西調撥，用度浩繁，各地賦稅不足以供軍需，財用漸竭，情勢緊迫。三桂擔心四方見輕，將士們因此反叛，便告訴部下們他要登基，自稱皇帝。三月初一日，登壇即位，國號曰周，建元昭武，並以衡州（今中國湖南衡陽）為都，置百官，封諸將，造新曆。殿瓦來不及換成黃色，便用黃漆塗上，朝房不夠用，便造草舍萬間充當。同時下令雲、貴、川、湘舉行鄉試，以籠絡人心。結果恰恰相反，吳三桂取消復明口號自立為帝，則更加失去民心。

三桂稱帝後，認為永興乃衡州門戶，現在被敵人占據，遂調集大將馬寶、王緒、胡國柱等率部全力攻擊永興，一舉殲滅都統伊里布之軍。清統領碩岱據城死守，城牆被炮摧毀，用裝土的袋子補修，力戰二十日，數次瀕危。清揚威大將軍喇布龜縮茶陵，不敢增援。將軍穆占自郴州來援，為叛軍擊敗。八月，永興城漸漸不支。恰在這時，吳三桂得暴病而亡，叛軍乃自動解圍而去。

吳三桂死後，諸將擁立其孫吳世璠為帝，改元洪化。因不敢留在衡州而退居貴陽。於是清軍士氣大增，安親王岳樂在湖南，廣西巡撫傅宏烈、莽依圖在廣西，平涼提督王進寶、陝西提督趙良棟在四川，都連戰皆捷。至康熙十八年（西元一六七九年）清軍收復了岳州、澧州、衡州、永州等地，吳國貴、夏國相、吳世琮、王屏藩等叛軍大將先後戰死。清軍節節逼近雲貴，迫使吳世璠退居一隅。康熙十九年十月，清將彭泰率湖南之軍由平越（今中國貴州省貴定縣東北）前進貴陽，吳世璠逃奔雲南。康熙二十年正月，貴州全省收復。二月清貝子賴塔率廣西之軍入滇，與湖南之軍會師於曲靖，進攻昆明。吳世璠派其將郭壯圖率步騎數萬及象隊迎戰於三十里外。清軍左右夾擊，激戰至午，五戰五進，不分勝負。忽然叛軍象陣大亂，自踏其軍。清軍乘機以勁騎衝之，叛軍大敗而逃。清軍一直追到城南歸化寺，遂相戰於城下。清軍作長圍數十里，昆明危急。吳世璠派人召外地兵將回救，清軍分別追擊攔阻，叛軍將領或死或降，無一至昆明城外者。吳世璠又寫信給西藏達賴喇嘛，許以割地，請其出兵。信為清軍所獲，亦不得達。四月，清軍趙良棟部自四川南進昆明，與湘、粵軍聯合攻城，吳世璠率眾死守。十月，昆明城中糧食已盡。其南門守將開門投降，昆明城陷。吳世璠服毒而死，時年十六歲。至此，長達八年時間的三藩之亂平定。

吳三桂發動三藩之亂，禍及十省，時達八年，給江南人民帶來深重的災難。縱觀吳三桂一生，本是明季守邊重將，但為一時之憤，竟叛明降清，甘當清朝鷹犬，殘酷屠殺義軍；後來割據一方，驕奢淫逸，野心勃勃，竟至策動叛亂，自立為帝。從中可以看出，其所作所為，皆以利己動機為出發點，根本不以國家民族利益為重，所以他完全是一個憑藉武力、謀取私利的大軍閥、大野心家。就軍事而言，吳三桂雖戎馬一生，但不過是一勇之夫而已。他胸無大志，腹無韜略。起兵反清，卻不知北進中原，打擊清軍主力，致使良機頓失；既然以復明為反清之政治號召，就該擁立明室後裔為帝，但卻自立為帝，野心暴露，喪失軍心民心，結果難逃失敗命運。康熙皇帝為鞏固中央集權，維護國家統一，選準時機，先發制人，斷然實行削藩。三藩亂起，能沉著鎮靜，運籌帷幄，指揮若定，斬奸細於朝中，發大兵於京外，南征北討有條不紊，政治爭取、軍事打擊，兩相結合運用自如，最終取得平叛勝利。削平三藩後，又採取一系列措施，限制軍閥割據勢力發展，鞏固了多民族國家的統一。因此，康熙皇帝堪稱一代明主。

袁世凱專權竊國

康熙皇帝平定三藩之亂後，清王朝保持了較長時間的統一和穩定，史稱「康乾盛世」。嘉慶皇帝即位，清王朝開始逐漸衰敗。隨後之道、咸、同、光四朝，則更加腐朽不堪，外患接踵，內憂不斷，清政府已處於風雨飄搖之中。西元一九一一年，孫中山領導的資產階級民主革命，推翻清王朝，建立了中華民國，然而革命果實很快被袁世凱所篡奪。從此開始了近二十年的北洋軍閥的黑暗統治。這期間，不分東南西北、春夏秋冬，都是一年三小仗，三年一大仗，戰火連綿、兵災不斷，中華大地百孔千瘡，黎民百姓因而陷於水深火熱。而造成這種軍閥長期混戰局面的罪魁禍首就是袁世凱。

袁世凱，字慰亭，號容庵，清咸豐九年（西元一八五九年）八月二十日生於河南省項城縣一官宦之家。其叔祖袁甲三是清朝的漕運總督；其父袁保中是當地的大紳士；伯父袁保緒是清天津海關道員；叔父袁保慶是清江南道員。在這樣的家庭中，袁世凱從小養成了放蕩不羈、鑽營投機的性格，後來兩次科場考試，皆名落孫山，便決心棄筆從戎，以武功立身，另尋出路，自我安慰道：「大丈夫當效命疆場，安內攘外，豈能齷齪久困筆硯間。」不久就跑到天津，投奔其伯父袁保緒，袁保緒將他推薦給自己的好友、淮軍將領吳長慶處任幕僚。西元一八八二年，朝鮮發生「壬午政變」。當時大清帝國還是朝鮮的宗主國，為幫助朝鮮統治者鎮壓起義，同時阻止日本「借事居功問罪，得肆要挾之謀」，清政府派吳長慶率清軍六營赴朝，袁世凱也隨軍前往。是年十月，袁世凱因鎮壓朝鮮兵變有功，受到了清政府「以同知分發省份，前先補用，並賞戴花翎」的獎賞，其後袁世凱又投到李鴻章的門下，李鴻章稱讚他「此子有為，可塑為大才。」一八八四年四月，李鴻章奏薦袁世凱為「總理營務處，會辦朝鮮防務。」因此他成為駐朝清軍要人。

這時朝鮮東學黨發動叛亂，袁世凱在奏請李鴻章派兵輪東來的同時，自行決定率清軍一千人，闖入朝鮮王宮，「保護國王」，並與支持朝鮮叛亂的日軍展開槍戰，迫使日軍自焚駐朝使館後撤回日本。然而袁世凱此次「立功」，非但沒有受到朝廷獎賞，卻被清政府以「擅開邊釁」的罪名查辦，幸好有李鴻章從中保護，才得以免受懲處。西元一八八五年七月，沙皇俄國染指朝鮮，企圖把朝鮮納為其保護國。為維護中朝「宗藩」關係，李鴻章極力保薦袁世凱為駐朝鮮總理交涉通商事宜的全權代表，並以知府分發，加三品銜。袁世凱對李鴻章感激涕零，立即上書表忠心說：「卑府才力駑下，深懼弗克勝任，惟有仰賴聲威，敬謹從事，以期下不負委任至意。」此時袁世凱已成為清朝重臣，更加不可一世。西元一八九四年，中日甲午戰爭爆發，袁世凱電請李鴻章出兵朝鮮，為此曾親自回京，面報軍情。結果甲午之戰，清軍失敗，李鴻章開始失勢，而袁世凱則見風轉舵，立即去攀附慶親王奕劻、榮祿等人，被任命為直隸按察使，擔負起保衛京津的重任。

當時的清政府鑑於甲午中日戰爭之敗，舊軍隊腐朽不堪，對外不足以抗拒列強之侵略，對內不足以鎮壓人民之反抗，清王朝統治已岌岌可危，遂下決心編練新軍，而編練新軍的歷史重任又偏偏落到袁世凱的頭上。西元一八九五年十二月八日，清政府命袁世凱去天津接管定武軍七千人，作為改練新軍的基礎。袁世凱訓練新軍，雖然在表面上參照歐洲軍制，講究西法洋操，但在骨子裡卻繼承曾國藩、李鴻章的衣缽，以封建宗法關係來部勒屬下，將「新建陸軍」訓練成一支「兵為將有」、「絕對服從命令」的軍閥部隊。正像他自己後來所說的：「練兵的事情，看起來似很複雜，其實也很簡單，主要的是練『絕對服從命令』。我們一手拿著官和錢，一手拿著刀，服從就有官有錢，不服從就有刀吃。」官、錢、刀並用，這就是袁世凱練兵的奧祕，也是他發跡後拉攏親信、培植黨羽的祕訣。

所以，袁世凱一到天津小站，第一件事就是網羅一批死黨。首先把自己的老朋友徐世昌請來當參謀營務處總辦；將唐紹儀、阮仲樞找來當文辦；又從北洋武備學堂畢業生中找來了馮國璋、段祺瑞、王士珍充當教官；另外還收羅一些小站舊人，如王懷慶、段芝貴、曹錕、陳光遠、張懷芝、盧永祥、雷震春、田中玉、孟恩遠、陸建章等，及一些老兵老將姜桂題、張勳、倪嗣沖等，初步拼湊了新建陸軍的班底。後來又加進了趙秉鈞、梁士詒、胡惟德、楊士琦等文人墨客。袁世凱為了把這些人收羅為自己的私黨，採取了不同的籠絡手段。對於武職人員，特別是對頭腦簡單的舊軍將領，主要採用收義子、門生、封官許願、小恩小惠、金錢收買等手段。如將段芝貴收為乾兒子；段祺瑞的妻子死了，就將自己的乾女兒張佩蘅送給段作繼室；後來馮國璋的妻子死了，他又將自己的家庭教師周道如嫁給馮作繼室。至於武備學堂出身的，他一律視為自己的學生。同時他還指使其長子袁克定與各將領結為義兄弟。每當逢年過節，或遇有婚喪喜事，他都要給這些將領一些特殊的照顧。這樣袁世凱屬下的北洋將領，不是他的義子，就是他的學生，或是他兒子的義兄弟，從而把本屬於國家的軍隊，變為私家的軍隊。

袁世凱籠絡部下的手段是無所不用其極，有一次袁世凱的文案阮仲樞在天津某妓院結識妓女小玉，二人情投意合，阮欲納之為妾，袁世凱知道後，大發雷霆，當面嚴斥說：「朝廷命官，新軍將領，納妓女為妾，有礙聲譽。」阮仲樞挨了一頓訓斥，心中鬱鬱不樂，但也敢怨而不敢言，只好作罷。事過之後，袁世凱馬上命人祕密將小玉贖出，併購置了豪華房舍及家具，一切準備妥當，袁叫阮來津一遊，阮仲樞不明就理，便隨袁走進一處深宅大院中，只見裡面鋪陳異常華麗，堂上紅燭高照，大紅喜字，高高掛起，屋內人來人往，各個喜氣洋洋，像是誰家在辦喜事。阮仲樞此時心中暗暗叫苦，不禁埋怨袁大人事先不把情況說清楚，連份禮物都沒準備，一會兒主人出來，兩手空空，該作何解釋。正在這時奏起喜樂，一盛妝麗人緩步而出，司儀將阮拉到大紅喜字下拜起天地。阮仲樞仔細一看，新人正是自己朝思暮想的小玉，這才明白袁世凱的一番苦心。從此對袁世凱更加死心塌地，鞍前馬後，未有半點不忠。

袁世凱對部下封官許願，也有自己的高招。西元一九〇二年，他將新建陸軍擴大為北洋新軍，相繼成立了三個協（旅），在選拔協統時，他強調採取考試辦法，選賢任能，不偏不倚，結果第一次考取了王士珍，第二次考取了馮國璋，而段祺瑞卻接連兩次都未考上，第三次考試前夕，段心中十分緊張，擔心再次名落孫山，非但臉面丟盡，而且再也沒有升遷的希望了，故此終日悶悶不樂，臨考試的前一天晚上，袁突然將段叫去，東拉西扯地閒談一氣。當段告退時，袁塞給他一張紙條。段祺瑞心中納悶，匆匆趕回家中打開一看，原來是第二天考試的試題，這一次段果然以第一名的成績被任命為第三協的協統。段對袁的垂顧，自然感恩戴德，沒齒難忘，多年之後段對馮國璋、王士珍談及此事，二人哈哈大笑，原來他們也是這麼考上的，由此可見袁世凱之心機，對於武將是這樣，而對於文臣，則又是另一種伎倆。徐世昌早年流落河南淮寧，在一家蒙館中教幾個小孩讀書，窮困潦倒，後來結識了袁世凱，袁資助他進京應試，先後考中舉人和進士，被任命為翰林院編修，袁見徐在翰林院官小職卑，俸祿低微，便將其調到天津小站任幫辦，以後又多次保薦，使徐步步高升，徐因此把袁視為知音，加入了袁的北洋集團，成為袁的主要謀士。廣東香山人唐紹儀在天津海關任職期間與袁世凱相識，交流頻繁、意氣相投。西元一八八五年袁任駐朝鮮總理交涉通商事宜全權代表後，即邀唐去朝幫辦稅務，西元一八九四年甲午戰爭爆發前，袁世凱回國，又將其總理朝鮮交涉通商大臣的關防印信交唐保管，使唐對他十分感激，曾以朝鮮海關巨款接濟袁，袁在小站練兵後，立即委任唐為新建陸軍營務處幫辦。以後袁世凱調任山東巡撫、直隸總督時唐均追隨其左右。河南臨汝人趙秉鈞早年曾在一官宦人家當書僮，此人雖出身低微，但野心很大，有人問他姓名，他說是百家姓上第一家；問他生日，他說是正月初一子時生。他取名秉鈞，意為主持一國之政，字號智庵，意為滿腹經綸，包藏智慧，由於他辦事幹練，又善於迎合，故很受袁世凱的青睞，被袁破格提拔為天津巡警道。後來袁世凱就依靠這些人組成了北洋軍閥的政治班底。

袁世凱為了實現自己的政治野心，不僅利用各種手段網羅軍事和政治班底，而且千方百計地在朝廷尋找靠山。他除早年拜在李鴻章、榮祿等權臣腳下外，隨著官職的升遷，又極力去討好慈禧太后和滿清王公大臣。西元一九〇〇年八國聯軍攻破北京，慈禧太后挾光緒皇帝逃往西安。一路上顛沛流離，忍飢挨餓，袁世凱認為這是巴結慈禧的極好機會，立即送去十萬兩白銀供奉西太后，隨後又截留安徽、江蘇解往北京的十六萬兩餉銀送往慈禧所在之處，慈禧逃到西安後，袁又派人送去二十一萬兩白銀、兩百匹貢緞和其他許多物品。西元一九〇一年慈禧率逃官自西安返京，袁世凱先是派張勳帶兵前往護駕，然後又派姜桂題到河南迎駕，十二月下旬，當慈禧一行將要抵達直隸省界時，袁世凱又親自趕到省界恭候聖駕，當他看見慈禧的車駕，立即俯伏道旁，跪請聖安，並放聲大哭起來，按照清王朝的規矩，只有皇帝「駕崩」、皇后歸天時，臣下才能向即位皇帝哭泣，眾人見袁世凱哭駕，無不替他捏一把汗，誰知當慈禧問他為什麼哭泣時，袁世凱卻抽抽噎噎地說：「臣見陛下如此清瘦，痛切於心，不覺失禮。」這句話觸到慈禧內心的痛處，自己也難過一陣子，流下幾滴眼淚，不但沒有怪罪袁世凱，反而親切地對袁說：「好孩子，你起來，總算菩薩保佑我們，今天又和大家見面了。」接著又對左右大臣誇獎袁世凱說：「你們瞧，這才是真正的大忠臣！」從此慈禧對袁世凱更是寵愛有加。

袁世凱不僅對慈禧處處表現出「孝心」，而且對慈禧所寵信的王公大臣、太監也極盡賄賂、討好之能事。西元一九〇三年，奕劻剛升任軍機大臣，袁立刻派心腹幕僚楊士琦送去一張十萬兩的銀票，奕劻原來就是一個貪官，見著銀票，嘴上說「不可，不可！」，但手已把銀票接下，楊士琦趁機湊到奕劻耳邊，小聲說道：「這只是慰亭給王爺您上任時的零花錢，以後孝敬王爺的日子還長著呢！」以後每到逢年過節或奕劻家有婚喪之事，袁世凱必定要送去一份重重的厚禮。據說袁世凱前後賄賂奕劻的白銀達四十萬兩之多。此外，對其他王公大臣，袁世凱也不放過，不是拜為義兄弟，就是結為兒女親家。

更為可悲的是，為了政治上的需要，他還不遺餘力地去討好太監總管李蓮英，並卑躬屈膝地與慈禧的貼身小太監馬賓廷結為兄弟，給予重金賄賂，利用他們刺探朝中消息，打通關節，有了這些人的援引和保薦，袁世凱除自己步步高升外，還將他的北洋班底中的軍閥、政客逐步安插到朝廷和各省區的重要崗位上，從而控制了朝廷政治、軍事和經濟大權。如徐世昌先後任練兵提調、軍機大臣、巡警部尚書、東三省總督、郵傳部尚書和內閣協理大臣等要職；唐紹儀歷任外務部侍郎、滬寧及京漢鐵路總辦、郵傳部侍郎、尚書、奉天巡撫等職；趙秉鈞歷任民政部侍郎、尚書等職；梁士詒歷任京漢及正太等五路總提調、交通銀行幫理和郵傳部大臣等職；馮國璋、段祺瑞、王士珍分別擔任了軍學司、軍令司和軍政司的正使，以及第一軍跟第二軍的總統、提督和陸軍部大臣等要職。這樣，袁世凱及其私黨最終形成一個尾大不掉、敢於同清廷分庭抗禮的軍閥集團。

袁世凱一手揮舞著官和錢，另一手卻揮舞著雪亮的軍刀。早在西元一八八二年駐軍朝鮮時，他就曾以整肅軍紀為名，將七名無辜士兵正法，充分暴露了他虐殺成性的軍閥本色。正如當時有人寫詩諷刺的那樣：「本是中州偽秀才，中書借得不須猜。今朝大展經綸手，殺得人頭七個來。」西元一八九六年四月，他在天津小站練兵才幾個月，便擅殺了軍營外賣菜的老百姓，為這事他曾受到御史胡景桂的揭發，險些丟了官職。更有甚者，西元一八九八年戊戌變法，他表面上擁護變法，被康有為引為同志，但當光緒皇帝下密詔讓他誅殺榮祿，率軍進京，捕殺後黨時，他毫不猶豫地向慈禧告密，致使變法失敗，譚嗣同、楊銳、林旭、劉光第、楊深秀、康廣仁六君子血染菜市口，而他自己卻踏著烈士的血跡，跑到慈禧太后那裡邀功領賞去了。在袁世凱羽毛尚未豐滿的時候，他一方面在主子面前，儘量把自己打扮成溫順的走狗，時時處處表現出一副搖尾乞憐的奴才相；另一方面對妨礙自己的人，又像一條兇殘的惡狼，瞪著血紅的眼睛，兇狠地撲向獵物，即使是親朋好友，他也絕不會手下留情的。這就是近代中國歷史上的袁世凱。

袁世凱為了實現其政治上的野心，除採取籠絡部屬、巴結權貴等措施外，還拚命擴大自己的私人軍隊。本來他剛開始在小站練兵時，只有新軍七千人。西元一九〇一年袁世凱接任直隸總督兼北洋大臣，隨即對新建陸軍進行改革，進一步擴大軍隊規模，他首先將軍權集中於參謀、教練、兵備三處，任命段祺瑞為參謀處總辦，馮國璋為教練處總辦，王士珍為兵備處總辦，王英楷為總參議。其次是設立常備軍，改募兵製為徵兵制。

常備軍的編制為鎮，每鎮轄步兵兩協，每協兩標，每標三營，每營四隊；另設騎兵一標，每標三營；砲兵一標，每標三營；工程兵一營；輜重兵一營。全鎮人員共有一萬兩千五百一十三名。西元一九〇四年，袁世凱設立北洋六鎮：第一鎮，駐京北，以何宗蓮為統制官；第二鎮，駐直隸遷安，王英楷為統制官；第三鎮，駐直隸保定府，段祺瑞為統制官；第四鎮，駐直隸馬廠，統制官為吳長純；第五鎮，駐山東濟南，統制官吳長純（西元一九〇五年）；第六鎮，駐京師南苑，統制官為王士珍。六鎮總兵力為七萬四千五百餘人。西元一九〇七年，清政府決定在各省普建新軍，計畫擴建新軍三十六鎮，直至武昌起義前夕，實際上只編了十四個鎮、十八個混成旅、四個標及一支禁衛軍，總計十三萬一千八百餘人。這樣隨著北洋軍事力量的不斷擴張，天津小站的軍人遍布全國，以小站系統為核心的北洋軍閥集團，遂成為長期把持中央政權、割據地方的龐大的軍事力量，幾乎掌握了整個中國的命運。而袁世凱這個「北洋軍閥之父」，就是憑著北洋集團而登上中國政治舞台的巔峰。

西元一九〇八年，光緒皇帝、慈禧太后相繼死去，年僅三歲的溥儀登基，是為宣統皇帝，朝政則由隆裕皇太后和攝政王載灃主持。他們見袁世凱手握重兵，專橫跋扈，陰險毒辣，遂解除袁的直隸總督、北洋大臣的職務。袁世凱被趕下台後，雖退居河南彰德，但仍操縱著北洋六鎮，暗中窺測時機，以達到掌握權力的目的。西元一九一一年十月十日，武昌起義爆發，打響了辛亥革命的第一槍。清政府派蔭昌率馮國璋的第一軍前往漢口鎮壓革命軍，袁世凱知道這是一個千載難逢的好機會，於是祕密聯絡馮國璋，命令馮在孝感、信陽一帶按兵不動，坐觀事態變化，而在清廷的內閣會議上，徐世昌聯絡奕劻、那桐公開提出起用袁世凱的主張，在袁氏私黨內外逼迫的情況下，清廷被迫起用袁世凱，任命他為湖廣總督，督辦對武昌起義的剿撫事宜。十月十四日，清廷發布了起用袁世凱的上諭後，阮仲樞、趙秉鈞、張錫鑾等袁氏親信，頻頻往來於北京與彰德間，與袁世凱密謀對策。結果，袁世凱一面上表對清廷的起用「彌增感激」，一面以「足疾未癒」為藉口，遲遲不動，要挾清廷給予更大的權力，這時清攝政王載灃見袁世凱不肯出山，而辛亥革命的烈火已燃遍全國，急得像熱鍋上的螞蟻一般，無奈只好請徐世昌到彰德勸袁，徐世昌一到彰德便與袁世凱商定了要挾的六項條件：即明年開國會、組織責任內閣、寬容武昌黨人、解除黨禁、給予指揮大權、撥給充足軍費。徐世昌回到北京後，卻假惺惺地對奕劻說：「慰亭太不像話，好像沒有他就不行了，以後別再去找他了。」奕劻連連追問：「慰亭是怎麼說的，快講呀！」徐世昌這才講出了袁世凱的六點要求，這六條的核心就是要給予袁世凱一切軍政大權，載灃對袁世凱的要挾，雖然十分不滿，但眼看清朝大廈行將傾覆，便不得不接受這些要求，遂於十月二十七日任命袁為欽差大臣，節制調遣全國陸海軍，袁世凱軍權到手後，「足疾」也好了，「舊症」也不發作了，頭也不眩暈了，表示完全聽從朝廷「調遣」，終於從河南老家出山，當即命令北洋軍迅速出擊，去撲滅南方的革命烈火。十一月一日，馮國璋率軍攻占了漢口。與此同時，袁世凱也以迅雷不及掩耳之勢，先後平息了石家莊、太原、灤州的新軍起義，一躍而成為挽救清王朝的元勛和巨匠，清廷不負所言，遂於北洋軍攻占漢口的當天，宣告解散「皇族內閣」，任袁世凱為總理大臣。十一月八日，資政院根據新頒布的憲法條款，再推舉袁為內閣總理。十三日，袁世凱北上進京組閣。十六日袁氏內閣成立，閣員大多數是他的親信黨羽和老友。袁世凱為將中央軍權牢牢掌握在手中，又採取軟硬兼施的辦法，逼迫載灃交出「監國攝政王」大印，逼隆裕太后申明「親貴不得干預政事」的家法。隨後，袁世凱又調馮國璋入京，接管了由載灃控制的禁衛軍。至此，袁世凱以北洋軍為後盾，攫取了清廷的全部權力，成為清王朝唯一的實權人物，而隆裕太后及小皇帝溥儀則成為名副其實的傀儡。

袁世凱當上內閣總理後，立即下令停止向武昌進攻，同時派出劉承恩、蔡廷乾等人多次過江與革命軍首領晤談，企圖達到一箭雙鵰的目的，一方面壓迫清政府向他交出全部政權，另一方面想要革命派向他屈服投降，當他得知黃興關於讓他當第一任總統的許諾以後，即正式派唐紹儀為和談總代表，與革命軍代表伍廷芳進行談判，正當袁世凱順利實行「國民會議」計畫，做著總統美夢的時候，孫中山從海外歸來，並當選為中華民國臨時大總統。袁世凱這一氣非同小可，立即下令唐紹儀停止和談，同時指使馮國璋等四十八位北洋將領，聯名通電，反對民主共和，隨後下令北洋軍對武漢民軍進行猛烈炮擊，在北洋將領的武力恫嚇下，資產階級革命黨人紛紛逼迫孫中山讓步，孫中山不得不於西元一九一二年一月二日通電表示「不忍南北戰爭，生靈塗炭」，願意重開談判，這樣南北和談代表於一月八日重新會談，至一月下旬達成協議：只要清帝宣布退位，袁世凱「絕對贊成共和主義」，孫中山即宣布辭職，推舉袁世凱為臨時大總統繼任人。

袁世凱在得到革命黨人的保證之後，便唆使其黨羽上演了一場「逼宮」的鬧劇。一月十九日，在御前會議上，趙秉鈞、胡惟德、梁士詒三人統一口徑，說：「人心已去，君主制度恐難保全」，建議由袁世凱在天津組織臨時政府，取代清王朝。當他們的主張遭到清朝王公大臣們反對時，趙秉鈞勃然大怒，全然不顧君臣之禮，對隆裕太后大吼大叫道：「今天開會，明天開會，議來議去，議而不決。」說完拔腿就走，胡、梁二人也跟著拂袖而去，把隆裕太后嚇得目瞪口呆，不知所云，這時北洋之虎段祺瑞也連連致電清廷，進行威脅，說清廷再阻撓共和，部隊將立即暴動。一月二十六日，段祺瑞聯合四十九名北洋將領發出通電，要求清廷「明降諭旨，宣示中外，立定共和政體」，否則將「率領全軍將士到京，與敗壞大局之王公大臣剖陳利害」同時袁世凱還授意清駐俄公使陸征祥聯合各駐外公使聯名電請清帝退位。

這樣在內外夾攻下，隆裕被迫於二月十二日發表遜位詔書：「朕欽奉隆裕太后懿旨：前因民軍起事，各省響應，九夏沸騰，生靈塗炭，特命袁世凱遣員與民軍代表討論大局，議開國會，公決政體。兩月以來，尚無確當辦法，南北暌隔，彼此相指，商輟於途，士露於野，徒以國體一日不決，故民生一日不安。今全國人民心理多傾向共和，南中各省既倡議於前，北方諸將也主張於後，人心所向，天命可知，予何忍因一姓之尊榮，拂兆民之好惡。用是外觀大勢，內審輿情，特率皇帝將統治權公諸全國，定為共和立憲國體。近慰海內厭亂望治之心，遠協古聖天下為公之義。袁世凱前經資政院選舉為總理大臣，當茲新舊代謝之際，宣布南北統一之方，即由袁世凱以全權組織共和政府，與民軍協商統一辦法。總期人民安堵，海宇乂安，仍合漢滿蒙回藏五族完全領土為一大中華民國，予與皇帝得以退處寬閒，優游歲月，長受國民之優禮，親見郅治之告成，豈不懿歟！欽此。」就在宣統皇帝退位的同一天，袁世凱公開致電孫中山，稱：「共和為最良國體，世界所公認，今由帝政一躍而躋及之，實諸公累年心血亦民國無窮之幸福。大清皇帝既明詔辭位，業經世凱署名，則宣布之日，為帝政之終局，即民國之始基。從此努力進行，務令達到圓滿地位，永不使君主政體再行於中國。」云云。二月十三日，孫中山亦通電辭職，推薦袁世凱為臨時大總統候選人，並經臨時國會一致通過而當選。在北洋軍閥、官僚們的密切配合下，袁世凱終於竊奪了辛亥革命的勝利成果。

袁世凱竊取辛亥革命成果，騙得總統大權後，立即擴充北洋軍，準備以武力消滅革命勢力。他將原新軍九個師十一萬人、巡防營四萬人，擴大為新式陸軍十二個師另十六個混成旅，約計二十二萬人，再加上舊巡防營軍和東北張作霖軍共計三十餘萬人。此時革命黨人以為取消帝制，實現共和，革命成功，內部呈現出四分五裂的狀態，以宋教仁為首的國民黨人熱衷於議會選舉，放棄了節制資本、平均地權等革命綱領，完全喪失了原有的革命精神，以黃興為代表的革命軍領袖竟大刀闊斧地遣散各省的民軍，將東南四省的二十五個師，裁掉了二十個師；將湖南的五個師全部編遣；湖北民軍的八個師另兩個混成旅亦被裁編為三個師又兩個旅，這些都使革命勢力大為削弱，並給了袁世凱大肆鎮壓革命了條件。

西元一九一三年三月二十日，袁世凱派人暗殺了國民黨領袖宋教仁，完全暴露了其真正的反革命嘴臉，孫中山聞訊後立即從日本返回上海，召集黨內主要領導人商討對策，決定對袁進行討伐。五月六日，袁世凱下達了一道「除暴安良」的命令，準備對革命派進行反撲。七月十二日，江西都督李烈鈞宣布獨立，並組織討袁軍；黃興在南京宣言討袁；孫中山發表討袁宣言。七月二十三日，袁世凱宣布通緝孫中山，至此二次革命爆發，孫中山任命李烈鈞為江西討袁軍總司令，以黃興為江蘇討袁軍總司令。而袁世凱也兵分兩路：第一路由軍長段芝貴率王占元、李純兩師出湖北，進攻江西；第二路軍司令馮國璋率張勳、雷震春等部攻打南京，在江西方向，李烈鈞指揮歐陽武、方聲濤等部，同段芝貴的北洋軍展開激烈戰鬥，八月十八日，因討袁軍內部叛亂，李被迫放棄南昌，率殘部退往湖南。江蘇方向，討袁軍守衛徐州的第三師，在張勳的猛攻下棄城而走。馮國璋率部乘勝渡江，黃興等不戰而走。其他地方的討袁軍均未獲勝，所以二次革命不過一個多月，就被袁世凱鎮壓下去。

袁世凱在鎮壓「二次革命」後，乾脆一不做，二不休，先用武力逼迫國會「選舉」其為正式大總統；緊接著下令解散國民黨、解散國會；後來又召集約法會議修改約法，制定出終身總統制的新條款，作為他成為終身總統的法律依據。這樣袁世凱終於建立起以北洋軍為後盾的軍事獨裁統治。但袁世凱這時仍不滿足，又終日思量著如何恢復帝制，好南面登基，建立起袁氏朝廷，為此他竟敢冒天下之大不韙，承認日本旨在滅亡中國的二十一條，以換取日本支持其登上皇帝寶座。同時還指使親信，到處煽風點火，大造帝制輿論，一時間，籌安會、請願團鬧得滿城風雨，萬言書、勸進信搞得烏煙瘴氣，袁世凱的長子袁克定甚至讓她的愛妾花元春（妓女出身）組織北京妓女上街遊行，以此反映「百姓」要求袁世凱登基的意願，帝制鬧劇愈演愈烈，各種醜態無所不及，在做好各種準備之後，袁世凱完全違背當初向革命黨許下的諾言，堂而皇之地龍袍加身，於西元一九一五年十二月十二日登上大寶，自稱洪憲皇帝。

儘管孫中山領導的資產階級民主革命未能澈底消滅封建勢力，但他所締造的中華民國已深入人心，因此袁世凱擅改國體、帝制自為的所作所為，必然激起全國人民的反對，終於導致了一場轟轟烈烈的反袁護國戰爭。西元一九一五年十二月二十五日，蔡鍔、唐繼堯、李烈鈞、戴戡、任可澄等通電全國，宣布雲南獨立，並組織護國軍，討伐袁世凱。蔡鍔、唐繼堯、李烈鈞等舉起反袁大旗後，即將雲南部隊整編為三個軍，蔡鍔任第一軍總司令，由雲南進入四川，占據長江上游，以控制西南各省；另聯絡貴州劉顯世採取共同行動，派軍進入湖南，進窺湖北，與入川之護國軍構成川、黔、湘犄角之勢。李烈鈞為第二軍總司令，率部進入廣西，由梁啟超前往廣西遊說陸榮廷獨立，使其進軍廣東，迫龍濟光起義；然後李再率部進駐粵北，進兵江西，經略東南沿海各省。唐繼堯為第三軍總司令，率部留守雲南，作為預備隊。

袁世凱對南方人民反對封建帝制的活動早有戒備，在搞垮二次革命後，即派北洋軍盧永祥第十師進駐上海；李純第六師進駐江西；王占元第二師進駐湖北；另以曹錕率北洋主力第三師進駐岳陽，配合湖南之湯薌銘扼制兩廣。另以劉冠雄率北洋海軍和陸軍一個旅進駐福建，廣東則駐有堅決反對革命的龍濟光巡防營舊軍。因此，當蔡鍔等在雲南起兵後，袁世凱認為滇黔兩省地瘠民貧，兵力不過三萬，成不了什麼氣候，只要調訓練有素的北洋軍前去鎮壓，就能一舉蕩平，遂派曹錕第三師、張敬堯第七師、李長泰以及第八師、王汝賢旅進入四川，連同先期入川的伍祥禎、李炳之、馮玉祥三個混成旅，以及川軍周駿、劉存厚兩個師，共三萬多人，組成第二路軍，由張敬堯任總司令，重點防守四川方向；另派馬繼增第六師、唐天喜第七混成旅、范國璋第二十師一部及倪毓棻之安武軍，共兩萬餘人，組成第一路軍，由馬繼增任總司令，進駐湘西，重點防禦貴州方向。以上兩路大軍統歸其虎威上將軍曹錕指揮。此外，袁世凱還組編了第三路軍，擬派廣東之龍濟光率濟軍進入廣西，循右江而上，進攻滇南，抄襲護國軍後路，但因種種原因而未能如願。

西元一九一六年一月初，蔡鍔的第一軍分三路向四川進發，一路為劉雲峰的第一梯團，出昭通直趨敘州，這是進攻四川的主攻方向；一路是趙又新的第二梯團，向貴州開進，到達畢節後再根據情況，或向北進攻瀘州，或東下貴陽向湘西發展；另一路是顧品珍的第三梯團，作為後續部隊。當時，袁之四川將軍陳宧得知蔡鍔向四川進軍的消息，即派伍祥禎旅到敘州布防；派川軍劉存厚師以及熊祥生旅布防於瀘州、雷飆旅布防於瀘州前沿之納溪；另派能征慣戰的馮玉祥旅進至內江，策應敘、瀘兩軍。一月十七日晨，護國軍之劉雲峰第一梯團進至川滇交界之新場，與袁軍伍祥禎旅之前鋒接戰。護國軍士氣高昂，人人奮勇，很快將袁軍先頭部隊擊潰，隨即猛攻敵之左右兩翼，伍祥禎率部狼狽而逃，護國軍繳獲敵人大量裝備，乘勝於二十日橫渡長江，占領敘州。護國軍初戰告捷，全軍振奮，蔡鍔遂於二月初組織瀘州戰役，川軍第二師旅長雷飆與蔡鍔系湖南同鄉，又是經蔡鍔介紹到川軍當旅長的，且雷本人亦擁護共和，反對帝制，經蔡鍔派人聯繫，即決定起義，師長劉存厚也在熊克武的策動下，同意投入護國軍，並就任四川護國軍總司令，只有該師另一旅長熊祥生堅決擁袁，據守瀘州，劉便命雷飆率部進攻熊祥生旅，經過數日激戰，瀘州幾乎不守，這時袁軍張敬堯師和川軍周駿第一師陸續開到瀘州，劉存厚率部主動撤退，張敬堯自恃其勇，驕傲輕敵，率部猛追劉軍，進入護國軍的埋伏圈，滇軍占據有利地形，居高臨下，以猛烈火力予袁軍重大殺傷，使其攻勢受挫，被迫退走。二月下旬，護國軍開始轉入反攻，連續突破袁軍三道防線，進至瀘州城下，二月二十四日，蔡鍔集中全軍力量向瀘州發起猛攻，並親率三千名敢死隊員突擊敵軍陣地，戰鬥異常激烈。結果在護國軍炮火的轟擊下，袁軍築成的防禦工事盡毀，死傷纍纍，被迫棄城逃走，三月五日，蔡鍔進入瀘州。

與此同時，在重慶方向，護國軍將領戴戡率黔軍也與袁軍殺得昏天黑地。

原來，蔡鍔率護國軍路過貴州時，曾於一月二十五日進入貴陽。貴州護軍使劉顯世原是唐繼堯所推薦，政治上屬於立憲派，其甥王伯群是國會議員，是國民黨人，而其掌握兵權的另一個外甥王文華，畢業於師範學堂，是當時貴州新派的核心人物，經過蔡鍔、唐繼堯的敦勸和其外甥的推動，劉顯世於二十七日宣布獨立，並將其黔軍一萬兩千人編入護國軍，蔡任命戴戡為第四梯團司令官，統率黔軍，進攻袁軍，並將黔軍編為兩個支隊，一個支隊由王文華率領，前出鎮遠，挺進湘西，牽制兩湖之北洋軍；由戴戡率黔軍熊其勳支隊前出遵義，直搗重慶。二月初，戴戡率黔軍由桐梓出發，十三日進據松坎。翌日拂曉，熊其勳督隊向北洋軍張敬堯部發動猛攻，連續攻占九子盤、青羊寺等戰略要點，十七日晚攻占了萬壽場，二十四日，張敬堯在連吃敗仗的情況下，惱羞成怒，從江津集中大量部隊，反攻青羊寺，企圖抄襲黔軍後路，包圍並吃掉之，二十九日晨黔軍乘濃霧突圍，退回黔境，此後黔軍雖屢次出境，攻擊袁軍，但終因張敬堯調李炳之、劉燮元等旅防守，故重慶未能攻克。其時，王文華所率進攻湘西之黔軍東路軍，由於湘督湯薌銘殺人如麻，湘人恨之入骨，紛紛揭竿而起，積極支持護國軍，故黔軍進展迅速。二月三日，一舉攻克晃縣，隨後黔軍分兵追擊，連克洪江、黔陽、鳳凰、乾縣，爾後合兵圍攻芷江。十三日，芷江城陷。十六日黔軍又乘勢奪取麻陽。王文華黔軍的一連串勝利，加之袁軍前線司令官馬繼增的突然死亡，對袁軍統帥部是一個極大的打擊，遂急忙抽調援軍進行反撲，二月下旬，袁軍新任司令官周文炳率增援部隊萬餘人圍攻麻陽，黔軍與之激戰近一個月後，從麻陽退出，並轉戰湘南，先後奪取武岡、寶慶等地，進而威逼長沙。

四川戰場由於北洋軍的瘋狂反撲，護國軍開始轉入守勢。三月一日，馮玉祥率生力軍五千人圍攻敘州，當時滇軍劉雲峰率主力正在瀘州參加會戰，故敘州只有少數守城部隊，在馮軍的猛攻下，滇軍無法支持，遂於三月三日退出敘州。這時在瀘州方向，張敬堯指揮本部及新到之吳佩孚、王汝賢部，也對護國軍展開攻擊，蔡鍔以瀘城孤懸江右，難以固守，遂將部隊主動撤回江南，在野外與北洋軍展開激戰，在曹錕的親自督戰下，吳佩孚、馮玉祥（從敘州趕來）奮力死戰，於三月七日先後奪取了江安、納溪等城。北洋軍的這些勝利，無疑地給瀕臨垮台的洪憲皇帝打了一針強心劑，袁皇帝急忙傳令嘉獎馮玉祥、吳佩孚、吳新田、熊祥生等作戰有功將領，然而袁世凱高興得太早了，沒過幾天形勢就發生了不可逆轉的變化。三月十五日，陸榮廷發出通電，宣告廣西獨立，並就任兩廣護國軍總司令，同時將袁派到廣西的龍覲光部八千人繳械，這一消息對北洋軍是一個很大的打擊，對護國軍是一個極大的鼓舞。三月十七日，蔡鍔即指揮滇、黔、川護國軍轉入反攻，兵鋒所至，勢如破竹，幾天內就攻下江安、南川、納溪、綦江、彭水等城，張敬堯負傷逃回瀘州，之後袁軍龜縮在幾座孤城之中，再也不敢主動出擊。而廣西方面，陸榮廷解決了龍覲光後，在李烈鈞的配合下，率桂軍主力循潯江東下，直奔廣東，迫使龍濟光宣布獨立，除此之外，陸還派師長秦步衢率部由桂林北上，前出永州，與占領寶慶的黔軍王文華部會合，進攻衡州。至此，護國軍已控制滇、黔、桂、粵全部及川、湘一部，聲勢日益壯大。隨之浙江呂公望、童葆暄，陝西陳樹藩，湖南程潛、譚延闓，廣東陳炯明、朱執信，山東居正、吳大洲等，先後宣布獨立。在四面楚歌的形勢下，北洋軍前線紛紛告急袁世凱雖欲調兵增援，但其北洋舊部張勳、靳雲鵬、倪嗣沖等拒絕派兵，甚至連其小站練兵時的得力幹將段祺瑞、馮國璋，亦都託病不見，最後其親近黨羽陳宧、湯薌銘和由馬弁升任旅長的唐天喜也發出與袁脫離關係的電報。這時袁世凱才發覺自己已經眾叛親離，大勢已去，不得不於三月二十二日宣布取消帝制，恢復共和國體。六月六日，袁世凱這個竊國大盜，便在全國人民的唾罵聲中死去。

北洋軍閥是近代中國半封建半殖民地社會的畸形兒，是清末民初一切反動勢力的總代表，是帝國主義在中國的代言人。它的黑暗統治，既給中國人民帶來深重的災難和痛苦，又為帝國主義侵華提供了必要的前提條件。正因為北洋軍閥的黑暗性、反動性，所以才遭到廣大中國人民堅決反對和唾棄，並在「打倒軍閥，打倒列強」的人民革命鬥爭中，最終成為歷史的渣滓。作為北洋軍閥之父的袁世凱，並非傳說中的「金龍轉世」，但卻是一條道道地地的變色龍。他多謀善變，不學有術，奸詐詭譎，專橫跋扈，既野心勃勃，又善於偽裝，凡是官僚政客所具有的種種惡劣品質及卑鄙手段，他無一不通，無一不用。為了攫取高官厚祿，他在主子面前是奴才；為了培植個人勢力，他在奴才面前是主子。他鎮壓辛亥革命，卻打扮成革命的同盟者，終於竊取了革命果實；他熱衷封建帝制，但卻偽裝成反對帝制的英雄，結果自己當了皇帝，這就是北洋鼻祖袁世凱，這就是竊國大盜袁世凱。

段祺瑞黷武窮兵

護國戰爭結束了「洪憲帝制」，袁世凱在四面楚歌中憂憤而死，隨著袁的死亡，由他所維繫的北洋軍閥專制主義統一傾覆破碎。然而，推翻袁世凱的各種政治和軍事力量卻無力實現新的統一，因此中國歷史上出現了又一個軍閥割據時期——即北洋軍閥割據時期。這一時期，北洋軍閥分裂為皖、直兩大派系，以及稍後以張作霖為首的奉系，他們之間的爭奪和混戰，主要是圍繞著爭奪中央政權進行的。而西南軍閥以滇、桂、黔係為主，包括川、粵、湘系在內，他們與北洋軍閥的對峙鬥爭及相互間的爭鬥相比，更多是有著地方自衛和擴大勢力範圍的性質。以段祺瑞為首的北洋政府推行武力統一政策，及所發動的軍閥戰爭，則是上述矛盾和鬥爭的直接反映。

段祺瑞，生於西元一八六五年三月六日，安徽合肥人。原名啟瑞，字芝泉，晚號正道老人。段祺瑞出身於軍人世家，其曾祖父被清廷授予「振威將軍」；其祖父段佩，因鎮壓捻軍有功，官至淮軍統領；父親段從文，一生務農。段祺瑞的祖父去世後，家道開始衰弱，一度貧窮的連供其上私塾的學費都付不起，使他被迫輟學。段祺瑞十七歲那年以超人的毅力，徒步兩千里，到山東投奔任清軍管帶的族叔段從德。西元一八八四年以優異成績考入李鴻章興辦的天津武備學堂，入炮科學習，西元一八八九年以考試第一名的成績，被清廷派赴德國留學。回國後在山東武備學堂任算學和炮學教習，西元一八九六年，經蔭昌介紹，段祺瑞與王士珍、馮國璋等人投奔袁世凱門下，成為袁在天津小站練兵時的得力助手，時稱「北洋三傑」。不久段當上了袁世凱新建陸軍的砲兵統帶，後又兼任武衛右軍學堂總辦。袁世凱署山東巡撫，段隨其同往，駐防濟南，為袁鎮壓山東義和團運動效盡犬馬之勞。袁世凱任直隸總督期間，段祺瑞於西元一九〇二年五月奉命鎮壓河北廣宗、威縣一帶的農民起義，屠殺起義農民近千人，因「軍功」被清廷授予「奮勇巴圖魯」的稱號，並賞戴花翎。西元一九〇三年五月，袁世凱奏請清政府設立軍政司，他本人兼任督辦，段被任命為參謀處總辦，曾協助袁創辦陸軍速成學堂，為袁培養了大批北洋軍事骨幹，西元一九〇三年六月，袁世凱開始建立北洋六鎮，段先後擔任過第三、第四、第六鎮的統制，西元一九〇九年，袁世凱被清廷免職，段祺瑞不僅沒受牽連，反而為清廷所重用，被任命為江北提督加侍郎銜，駐軍江蘇。西元一九一一年十月十日辛亥革命爆發，清廷召段祺瑞進京，任北洋軍第二軍軍統，署理湖北都督，成為北洋軍的第一號大將。

西元一九一二年一月一日，孫中山在南京宣誓就任中華民國臨時大總統，第二天，受袁世凱的指使，段祺瑞與馮國璋等聯名通電，表示維護君主立憲，反對共和，宣稱「若以少數意見採用共和制，必誓死抵抗」，以此恐嚇革命黨人。當孫中山表示「如清帝退位，宣布共和」，「以功以能，首推袁氏」後，段又在袁世凱的授意下，於一月二十六日，率四十餘名將領，聯電清室，實行共和，否則「即率全軍將士入京，與王公剖陳利害」，迫使清帝於二月十二日宣布退位，段祺瑞就是這樣為袁世凱篡奪辛亥革命果實而奔走呼號，並贏得了「締造共和」的虛名。

袁世凱出任中華民國臨時大總統後，段祺瑞被任命為陸軍總長，被授予陸軍上將和一等勳位。西元一九一三年段祺瑞參與了鎮壓孫中山領導的「二次革命」，殘殺了數以萬計的革命志士；西元一九一四年二月段親率北洋軍二萬餘人剿殺白朗起義軍，八月白朗戰死，起義失敗。

由此可見，段祺瑞這隻北洋之虎，其實是袁世凱篡奪國家最高權力過程中的忠實走卒。

然而就在段祺瑞死心塌地為袁賣命的時候，袁大總統卻漸漸對他不放心起來。原來段祺瑞為人剛愎自用，處事獨斷專行，儘管對袁忠心耿耿，但從不巴結逢迎；雖然克於職守，但又我行我素。當初「北洋三傑」均衡發展時，尚能注意克制，及至袁世凱當上大總統，北洋之「龍」王士珍歸隱故里，北洋之「狗」馮國璋外調南京，北洋集團三足鼎立局面不復存在，軍事大權由他一人獨攬時，便開始跋扈起來，對有關北洋軍事問題，除個別重大的向袁請示外，其餘一概自作主張，久而久之出現了「只知段總長，不知袁總統」的局面。有一次，袁世凱的兒子袁克定想往陸軍部安插一個同鄉，便給段寫了一封推薦信。那人持信找到段祺瑞，段正在下棋，很不耐煩地批了個「交徐辦」，讓他去找次長徐樹錚，而徐也很跋扈，在信上批道：「查本部已無空缺，批駁，驗過。」這件事使袁克定大為光火，便跑到袁世凱面前告狀說：「陸軍部太目中無人！有時連您的話也不放在眼裡。」於是袁世凱對段有了戒心，不久又發生了蔣百里自殺未遂事件，使袁世凱更為惱火，蔣百里曾是日本士官學校的優等生，後又到德國學習軍事，回國後在禁衛軍任職，不久晉升為陸軍少將，袁世凱欲將他收為己用，便任命其為保定軍校校長，蔣花了大量心血制定了一套軍校擴建計畫，受到袁的讚賞，但是段祺瑞因為袁事先沒告訴他任命蔣為校長的事，遂耿耿於懷，對軍校擴建百般刁難，氣得蔣百里在全校師生大會上掏槍自殺，幸好未擊中要害，經搶救脫險，後來袁任命蔣為參議，而陸軍部卻頂著不發委任狀，這一系列事情的發生，袁世凱心中很不痛快，但又不好當面表露出來，於是便成立了陸海軍統率辦事處，囊括了陸、海、參謀三個部，袁凌駕其上，總攝軍權，從而使陸軍部的權力受到極大削弱，對此段祺瑞非常不滿，便託病不到部裡上班，隨後又正式提出辭去陸軍總長職務，袁世凱順水推舟，毫不客氣地將其免職。

段祺瑞的憤而辭職，既有對袁世凱削其軍權不滿的一面，又有反對袁世凱稱帝的一面，就在袁世凱上演稱帝鬧劇之時，段曾多次進行規勸，而袁則模稜兩可，敷衍了事。有一次段對袁說：「祺瑞自小站跟隨總統，鞍前馬後，將近二十年，總統知遇之恩，祺瑞沒齒難忘。如今國勢危殆，倘有變動，後果不堪設想。祺瑞無知，赤誠可鑑，望大總統三思。」段越是苦口婆心地勸袁世凱不要冒天下之大不韙，就愈加引發了袁的憎厭之心，遂下決心將段免職，段祺瑞不是一個民主主義者，為什麼會極力反對袁氏稱帝呢？他曾對別人說過：「我當年曾發採取共和之電，如今又擁護項城登極，國人其謂我何？且恐二十四史中，亦找不出此等人物！所以，論公，我寧死也不參與；論私，我從此只有退休，絕不多發一言。」西元一九一五年十二月十二日，袁世凱帝稱帝，改中華民國為中華帝國，次日，袁在居仁堂匆匆登基，這天段祺瑞在家中對徐樹錚說：「項城作孽啊！」袁世凱稱帝後果然出現眾叛親離的局面，在危難之機，袁不得不請段出來收拾殘局。西元一九一六年三月十八日，袁把段請到中南海家中，對段說：「我老且病，悔不聽你言，致有今日糾紛，若取消帝制，還需要你幫忙。」而段祺瑞也給袁面子，當即表示：「當竭我力相助。」此情此景，如同當年清廷請袁世凱出山時差不多，正如梁啟超在給段祺瑞的信中所說：「今日之有公，猶辛亥之有項城。清室不讓，雖項城不能解辛亥之危；項城不退，雖公不能挽今日之局。」事實正是這樣，段祺瑞復出後，也用當年袁世凱對付革命黨和清廷的辦法，來對付袁世凱和討袁護國軍，即外抗護國運動，內奪袁氏大權，同時他還傚法當時袁世凱不直接從「孤兒寡母」手中奪權之法，也不直接從「衣食父母」手中奪權，而是借用護國軍的力量來達到奪權的目的，但是袁世凱絕非隆裕太后，他對段祺瑞始終保持著高度的警惕，採取軟硬兼施的辦法，來巧妙周旋，他開始想用徐世昌為國務卿，以牽制段祺瑞，段步步進逼，徐任職一個月不得不提出辭職；袁想任段為國務卿，段堅絕不幹，非要當國務總理不可，迫使袁於五月四日任他為總理；段就職後，立即任命自己的心腹徐樹錚為祕書長。但袁世凱對這位「小徐」很反感，便對段一下。徐樹錚很不耐煩，訓斥道：「你問那麼多幹什麼？讓你蓋印你只管蓋好了，我忙得很，哪有閒工夫？」當時把黎元洪臉都氣白了。徐在內閣裡經常與受黎元洪支持的內務總長孫洪伊發生衝突，段提出將孫免職，黎元洪非但不同意，而且提出要免除徐的職務，二人怒目相視，互不相讓，最後將孫、徐一起免職，才算打個平手。府院之爭後來在對德宣戰問題上，則以更激烈的形式表現出來，西元一九一七年一月，德國潛水艇在海上實行封鎖政策，日本由原來反對中國參戰，轉而積極慫恿中國參戰，日本政府派西原龜三來華推行扶持段祺瑞、加強控制中國的計畫，而段祺瑞也想取得日本支持，來實現其武力統一全國的目標，日本在華勢力的膨脹，引起了英美等帝國主義國家的不滿，於是他們便鼓動黎元洪反對段祺瑞的參戰案，這樣參戰問題成了府院之爭的焦點，是年二月，西原龜三攜帶誘使中國參戰的優待條件第三次來華，段祺瑞更加有恃無恐，立即將對德絕交的報告提交國會討論並通過。三月四日，他率內閣成員到總統府讓黎元洪在文件上簽字。黎看看文件，只說了句「此案當再考慮」，段祺瑞就火了，兩人當場爭吵起來，最後段憤憤走出總統府，當天宣布辭職，並回到了天津。段祺瑞的這一手還真的把黎元洪給唬住了，急忙派總統府祕書長去天津請段，表示同意蓋印，六日段回京，八日黎被迫蓋章。事後黎十分悲憤地說：「昔受項城屈辱，今又見侮於段。」隨後段祺瑞又想通過對德參戰案，為了給總統府和國會施加更大的壓力，四月下旬段召集各省督軍會議，組成「督軍團」，企圖以武力威脅的手段，來促使參戰案的通過，五月二日，段祺瑞唆使安徽督軍倪嗣沖、福建督軍李厚基、山東督軍張懷芝跑到總統府去進行威脅，而這時黎元洪膽子卻大了起來，以「軍人不得干政」為題，把督軍們給狠狠地訓了一頓，五月六日，段祺瑞帶著參戰案，率內閣成員再次來到總統府，讓黎元洪蓋印。黎把提案遞給一位姓唐的監印官，監印官生氣地說：「此案我不能蓋印！」又把提案推給了黎元洪，段祺瑞剛要發作，他身邊的教育總長大吼大叫道：「爾何人！怎敢隨孫中山南下，並於廣州召開非常國會會議，選舉孫中山為大元帥，唐繼堯、陸榮廷為元帥，於西元一九一七年八月宣告成立護法軍政府，九月十日，孫中山宣誓就職，並任命伍廷芳為外交總長，孫洪伊為內務總長，唐紹儀為財政總長，胡漢民為交通總長，張開儒為陸軍總長，程璧光為海軍總長，章炳麟為大元帥府祕書長，許崇智為參軍長，護法軍政府成立後，各地紛紛響應，廣西譚浩明、廣東陳炳昆、雲南唐繼堯、陝西於右任、福建許崇智、四川熊克武、湖南劉建藩等相繼宣布獨立；同時李烈鈞在廣東逼走了龍濟光；海軍則由程璧光率領南下，南北又形成對峙的局面。

西南各省獨立後，馮國璋主張和解，支持他的有李純、陳光遠、王占元等直系長江三督。段祺瑞主戰，支持他的有皖系軍閥及曹錕、張作霖等，馮在段壓力下下令通緝孫中山，同時廣州軍政府也下令通緝段祺瑞等，南北戰爭揭幕，史稱護法戰爭，此戰波及閩、粵、贛、湘、鄂、川、陝七省，戰線犬牙交錯，綿亙五千餘裡。當時段祺瑞的作戰指導思想是：「對湖南用兵以制兩廣；對四川用兵以制滇黔」，為達此目的，段祺瑞於西元一九一七年八月六日派心腹大將傅良佐為湖南督軍，另派皖系大將吳光新為長江上游總司令兼四川查辦使，並調北洋第八師、第二十師入湘。九月九日，傅良佐到長沙接任督軍。湖南省長譚延闓當即辭去省長職務，並集中在湘南的軍隊，由第一師第二旅旅長林修梅、零陵鎮守使劉建藩率領，宣布獨立，傅良佐遂任命第八師師長王汝賢、第二十師師長范國璋為正副司令，率部進攻湘南。湘南爭奪戰，點燃了南北戰爭的導火線。為了對抗北洋軍的南侵，陸榮廷在南寧召開兩廣援湘軍事會議，組織兩廣護國軍，命廣西督軍譚浩明為司令，率五路大軍出援，雙方在湘南展開大廝殺。結果，在湘粵桂聯軍的強大攻勢下，北洋軍內部發生分裂，王汝賢、范國璋在馮國璋的授意下，通電主和，從衡山撤兵；傅良佐見大事不好，也趁夜登艦，逃之夭夭，聯軍因此很快進入長沙，前鋒直逼岳州，而進攻四川的吳光新所部在重慶被川軍包圍繳械，吳光新則落荒而逃，段祺瑞因兵敗於十一月十六日引咎辭職。

是年十二月上旬，在護法軍奪取湖南的聲勢下，湖北第一師師長石星川在荊州、江蘇留鄂第一師師長黎天才在襄陽、原鄂軍師長王安瀾在隨縣，相繼宣布自主；陝西民軍首領郭堅在鳳翔、陝軍團長胡景翼在三原均宣布獨立；浙軍旅長葉煥章等在寧波宣布自主；豫西民軍首領王天縱在汝州宣布獨立。北洋軍閥盤踞的地區也一片騷亂，這時在主戰派的逼迫下，馮國璋命令吳光新、吳佩孚、王占元、趙倜等率部對黎天才、石星川、王安瀾、王天縱等進行討伐，黎等很快失敗，為支持黎天才等反抗北軍的壓迫，湘、粵、桂聯軍一舉攻克北軍盤踞的岳州，此時主戰的皖系軍閥氣焰更為囂張，逼迫馮國璋再下討伐令，馮被迫於西元一九一八年一月三十日命第一路軍總司令曹錕、第二路軍總司令張懷芝進兵，再度攻湘，正在這時，馮國璋舊直系的軍師陸建章，策動駐武穴的中央第十六混成旅旅長馮玉祥發出反對對南方用兵的通電，馮旅原本奉命援閩，到浦口後拒絕前進；隨之又奉命援湘，開到武穴即按兵不前，在陸建章的指使下，馮驅趕了主戰派、安徽督軍倪嗣沖，造成主戰派的重大打擊。為壓迫馮國璋對南方用兵，徐樹錚勾引張作霖奉軍入關，並劫走直系軍閥從日本購買的步槍兩萬七千支，馮國璋在皖系、奉系的脅迫下，只得請段祺瑞出來組閣。是年二月中旬，曹錕率第一路軍由鄂北移向鄂南；三月上旬，第二路軍司令張懷芝率部到達南昌。三月十日，北軍下達總攻擊令，吳佩孚率海陸軍很快突破湘軍第一師的防線，占領岳州。這時段祺瑞在曹錕為首的北洋軍閥頭目的籲請下，於三月二十三日再任總理。二十六日，北軍占領長沙，身無寸功的張敬堯被段祺瑞任命為湖南督軍兼省長。為了實現武力統一的狂妄野心，段祺瑞於四月二十四日親臨漢口，召開有曹錕、張懷芝、王占元、趙倜及蘇、皖、直、湘、晉、陝、奉七省督軍代表會議，部署第三期作戰計畫。會後，吳佩孚率直軍各部向湘南進攻，南軍譚浩明率桂軍迅速後退，使程潛所率湘軍處於孤立無援境地，遂主動撤離衡陽，直軍進入衡陽後即不再前進，張懷芝的第二路軍進攻醴陵、攸縣方向，但被劉建藩殺了個回馬槍，敗逃江西萍鄉。至於其他戰場，援閩粵軍總司令陳炯明率部擊垮閩浙聯軍，於五月底前占領閩南大片地區；在陝西方向，親皖陝督陳樹藩困守西安孤城，陝北、西府和商洛等地均落入胡景翼等靖國軍之手。

曹錕所率直軍是北洋軍的主力，段祺瑞讓其衝鋒陷陣，包藏著趁機削弱直系的險惡用心，吳佩孚早就看到了這一點，便與曹錕商定了先戰後和之策，故攻下衡陽後，即不再前進。雖然段祺瑞對曹吳封官許願，甚至重金收買，都無濟於事，八月和九月間，在曹吳的策劃下，南北將軍聯名發出通電，要求停戰，公開反對段的武力統一政策，這不僅使段祺瑞十分難堪，而且對其想謀取北洋最高權力的企圖也是一個沉重的打擊，原來段祺瑞早就想爬上總統寶座，然而要當總統非經國會選舉不可，但舊國會已被他解散，重組國會又缺乏法律根據，正在段祺瑞一籌莫展的時候，舊進步黨梁啟超主動前來相助，建議他沿用民初的先例，召集臨時參議院作為過渡性的立法機關，由這個立法機關修改國會組織法和參、眾兩院議員選舉法，再根據這個新法召集新國會，段祺瑞為了建立一個完全由他控制的立法機關，為自己當選總統創造條件，不惜用重金收買了一大批無恥政客、無恥議員，成立了一個叫「安福俱樂部」的組織，為其競選而搖旗吶喊。西元一九一八年八月二十日，全國大選揭曉，共選出八百名議員，其中安福系議員竟達三百八十名之多，所以這屆國會又稱「安福國會」，國會議員選出後，段祺瑞還指使其親信大肆收買議員，從軍隊兵餉中撥出三十萬元作為議員活動經費，每人每月可得三百元，正當段祺瑞做著總統美夢的時候，直皖矛盾白熱化，各派勢力反皖態度漸趨明朗，段祺瑞極不情願地把徐世昌推上總統寶座，但實權仍控制在自己手裡。

就在直皖矛盾日益激化的時候，第一次世界大戰宣告結束，西元一九一九年一月，帝國主義列強召開具有分贓性質的「巴黎和會」，不久傳來「巴黎和會」上中國外交失敗的消息，全國人民懷著極大的憤慨，紛紛聲討段祺瑞北洋政府推行的投降賣國的外交政策，並爆發了具有劃時代意義的「五四」反帝愛國運動。段祺瑞極力主張以武力鎮壓愛國青年學生，千方百計包庇曹汝霖、章宗祥、陸宗輿等賣國賊，同時，他還喪心病狂地發出通電，要求中國代表在巴黎和會上簽字，段氏的這一切舉動，使人們進一步認清了他這個北洋軍閥獨裁專制、賣國求榮的反動嘴臉，其他實力派，特別是直系軍閥，為了爭得輿論的支持，換取民眾的同情，也出來指責皖系賣國，並於西元一九一九年底結成了直奉七省反段聯盟。西元一九二〇年初，吳佩孚正式提出從湖南撤防北歸，四月曹錕同意吳的意見，決定以撤兵回防的行動來反對段的武力統一政策，要求解散安福俱樂部，削弱段的政治實力，五月，吳佩孚率師北撤，直皖戰爭一觸即發，面對直系軍閥的強大壓力，段祺瑞毫不示弱，他一面指示駐北京的皖系將領以營房不足為藉口，拒絕直軍撤回北京；一面電召徐樹錚，將西北邊防軍全部調到北京附近，段還親自出馬，擔任川陝剿匪總司令，打算率兩個邊防軍師，以向陝西進軍為名，奪取河南，爾後同安徽、山東的皖軍共同夾擊吳佩孚的直軍，後因奉軍揚言打進關來「拱衛京師」，才使段不得不放棄其聲東擊西的計畫。

七月五日，段祺瑞以邊防督辦的名義命令邊防軍緊急動員，隨後發表聲討直系的通電，並以重兵包圍總統府，強迫徐世昌下令罷免曹錕、吳佩孚，「依法嚴懲」，隨後段祺瑞決定對直作戰，並組織定國軍司令部，自兼總司令，以徐樹錚為參謀長，段芝貴、曲同豐、魏忠瀚分別被任命為第一路、第二路以及第三路軍司令，直系方面，以吳佩孚為討逆軍前敵總司令兼西路軍前敵總指揮，以「驅老段，誅小徐」為口號，沿京漢線開進，當時奉軍張作霖也率部入關，設司令部於軍糧城，七月十二日，直奉聯軍聯名通電，直指段祺瑞為賣國誤國之罪魁禍首，十三日，吳佩孚發布了出師討賊電文，指出：「自古中國嚴中外之防，罪莫大於賣國，醜莫重於媚外。窮凶極惡，漢奸為極，段祺瑞再秉國政，認仇做父，始則盜賣國權，大借日款以殘我同胞；終則導異國之人，用異國之錢，膏我民之血，繩神黃之裔。實敵國之忠臣，民國之漢奸也。」當時直隸、天津的商會等團體也紛紛通電討段，並在電文中列舉了段的「八大罪狀」：即「目無總統，任意橫行」；「信任曹陸，借用日款」；「任用權術，利用金錢收買下級軍官」；「組織安福俱樂部」；「任用爪牙徐樹錚，種種作惡」；「吸食鴉片，行賄賂」；「自謂淡泊無慾，維護國家綱紀，以欺天下」；「陽飾清廉，陰實貪賣」。這些電文還以大量事實戳穿了段以清廉自持的偽善面目，文中指出：「海內不知其底蘊者，不免為其所愚，今試查天津意租界段氏之宅，為誰所賄乎？則徐樹錚於民國元年所得漢陽之款，以三十萬元分潤於段氏也。又試查北京新造段氏之宅第，為誰所賄乎？則曾雲霈以安福系之黨費，為之興造春夏秋冬四季式房屋，以貢獻於段氏也。復辟討逆所餘之款兩百萬元，盡入囊中。中日匯業銀行一百萬元之股份，眾所共聞。其他各銀行、各公司之股，莫不有段氏之堂名。清廉者固若似乎。」這些鮮為人知的醜聞的披露，剝去了段的種種畫皮，使人們澈底看清了段祺瑞的廬山真面目。

七月十四日，直皖大戰爆發。直系大將吳佩孚運用「擒賊先擒王」的戰術，先是夜襲段祺瑞坐鎮指揮的團河，使段祺瑞慌忙逃回北京，接著襲擊了松林店的定國軍前敵總司令部，活捉了包括段祺瑞手下「四大金剛」之一曲同豐在內的全部高級將領。皖軍東路總指揮徐樹錚，在直奉兩軍的夾擊下，也大敗而逃，中路軍陳文運部遂不戰自潰。這樣前後不到五天，段祺瑞靠舉借外債編練、苦心經營數年的段家軍，竟全軍覆沒。他藉以飛揚跋扈的老本全輸光了。至於屯駐宜昌、沙市的吳光新部五個混成旅，與馮玉祥的第十六混成旅稍事接觸，即被全部繳械，吳光新於七月十六日被王占元逮捕。此後，徐世昌以大總統的名義發布命令，撤銷西北邊防督辦公署及西北邊防軍的建制，嚴辦安福系禍首徐樹錚等十人，解散新國會，削曲同豐等官職爵位。至此，把持北京中央政權近五年的皖系軍閥集團，基本上退出歷史舞台。

西元一九二〇年七月二十日，戰敗了的段祺瑞，自請免去身兼各職，「以謝國人」。第二年，他退居天津的日本租界，在那裡窺測時機，以求一逞，他於西元一九二一年十二月二十二日，曾派徐樹錚赴粵，與孫中山的代表廖仲愷、蔣介石祕密商討聯合討直問題，西元一九二二年初他又派段芝貴破壞、挑撥奉直之間的關係，至同年二月，段祺瑞、張作霖、孫中山，終於組成了反直三角同盟。西元一九二四年九月，原屬皖系的浙督盧永祥與原屬直系的蘇督齊燮元發生戰鬥，奉張以援段為名進兵關內，第二次直奉戰爭爆發，段祺瑞給古北口前線的直系大將馮玉祥送去親筆函，鼓動馮玉祥倒戈反直，隨後馮玉祥發動北京政變，推翻了直系軍閥的統治，並推舉段為「中華民國臨時總執政」。但這時中國革命已有了新的發展，孫中山實行聯俄、聯共、扶助農工的三大政策，國共組成統一戰線，一場轟轟烈烈的大革命即將開始，面對這種形勢，段祺瑞非但不改邪歸正，反而變本加厲，對外推行賣國投降路線，宣布承認帝國主義強加給中國的一切不平等條約，維護列強在華特權，以此換取帝國主義列強對他的賣國政府的承認和支持。對內實行專制獨裁，反對人民革命。西元一九二五年二月一日，他一手包辦了一個由實力派軍閥參加的「善後會議」，與國共兩黨召開的國民會議相對抗。正如馮玉祥所說的：「他不但舊有的蝨子未除，反而加了臭蟲；不但大瘡未割，反倒加了疥瘡。」

西元一九二六年，張作霖與吳佩孚勾結，向馮玉祥的國民軍進攻。三月十二日，日本帝國主義的軍艦在天津大沽口公然炮擊國民軍，助張吳作戰，英美帝國主義也阻止國民軍在天津布防，十六日，英美等八國駐華使節向北京政府發出最後通牒，提出無理要求，並調集二十餘艘軍艦在大沽口停泊，對中國進行威脅，帝國主義的武裝干涉和最後通牒，激起了中國人民的極大憤慨。三月十八日，北京大學、高等師範學堂等十幾所學校的學生及一部分工人群眾，共約五千餘人，在天安門前舉行集會，會後進行遊行示威，當遊行隊伍行至鐵獅子胡同執政府門前時，段祺瑞竟下令向手無寸鐵的愛國群眾開槍，當場打死四十七人，打傷一百五十五人，製造了震驚中外的「三一八」慘案，魯迅先生曾怒不可遏地指出，這是「民國以來最黑暗的一天」。

西元一九二六年四月，直奉聯軍與馮玉祥的國民軍之間的戰火逼近京畿時，段祺瑞夢想再進行一次政治投機，以維護其岌岌可危的地位。他自願為奉軍作內應，圖謀把國民軍趕出北京，駐京國民軍將領鹿鐘麟得知後，於四月十日晨派兵包圍了執政府，欲將其逮捕，段提前得到消息，倉皇逃進東交民巷，請託庇護於帝國主義，國民軍退出北京後，他又通電復職，妄圖繼續盤踞執政地位，張作霖不願理他，吳佩孚更是宿怨未消。他們派人將段祺瑞監視起來，並下令逮捕安福系分子，這時他才感到自己已是窮途末路，遂於四月二十日宣布引退，回到天津日租界寓所，過起吃齋唸佛的寓公生活。西元一九三三年一月，蔣介石派人將段祺瑞接到上海居住，每月送給他一萬元供生活之用。西元一九三四年春，段因胃出血住院治療，出院後，醫生和友人見他年事已高，身體虛弱，勸他開葷以增加營養（段一生吃素），但他執意不肯，答道：「人可死，葷不可開。」一九三六年十一月一日，段祺瑞因胃病再次發作，出血不止，於次日晚死於上海醫院，時年七十二歲。

段祺瑞是北洋軍閥的巨魁之一。袁世凱作為「北洋之父」造就了北洋軍閥；而段祺瑞作為「北洋之虎」卻活動於整個北洋軍閥統治時期。由於北洋軍閥是一個封建軍事集團，確立封建統治是這一集團的根本利益，為此他們打內戰、毀國會、逐民黨、斥袍澤、破壞革命運動、鎮壓人民起義，幹盡了各種壞事，甚至不惜勾結帝國主義，出賣民族利益，挾洋人以自重，甘當無恥的賣國賊。北洋軍閥以武力為後盾，不斷挑起戰爭，給廣大人民造成無窮無盡的災難。在軍閥的燒殺劫掠之下，百業俱廢，

吳佩孚逐鹿中原

西元一九二〇年七月爆發的直皖戰爭，標誌著袁世凱死後北洋軍閥集團的公開決裂，從此中國內戰重心已由南、北軍事集團的對峙，開始轉變成北洋軍閥內部為爭奪北京政權而進行的廝殺。這一時期，直系軍閥曹錕、吳佩孚，奉系軍閥張作霖，都是中國政壇的風雲人物，其中吳佩孚的成長與發跡，在舊軍人中更具有典型性。

吳佩孚，字子玉，西元一八七四年四月二十二日生於山東蓬萊一清貧之家。其父吳成，在縣城經營一家雜貨舖，以維持全家生計。吳佩孚天資聰穎，六歲入私塾讀書，先生見他勤學不輟，便誇道：「惟子鶴立雞群，不與群兒同流合汙，自是可造之才。」吳佩孚十四歲那年，父病故，家道中落，被迫輟學。隨後入水師營，成為一名學兵，開始了邊從戎、邊讀書的生活。西元一八九六年，吳佩孚參加科舉考試，中了秀才。後因事觸犯當地一位豪紳，為官府通緝，被迫逃亡北京。西元一八九八年，吳佩孚到天津投淮軍聶士成部，初被派到一個管帶手下當勤務兵，不久為該部文案郭緒棟所推薦，入開平武備學堂步科班學習。西元一九〇〇年學堂停辦，吳佩孚重回聶部軍中，擔任後路炮隊隊官。西元一九〇二年九月，吳被選送到保定武備學堂測繪科學習。西元一九〇四年一月畢業，被分派到天津北洋督練公所參謀處任中尉參謀，從此正式成為北洋系的一員。日俄戰爭爆發後，北洋督練公所與日本軍隊在山東煙台祕密組織偵察隊，專門刺探俄軍情報，吳與日人岡野增次郎等多次到東北地區活動，頗有收穫，受到日人獎勵，隨後他被調到北洋陸軍第三鎮，任第十一標第一營督隊官，次年升為該營管帶。西元一九〇七年，吳佩孚隨第三鎮到東北長春市駐防，與該鎮統制曹錕過從甚密，深受曹的賞識，成為曹的得力幹將。次年，第三鎮奉調入關，其砲兵第三標在娘子關發生叛變，標統因失職被撤，吳接任標統。西元一九一二年，袁世凱當上民國大總統，北洋軍改鎮為師，改標為團，吳佩孚遂成為第三師砲兵第三團團長，駐軍南苑，兩年後，曹錕因鎮壓孫中山「二次革命」有功，被袁世凱任命為長江上游警備總司令，所轄之第三師駐防岳州，吳升為該師第六旅旅長，後來袁世凱自稱「洪憲皇帝」，雲南都督蔡鍔起兵討袁，率護國軍由滇入川。西元一九一六年一月，袁世凱命曹錕率第三師入川鎮壓護國軍。吳佩孚見有機可乘，遂主動請戰，率本旅先行入川，連戰皆捷，為北洋系立下汗馬功勞，被袁世凱破格賞為三等男爵，授予陸軍中將軍銜，吳佩孚受寵若驚，發誓要蕩平護國軍，以報袁氏知遇之恩，然而袁世凱在全國一片討伐聲中，被迫放棄帝位，不久死去，吳佩孚只好隨第三師撤回保定。

袁世凱暴卒後，北洋軍閥分裂為直、皖、奉三系，分別以馮國璋、段祺瑞、張作霖為首領。這時的吳佩孚雖然是個小小的旅長，但他對北洋系的局勢發展卻十分關心，多次向曹錕獻計，認為總統黎元洪不過是個傀儡，而國務總理段祺瑞手握大權，不可不防，副總統馮國璋控制長江中下游，是段祺瑞的唯一競爭對手，應當加以聯絡，在這群雄並立的時代，自己要能立住腳、有發言權，手中必須有一支強大的武裝力量，因此要在第三師的基礎上，不斷「擴充基本武力」，曹錕深納其計，並讓吳佩孚具體負責招兵買馬事宜。

西元一九一七年七月一日，清廷忠實走狗、辮帥張勳，率「辮子軍」進京，把已退位的清宣統帝溥儀請出來，大搞復辟活動，北洋軍閥直皖兩系聯合起來，組織「討逆軍」討伐張勳。曹錕被任命為

「西路討逆軍」總司令，吳佩孚被任為前敵先鋒，率部由保定出發，先占領北京的門戶蘆溝橋，幾天後便攻進北京城，在天壇與復辟軍展開激戰，張勳的復辟軍抵擋不住，紛紛作鳥獸散，張勳見復辟夢破滅，也自顧逃命去了。此次反覆辟之戰，使吳佩孚驍勇善戰的名聲更大了，從而為自己撈到不少政治資本。

張勳復辟失敗後，北洋政府由馮國璋代理大總統，但實權卻操縱在皖系頭子、國務總理段祺瑞手中，段祺瑞以「再造共和」功臣自居，根本不把直系馮國璋放在眼裡。為了建立皖系的獨裁統治，他一面拒絕恢復民國初年的國會和《臨時約法》，一面主張對南方的孫中山護法軍政府用兵，實現武力統一。同時任命曹錕為總司令，吳佩孚、張敬堯、張懷芝分別為第一、第二跟三路軍司令，率軍南下討伐，曹錕本是直系，但又與皖系保持了良好關係，故欣然受命，並當眾表示：「我願戰至最後一人！」吳佩孚在保定得知此情後，大驚失色，急忙趕到天津，向曹錕陳述利害，指出皖系借統一之名，消滅異己、削弱直系的陰謀。曹錕如夢方醒，詢問補救措施，吳提出「先戰後和」之策，即先與南方一戰以挫其銳氣，然後與其議和，這樣既不損害直系利益，又顧全了段祺瑞的面子，曹錕聽後大喜，遂命吳佩孚隨軍駐漢口，代理第三師師長，兼前敵總指揮。曹錕幾乎把自己的全部家當都交給了吳佩孚，可見他對吳的信任程度。西元一九一八年二月六日，吳佩孚率王承斌、閻相文、蕭耀南等三個混成旅由湖北大舉南下，三月十日占領羊樓司，十三日攻克雲溪，南方護法軍見吳佩孚來勢兇猛，主動撤退。十七日吳佩孚未遇抵抗便進占了岳陽。連戰皆捷，使吳佩孚殺戒大開，橫衝直撞，如入無人之境，二十六日攻占湖南省會長沙，四月初又進占湘南重鎮衡陽。就在吳佩孚入湘作戰節節勝利之際，段祺瑞卻給曹錕發來兩個急電。一是任命無尺寸之功的張敬堯為湖南督軍兼省長；一是命吳佩孚繼續追擊向南潰退之湘軍，為了安撫吳佩孚，北洋政府授予他「援粵軍副司令」和「孚威將軍」的虛銜，吳佩孚對段的嫡系張敬堯無功受封之事，心中十分不滿，也更加看清段讓直系在前面當炮灰，欲乘機削弱直系勢力的圖謀，所以攻下衡陽後，便按兵不動，開始對段祺瑞陽奉陰違起來，特別是當馮國璋與段祺瑞的分歧公開化以後，吳佩孚立即站在馮國璋一邊，積極參與倒段活動，湖南實力人物譚延闓、趙恆惕也嗅到北洋政府內部紛爭的氣味，派人四處活動，說服吳佩孚一起反段，五月二十五日，吳佩孚派代表與譚、趙談判，雙方約定，各守疆土，段祺瑞聽說吳與湘軍談判的消息後，非常震驚，深怕吳此舉破壞自己的武力統一計畫，忙於六月三日親自給吳打電話，詢問此事，同時封官許願，答應拿出三十萬元犒賞作戰有功部隊，但吳佩孚認為段的做法有輕視自己的意思，不僅不為所動，反而更增加了對段的敵意，並加快了與南方媾和的速度，於六月十五日同南軍達成停戰協定，隨後他又指使手下王承斌、閻相文、蕭耀南、張學顏、張福來五個旅長，聯名發電向段「請假」，接著以三師全體官兵的名義通電全國，揚言「兵疲將憊，不堪再戰」，至此吳的「先戰後和」謀略已經實現，而反戈倒擊段祺瑞之階段即將開始。

段祺瑞見情況不妙，便去遊說曹錕，想讓曹親自督促吳佩孚繼續南進。曹錕早與吳串通一氣，對段虛與委蛇，假意責備吳幾句以應付差事。而吳對北京政府催他南進的一封封急電，連看都不看就扔到一邊，根本不予理睬，相反地與南方代表接觸則更加頻繁。八月七日，吳在沉默一段時間後，突然發表一份致江蘇督軍李純的通電，指責段祺瑞政府的武力統一是「亡國之策」，從而開始公開反段，八月二十一日，吳佩孚致電馮國璋，要求頒布全國停戰令，提出南北議和主張，並表白自己「不做督軍、不住租界、不結洋人、不借外債」，把自己打扮成愛國將領的模樣。九月四日，段祺瑞操縱「安福國會」選舉徐世昌為大總統，把馮國璋趕下台，吳佩孚對此根本不予承認，並致電徐世昌，威脅說：「公若就職，民國分裂乃由公始，師長等不敢為公賀，且將為民國吊。」吳的通電博得了南方軍閥譚浩明、譚延闓、岑春煊、唐繼堯等人的同聲喝彩，盛讚吳佩孚「大義凜然」，九月二十六日，在吳佩孚的策劃下，湖南前線的南北將領聯名通電，請下停戰令，南北軍閥公開聯合起來，共同反對北洋領袖，這是自南北戰爭以來的第一次，段祺瑞看到這封電報後，勃然大怒道：「吳秀才公然造反了。」他想以「通敵罪」來討伐吳佩孚，但又難以找到能對付吳的人，無奈只好於九月三十日以國務院的名義發了一封駁斥南北軍人的電報，而不了了之，一時間吳佩孚的聲名大震，變成滇、桂、湘和南方政府等所有反對武力統一的人士所喜愛的「和平之神」。

西元一九一九年「五四」運動爆發，段祺瑞親日賣國政府成為眾矢之的，吳佩孚見機行事，接連發出通電，反對北京政府在「巴黎和約」上簽字，主張取消中日密約，表示要以武力解決山東問題，同時還通電「支持」學生愛國運動，痛斥曹汝霖、陸宗輿、章宗祥賣國罪行，要求嚴加懲辦，吳佩孚的這些通電，字字句句慷慨激昂，聞者動心聽者垂涕，「報端幾無日不有吳氏之通電，且語語愛國，字字為民，吳氏之大名，遂無人不知。」面對直系咄咄逼人的攻勢，段祺瑞也加緊擴充其皖系實力，特別是他將參戰軍改編為邊防軍，構成了對曹、吳直系和張作霖奉系的直接威脅，遂使直奉兩系於西元一九一九年秋冬之間首先聯合起來，建立七省反皖同盟。十一月二十八日，吳佩孚又與南方唐繼堯、陸榮廷等西南軍閥簽訂《救國同盟軍草約》，使反皖同盟很快擴大到十三個省，因此北洋軍閥各集團間的矛盾愈演愈烈，火藥味也越來越濃。

西元一九二〇年五月，吳佩孚由唐繼堯、陸榮廷祕密供給軍費六十萬元，從衡陽帶兵北上，撤出的地盤由湘軍接防，這時張敬堯在長沙大做其壽，鬧得烏煙瘴氣，吳佩孚聽說後便給張去電報說：「今聞大帥千秋，特率全體官兵，前來長沙慶祝大壽。」張敬堯接電知道事情不妙，急忙電告段祺瑞，段命張接防衡陽，同時調自己的內弟吳光新增援湖南，吳佩孚率軍從水路起程，過長沙時停船於大西門外，戰鼓咚咚，號角齊鳴，示威一番後起錨北上。五月三十一日，吳佩孚到達武漢，一些青年學生手持鮮花，到碼頭歡迎，稱吳為「革命將軍」，吳佩孚欣然受之，並發表演說，責罵段祺瑞政府是「妖孽亂京師」，發誓要「揚國威，除國賊」，「不問個人瘦，為期天下肥」，博得一陣陣喝彩。六月一日，吳佩孚再次發表演說，聲稱此次北上要解決三件事：一是打破日本在北京的勢力；二是破壞安福系；三是竭力使中國政治脫離軍人的操縱。從上述口號看，吳佩孚不僅僅是一個愛國軍人，而且還是一個憂國憂民的「民族大英雄」了，為了給段祺瑞施加更大的壓力，吳佩孚在武漢停留不久，即揮師北上，直入中原，而段祺瑞在吳這個狡猾的對手面前卻連連失著，先是內弟吳光新援湘經鄂時被直系王占元扣押；繼而湘軍接管了吳佩孚撤出的所有地盤，張敬堯無防可接，在湖南站不住腳，退到湖北，見難以容身，又灰溜溜地跑到天津，段祺瑞惱羞成怒，強迫當時的大總統徐世昌下令罷免了曹錕、吳佩孚的一切職務，皖直兩系公開決裂，雙方各自加緊備戰，戰爭一觸即發。

六月二十二日，張作霖以「調解人」的身分到達保定，曹錕會同正在保定的江蘇、江西、山東、河南、吉林、黑龍江、綏遠、察哈爾等省的督軍代表，與張作霖舉行祕密會談，共商向皖系開戰的大計，吳佩孚在會上言辭最為激烈，認為當時內政外交一團糟，全是安福系執政和徐樹錚跋扈所致。因此必須解散安福國會，罷免安福系閣員，撤銷邊防軍，罷黜徐樹錚。會議一致通過了《最後通牒》。段祺瑞見到《最後通牒》後，氣勢洶洶地說：「吳佩孚區區一師長，公然要挾罷免邊防大員，此風一開，中央政府威信何在！你們如果一定要罷免徐樹錚，必須同時罷免吳佩孚！」七月六日，段祺瑞對張作霖說：「罷免吳佩孚，萬事皆休。」張作霖回道：「這恐怕辦不到。」段咬牙切齒地說：「辦不到也得辦！你們辦不到，我一定要辦到！」七月九日，段祺瑞組成「定國軍」司令部，自任總司令，徐樹錚任參謀長。同日，直系在保定組成「討逆軍」，曹錕為總司令，吳佩孚為前敵總司令兼西路軍總指揮。七月十四日晚，直皖戰爭爆發。其中尤以從涿州到定興的西路戰場打得最為激烈，一開始由於皖軍從日本得到的優良武器和日本顧問的策劃，處於優勢，吳佩孚則採取避其鋒芒、以逸待勞、隨機應變的策略，命令直軍逐步抵抗，漸次撤退，並放棄軍事要地涿州，故意示人以弱，七月十六日，西路戰場風雲突變，因天降大雨，皖軍大砲失去威力，吳佩孚乘機下令部隊反攻，親自率兩個旅包圍了涿州，並用計俘獲皖系第二路軍總司令曲同豐及屬下各將，皖軍隨之大亂，吳佩孚趁機發起衝鋒，西路皖軍全部潰敗，其總指揮段芝貴挾妓逃回北京。東路戰場，段祺瑞自恃有日本人撐腰，加上張作霖「中立」，故對戰場形勢估計樂觀。七月十三日，段接到張作霖發出的《派兵入關參加助直倒皖戰爭》的聲明，才有些慌了手腳，但為時已晚，張作霖命令奉軍張景惠部從北倉配合直軍向廊坊進攻，使東路戰場形勢發生逆轉。七月十九日，東路皖軍在直奉兩軍的南北夾擊下，潰不成軍，東路皖軍總指揮徐樹錚落荒而逃，匿身於北京的日本使館，這樣前後不到五天時間，皖系經營多年的精銳部隊就全部瓦解了，段祺瑞見大勢已去，被迫引咎辭職，回府學胡同居住。七月二十四日，直奉兩軍耀武揚威地開進北京，分別接收了皖軍南、北苑營房，隨後吳佩孚策劃由直奉兩系共同接管北洋政府，曹錕被任命為直魯豫三省巡閱使，吳為巡閱副使，直皖戰爭使吳佩孚再次大出風頭，英帝國主義甚至稱他是「新中國的大英雄」。這使吳的野心進一步膨脹，同時他也感到，在群雄割據的中國，沒有強大的武力作後盾，是很難稱王稱霸的，於是他決定離京到洛陽，整編軍隊，增強實力，以圖大舉。

八月六日，吳佩孚從北京起程回洛陽，途經鄭州時，吳對前來採訪的記者宣布：自己一不做督軍，二不打內戰，三不干政，四不擾民。並說，這次率第三師回洛陽，就是不干預政治的行動。事實果真像他所說的那樣嗎？以後的歷史發展證明，吳佩孚的「四不」宣言，不過是掩人耳目而已，他一到洛陽就開始了擴充實力的活動。首先在洛陽設立了「直魯豫巡閱副使公署」，藉以建立一套屬於自己的軍事指揮機構；其次將第三師所屬各旅擴大為師，這樣吳直接掌握的部隊有第三師、第二十三師、第二十四師、第二十五師、第二十師等五個師；再次是舉辦各類隨營學校和軍官講習所，培訓懂得近代軍事知識、絕對服從命令的中下級軍官；最後是加強軍事訓練，以連為單位，每日「三遍講堂、二遍操」，以提高部隊作戰能力。此外他還花大本錢改善所屬各師的武器裝備，增添了山炮、鐵甲車等新式武器，增強了部隊的攻擊能力。這樣經過一段時間的擴軍練兵，使吳佩孚的軍隊無論在數量上還是在素質上，都比其他軍閥高出一籌，為其日後窮兵黷武奠定了堅實的基礎。

西元一九二一年七月，湘軍攻鄂，湖北督軍王占元告急，吳佩孚因與王同屬直系，又是山東老鄉，所以起初表示支持王占元，他在會見湖北「民意代表」時，說王占元當督軍是政府任命的，不能隨意推翻。後來見反王勢力雄厚，王占元無法保住，便改變初衷，立即以援鄂為名，派親信蕭耀南率軍入鄂，大敗趙恆惕湘軍，八月，吳佩孚被任命為湖北湖南兩省巡閱使，成為全國三大巡閱使之一。湘直戰爭後，吳佩孚很快又與川軍接火，並將川軍打敗。此時他躊躇滿志，以天下救星自詡，寫詩道：

彝陵風雨洞庭秋，一葉扁舟駛上游。
東北峰煙猶未息，西南鼙鼓幾時休？
廬山面目真難現，巫峽波濤慣倒流。
獨坐梢頭思逝水，江水咽盡古今愁。

吳佩孚在取得對湘、川作戰勝利，飽覽兩湖山水後，仍舊回到洛陽老巢，不久他又利用河南人民反對趙倜的情緒，推波助瀾，把趙倜擠走，讓自己的心腹張福來做河南督軍，從此將中原大地全部掌握在自己手裡，這時的吳佩孚更加狂妄自大，以為天下無敵。

十一月十二日，吳在曹錕召集的保定會議上，竟提出要率十萬大軍攻打廣東，「統一」全國，然而就在他意滿志得之時，全國反對其武力統一的運動已走向高潮，一切非直系的勢力均起而響應，他們紛紛以「民主」、「自治」、「聯省自治」，及其他各種名目，與吳佩孚相對抗，特別是以張作霖為首的奉系軍閥，自直皖戰爭結束以來，與直系積怨越來越深，本來奉系張作霖是懷著入關爭霸的野心參加反皖戰爭的，但擊敗皖軍後，皖軍三個師的武器彈藥皆為吳佩孚所吞占，而奉軍只得到皖軍教導團的一部分重炮和器材，分贓不勻，使張作霖大為不滿，後來在組閣問題上，直奉又不斷發生摩擦。張作霖經過一番幕後策劃，抬出梁士詒為國務總理，來壓制直系勢力，而吳佩孚則通電指責梁士詒親日賣國，於西元一九二二年一月把梁趕下台，直奉矛盾因而激化，甚至發展到兵戎相見的程度。這時，直系方面的曹錕，因與張作霖是兒女親家，不願公開鬧翻，曾三次派人去奉天談判。但張作霖毫不讓步，並提出罷免吳佩孚、梁士詒復任內閣總理、京津地區由奉軍駐防等苛刻條件，來進行要挾，因此夾在吳、張之間的曹錕才下決心反奉，並電告吳佩孚說：「你即是我，我即是你，親戚雖親，不如你親，你說怎麼辦就怎麼辦吧！」四月十日，奉軍開始入關，將鎮威軍司令部設在軍糧城，前鋒直抵德州，四月十七日，吳佩孚任直軍總司令，兵分三路，迎戰奉軍，四月二十七日，奉軍發表對直作戰通電，斥責吳佩孚「貪、鄙、狠、惡、不忠、不信、不仁、不義」，並說「罪在吳氏一人」，「與曹使無涉」，四月二十九日，鎮威軍總司令張作霖下達了總攻擊令，稱：「乃吳佩孚者，狡黠成性，殃民禍國，醉心利祿，反覆無常」，「盤踞洛陽，甘作中原之梗；弄兵湘鄂，顯為吞食之謀」，至此第一次直奉戰爭爆發。戰爭開始，東路直軍在奉軍騎兵衝擊下，退守任丘、河間；西路直軍受奉軍炮火的壓制，也無進展，恰在這時奉軍西線上的鄒芬第十六混成旅（原系馮國璋直軍，後被奉軍收編）突然倒戈，遂使奉軍整個戰線崩潰，張作霖準備了半年多，但僅僅打了六天，就以失敗告終，張為保存奉軍實力，匆忙率軍退出關外，第一次直奉戰爭時間雖短，然而奉軍損失卻十分慘重，共死亡兩萬餘人，重傷、逃亡一萬餘人，被俘四萬餘人，同時被迫吐出了京、津地區這兩塊肥肉。

奉系被趕出關外後，由直系獨自控制了北洋政府。起初他們迎立黎元洪為總統，儘管黎對曹、吳非常倚重，但卻得不到他們的全力支持，因為這時曹錕也在做著總統夢，他一面指使左右親信四處活動，為自己上台大造輿論，一面給黎元洪出難題，施加壓力，此時吳佩孚本想利用黎元洪這塊招牌，完成武力統一計畫，但又不願公開得罪曹錕，所以對曹錕的各種活動，既不積極參與，也不出面阻止，採取聽之任之的消極態度，因此這期間他很少到北京，而是在河南專心經營自己的大本營。

西元一九二三年二月，河南發生中國革命史上的一件驚天動地的大事，在中國共產黨的領導下，京漢鐵路工人在河南鄭州成立總工會，召開大會時，吳佩孚指使軍警前往阻撓破壞，不准開會，與工人發生衝突。鐵路工人義憤填膺，於二月七日舉行大罷工。這時吳佩孚澈底撕去了「革命將軍」的偽裝，派荷槍實彈的士兵進行武力鎮壓，當場開槍射擊，打死四十餘人，打傷多人，鐵路工人的鮮血，染紅了中州大地。作為屠夫和劊子手的吳佩孚，對人民犯下了不可饒恕的罪行。

西元一九二三年十月，曹錕以每張票五千元的價碼賄賂國會議員，在十月五日當選為總統，醜聞傳出，國人皆罵受賄議員為「豬仔議員」，浙江、四川、雲南、廣東等省通電反對這次賄選，曹錕為了坐穩總統交椅，便安撫吳佩孚，把過去由自己擔任的直魯豫三省巡閱使讓給他，此時的吳佩孚表面上是直系第二號人物，但實權卻牢牢控制在自己手中，其設在洛陽的巡閱使公署，機構十分龐大，除設參謀、軍需、執法、軍械、政務、教育、交際、副官等八大處外，還聘請許多顧問、諮議、差遣等，總數不下千人，各省實力人物，為討好吳佩孚，均派有代表常駐洛陽，當時洛陽成了中國北方的政治、軍事中心，人們只知吳佩孚，而不知北洋政府，就連英美等國也對吳高看一眼，美國曾運給吳佩孚價值三百多萬元的軍火，供其打內戰之需；英國也不甘落後，除給吳大筆貸款外，還派莫立斯和格林擔任吳佩孚的政治、軍事顧問；日本人岡野增次郎當年曾與吳佩孚一起赴東北刺探情報，趣味相投，吳佩孚也將他聘為顧問。

吳佩孚的權傾一時還體現在他的兩次做壽上。第一次是在西元一九二三年（農曆三月初七）吳佩孚五十歲生日，雖曾登報謝壽，但仍有七百多人專程跑到洛陽為他祝壽，連前清廷的攝政王也趕來湊熱鬧，並送上「大內珍玩」為壽禮，吳佩孚看後十分喜愛，回贈萬元致謝，還有因變法而名噪一時的康有為，這時也想拉攏吳佩孚支持自己的政治主張也前來祝壽，並親自撰寫壽聯：「牧野鷹揚，百歲勳名才半紀；洛陽虎視，八方風雨會中州。」康在聯中把吳比作完成統一大業的周武王，吳佩孚非常得意，當即賞給康四百塊大洋。第二次，吳佩孚五十一歲生辰，場面更為熱鬧。為搞好慶賀活動，吳下令徵用了洛陽所有的旅館、煙館、妓院以接待來賓，結果前來祝壽的中外賓客達數千人，城裡館舍住不下，好些人住到兵營中。即使這樣，北京宣統遜帝的代表鄭垂仍無處下榻，只好與日本顧問岡野擠在一起，那幾日吳佩孚的大帥府，真是高朋滿座，杯斛交錯，燈紅酒綠，熱鬧非凡，吳兩次做壽，各方送來的大批壽禮中，金玉珠寶、字畫幛繡，應有盡有，據估計總價值四百萬元，為了存放這些禮品，吳佩孚讓人在漢口英租界租了七個大倉庫，還略顯緊張。

吳佩孚在當時之所以能如此「大將軍八面威風」，主要是因為他控制著五個師、一個混成旅，共十餘萬人的軍隊，他深諳軍權之重要，故不管有多少個頭銜，但仍兼任其賴以起家的第三師師長一職，駐防洛陽，另派王汝勤第八師駐湖北宜昌；以靳雲鶚第十四師駐鄭州；以楊清臣第二十四師駐開封；以田維勤第二十六混成旅駐豫南。此外還有其他部隊駐直隸、陝西等地，這樣就形成了一個以河南為中心，包括鄂、直、陝幾省在內的勢力範圍。在這塊土地上，吳佩孚成了主宰一切的統治者，而其影響卻遠遠超出這個範圍，連大總統曹錕也懼他幾分，常派特使到洛陽與其商議軍機大事，當時的吳佩孚權勢達到頂峰，野心也愈加膨脹，常常流露出雄踞中原、鯨吞海內之意，待人接物更加目空一切，專橫跋扈，頤指氣使，吳年輕時的一位老同學到洛陽投奔他，吳瞧不起這人，便安排他一個閒職，這位同學不服氣，要求到一個縣任縣長，吳佩孚輕蔑地批道：「豫民何辜！」不答應他的請求。此人仍不死心，又要求領一旅人馬，踏平兩廣，並說班師後絕不戀兵權，解職種樹自娛，吳佩孚眉頭一皺，冷笑數聲，提筆又批道：「先種種樹再說」，澈底回絕了這位同學的請求，吳的這位同學究竟為何等人物姑且不論，而吳當時那種居高臨下的傲氣和一言九鼎的權勢，則可以看得清清楚楚。

吳佩孚的驕橫跋扈，引起了直系以外各軍事力量的恐懼和不安；而曹錕的賄選醜聞，更變成各軍閥聯合反直的催化劑，在直皖和直奉兩次大戰中先後遭到失敗的皖系段祺瑞和奉系張作霖，對吳佩孚一直耿耿於懷，他們一個是陰謀東山再起，一個是企圖捲土重來，這種共同的遭遇、共同的命運，終於促使他們聯合起來，去打倒直系這一共同的敵人，特別是張作霖，在這中間起著一種極為特殊的作用，張作霖向來不屑與吳佩孚為伍，吳自稱「大帥」，他即讓人稱自己為「老帥」，並稱他的兒子張學良為「少帥」，讓其與吳處於同一等級，第一次直奉大戰，張作霖兵敗退回東北後，無日無時不思報仇雪恥。為此他採取招攬人才、加強練兵、更新武器等一系列措施，同時還加強與日本的勾結，爭取日本的財力支持和軍事援助，經過兩年時間的準備，奉軍實力大增，遂決定主動出擊，派大軍入關，與直系再爭天下。

西元一九二四年九月，盧（皖）齊（直）戰爭爆發，張作霖便借支持皖系盧永祥為名，進軍榆關。曹錕慌忙電告吳佩孚，吳則作出同時對盧、張作戰的決定，並於九月十四日由洛陽奔赴北京，九月十七日晚，在中南海四照堂召開軍事會議，大戰在即，會議本應很嚴肅，但吳根本不把奉軍放在眼裡，身著短衫，歪坐在桌邊宣讀討奉宣言，吳的這種反常表現，令與會的高級將領吃驚，私下議論說，主帥把決戰視為兒戲，前景不容樂觀，會上吳宣布自任討逆軍總司令，任命王承斌為副總司令兼直隸後防籌備總司令；「任命彭壽莘為第一軍總司令，沿京奉線出發，率直系主力部隊布防山海關和九門口，與奉軍作正面對抗；任命王懷慶為第二軍總司令，統率熱河駐軍，出喜峰口，攻平原、朝陽；任命馮玉祥為第三軍總司令，出古北口，攻赤峰，後兩路人馬意在分散奉軍兵力，如得手可長驅直入，威脅錦州，在奉軍老巢開戰；當奉軍主力被扯得七零八落時，再由直軍悍將靳雲鄂率精銳第十四師、張福來率第二十四師及第三師六旅，由葫蘆島登陸，截斷奉軍後路，南北夾擊，圍殲奉軍主力，然後揮師北上，占領整個東北。」吳佩孚在會上還特別提到：「奉軍經過了幾年的準備，又有日本人撐腰，難以速戰速決，必須先在山海關、九門口方向吸引住奉軍主力，以防禦為主，打陣地戰，使他前進不能，後退不得，繼而由熱河兩路出兵威脅東北，使奉系軍隊顧此失彼，分散兵力，最後出奇兵在葫蘆島登陸，一舉結束戰爭，使日本人來不及插手」，吳佩孚講得滔滔不絕，忽有人提醒說：「海空軍作何部署？」吳愣了一下，又為海軍和空軍分配了任務，最後任命曹鍈、胡景翼、張席珍、楊清臣、閻治堂、張治公、李治雲、潘鴻鈞、譚慶林為各路援軍司令，任命張福來為援軍總司令，統率協調各路援軍，隨時準備增援，直軍投入這次戰爭的總兵力有四十餘萬人，而奉系僅二十五萬人，雙方兵力對比，直系占有較大優勢。

戰爭開始，奉軍很快奪取了熱河各戰略要地，王懷慶直軍向長城各口潰逃，山海關方向，張學良、郭松齡率本部奉軍從九月二十八日起，向直軍發動猛烈進攻，直軍居高臨下，奉軍傷亡枕藉，但奉軍在飛機、大砲的火力支援下，攻勢更加猛烈，先後攻占九門口、石寨等戰略要地，吳佩孚為挽回頹勢，於十月十二日親臨山海關前線指揮，並將其主力第三師及靳雲鄂、閻治堂、王維城、楊清臣等五個師和田維勤等八個混成旅投入戰鬥，同時命馮玉祥部出兵熱河，策應山海關方向作戰。

就在直奉雙方處於膠著狀態，不料吳佩孚的後院卻著起一把衝天大火，澈底打亂吳的整個作戰部署，事情的原委是這樣的：吳佩孚為人剛愎自用，「老子天下第一」，聽不得不同意見，加之對部下分三六九等，所以內部矛盾重重。第三軍總司令馮玉祥秉性耿介，不隨流俗，政治上有自己的見解，治軍也有一套辦法，因而不受吳的喜愛，而馮對吳也不馴服，更不阿諛奉承，吳佩孚五十大壽，馮玉祥不滿吳的鋪張和一些人的攀附，竟送去清水一盆當作壽禮，還附上一句話：「君子之交淡如水」，吳表面上對別人說：「究竟煥章是有心人」，但內心裡卻增添了幾分忌恨，馮玉祥督河南時，吳派親信寶德全為軍務幫辦，意在監視馮玉祥，馮以牙還牙，派人在半道上將寶殺掉，吳追問此事，馮來個一問三不知，此後二人積怨越來越深，每逢作戰，吳總命馮軍衝在前面，而軍餉卻經常拖欠，馮為此常有怨忿之言，而吳則藉機解除馮的兵權，馮找到曹錕告狀，曹便將他留京任檢閱使。第二次直奉大戰將起，吳深知馮部英勇善戰，才重新起用馮為第三軍總司令，讓馮到前線當炮灰，對此馮心裡也是非常清楚，怎能不另作打算？恰巧有一天直軍第十五混成旅旅長兼大名鎮守使孫岳，來到北京南苑馮玉祥新建之昭忠祠致祭，孫早年參加過同盟會，思想傾向革命，受到吳佩孚的懷疑和壓制，心中不滿，常與南方革命黨聯絡，想伺機倒吳，馮孫二人祭祀完畢，孫感慨道：「民國成立不過十餘年，這裡躺下這麼多英烈！」馮玉祥接道：「他們為國捐軀，落得一個忠字，也算不朽了。」接著馮又以言挑之道：「孫二哥，將來你百年之後，人們該怎麼稱道？」孫岳說：「在革命黨看來，一個不折不扣的走狗。」馮又說：「你統兵數千，坐鎮一方，怎麼落個走狗？」孫岳反問道：「這算什麼？還有帶三四萬兵馬的人甘心做走狗呢！」馮玉祥盯著孫岳，突然哈哈大笑後連說：「說得好，說得好！」於是馮將孫請到自己官邸，彼此傾訴衷腸，相約聯合倒吳，孫岳還提出再聯絡胡景翼一起幹，並說由他先去跟胡提議這項計畫。胡景翼也是直系的一位重要將領，早年參加同盟會，受孫中山派遣，暫率軍棲身於直軍，以保存實力，等待時機，平時與馮交往較多，故當孫提出聯胡反吳，馮當即同意。幾天後，胡景翼以看病為名，來京會見馮玉祥，表示支持馮的倒吳行動，至此馮孫胡三角同盟形成，馮玉祥深知吳佩孚勢力很大，單靠他們三人難以迅速成功，遂祕密派人與張作霖聯繫共同倒吳事宜，張作霖大喜過望，隨即派人與馮協商，答應擊敗吳佩孚後，由馮玉祥主政，奉軍不進入關內，而馮玉祥則表示自己絕不把持政府，而是請孫中山先生北上主持國事，雙方很快達成協議，馮張祕密結盟，使奉軍避免了兩面作戰，得以集中主力專攻山海關方向，掌握了戰爭的主動權，當吳佩孚將精銳部隊全部抽到山海關一線時，馮玉祥認為時機已到，便於十月十九日發動兵變，率第三軍晝夜兼程兩百四十里，回師北京倒戈囚曹，同時胡景翼也率陝軍由遷安開回通州。十月二十三日，馮孫胡正式宣布推翻了直系政府，電邀孫中山先生北上以組成國民政府，同時他們還決定把自己統率的部隊改為國民軍，以示與舊軍隊一刀兩斷，徹底決裂，對於直系實力人物吳佩孚，則解除其一切職務，另任他為青海墾務督辦，實際上等於是把他流放了。

吳佩孚得知馮玉祥北京兵變的消息，氣急敗壞，於二十三日晨在秦皇島車站召開緊急會議，當即決定：由吳佩孚親往天津主持討馮事宜；由張福來代理總司令職務，繼續指揮對奉戰事。十月二十四日，吳佩孚率第三師和第二十六師一部共萬餘人，自山海關前線趕赴天津，二十六日在天津新站設總司令部，發出通電，稱馮玉祥劫持元首，十惡不赦等，然後組織兵力向北京進發，馮玉祥對此早有準備，派精兵迎頭痛擊，結果吳軍一觸即潰，頃刻瓦解，吳佩孚又急令南方之齊燮元、孫傳芳火速北上增援，不料山東的鄭士琦卻宣布中立，不讓南軍過境，在增援計畫無法實現，而國民軍步步緊逼的情況下，有人勸吳佩孚暫時避進租界，吳呵斥說：「堂堂軍人，託庇外人，不可為也。」此時，昔日威風凜凜的吳大帥也一籌莫展了，百般無奈，只好從天津登艦南下。幾經輾轉，回到河南老巢。剛剛坐定，胡景翼帶兵追討，又倉皇逃奔湖南。從此，以北洋勁旅第三師為基礎發展起來的曹吳直系軍事集團，已潰不成軍，吳佩孚在其戎馬生涯中，第一次嘗到從權力寶座上跌落下來的滋味。

西元一九二五年初，湖南督軍趙恆惕派兵護送吳佩孚到鄂城縣西山休養。後吳又蟄居於鄂豫交界的雞公山，但是不甘寂寞的吳大帥，絕不會像他自己聲明的那樣，不再過問國事。相反卻是賊心不死，隨時準備東山再起。十月，當孫傳芳在江蘇通電擁吳反奉時，吳佩孚以為時機已到，立即出山，並組織起十四省討賊軍總司令部，自任總司令，宣布討奉，但沒多久，為了對付已經「赤化」的馮玉祥，吳又與死敵張作霖握手言和，並結拜為兄弟，聯手進攻國民軍。西元一九二六年六月，正當吳佩孚在南口指揮部隊與馮玉祥的國民軍激戰時，廣東革命政府的北伐軍已兵進兩湖，吳匆忙南下，在漢口網羅殘兵敗將，與北伐軍相對抗，在汀泗橋戰役中，吳佩孚親自督戰，致使汀泗橋四易其手，儘管吳所派大刀隊接連砍下九個臨陣退卻的營、團長的頭顱，但仍無法挽回敗局，八月二十九日，北伐軍在當地農民的支持下，終於占領了汀泗橋。十月十日，北伐軍攻陷武漢三鎮，吳軍主力全部被殲，吳佩孚只帶少數殘兵逃亡鄭州，旋又逃至四川，西元一九二七年十二月，蔣介石南京政府對吳發出了通緝令。西元一九三一年春，蔣又以聘吳為南京政府高級顧問為名，誘吳出川。而吳卻來了個明修棧道，暗渡陳倉，以應蔣介石電召為名，率衛隊北上，經甘肅、內蒙，於西元一九三二年底到達北平，投奔張學良處，企圖伺機再起，張學良對他敬而遠之，除供其日用生活費用外，並不讓他過問軍國大事，吳佩孚只好在北京什錦花園過起隱居生活。抗日戰爭爆發後，日本為強化在華統治，千方百計請吳到漢奸政府中任職。吳始終不肯出山，並在一次記者招待會上發表了「恢復全面和平，保持中國領土與主權完整，日本必須撤軍」的嚴正聲明，使日本特務機關十分惱火，西元一九三九年冬，吳佩孚在一日本醫生為其治療牙疾時死去。

吳佩孚是北洋軍閥的後起之秀。他從一個勤務兵，逐步成長為北洋軍事集團的首腦人物，並在中國政壇上馳騁了十幾年，幾乎參與了北洋軍閥後期的所有重大軍事行動，且被冠以「秀才軍閥」、「長勝將軍」、「革命將軍」等名號，這一切都得益於他作為「儒將」的文化知識水平和政治投機能力。他善於窺測時機，順應形勢，適時提出一些激進的口號，來蠱惑人心，以求一逞；他深諳亂世中控制一支為己所用的軍隊的重要性，自始至終抓住軍權不放；他善於治軍、用兵，故能以訓練有素、勇猛善戰之軍，在一些戰役、戰鬥中取得勝利，在一定政治條件下獲得某些成功。

但是，吳佩孚作為一個封建軍閥，不可避免地會帶有同其他軍閥一樣的反動性，如窮兵黷武殘民以逞，驕橫跋扈奢侈腐化等，最後竟發展到逆歷史潮流而動，成為壓制民主，反對進步，屠殺人民，破壞革命的劊子手，結果為北伐革命的怒潮所淹沒，落得個兵敗身逃的可卑下場，值得指出的是，吳佩孚晚年不為日本侵華勢力所屈，至死不當漢奸的高尚節操，是十分難能可貴的。

張作霖入關問鼎

北洋軍閥在袁世凱死後逐漸分化為皖直奉三大派系。皖直兩系的主要首領大都出自「小站將弁」，乃是袁世凱的嫡系，張作霖為首的奉系，則是以東北土匪為班底發展起來的，故被稱之為北洋軍閥中的小兄弟，但這個桀驁不馴的小兄弟，在稱雄東北之後，野心急驟膨脹，數次入關，與北洋皖、直兩係爭奪中央領導權，企圖問鼎中原。西元一九二四年九月第二次直奉戰爭爆發後，奉系張作霖與馮玉祥祕密聯合，一舉擊敗直系吳佩孚，結束了直系在北洋政府的統治。一年後奉、直相結，將馮玉祥之國民軍驅逐出京，奉軍進占津京地區，張作霖入主中南海，自稱安國軍大元帥，成為北洋末期的實際統治者。

張作霖，字雨亭，遼寧海城人。原籍為直隸河間府，先祖為李姓，因過繼張家，改姓張。道光年間，其曾祖張永貴因災荒攜家遷往東北，先是落戶於廣寧高山子，後遷往海城定居。祖父張發，一生務農。父張有財，「不事生產」，嗜賭成癖，娶妻邵氏，生一子一女，邵氏病亡，續娶王氏，生二子一女。張作霖生於西元一八七五年，排行第三，小名「張老疙瘩」。張作霖幼時聰明伶俐，但不喜讀書，深受父影響，放蕩成性，上過一年私塾，因鬧惡作劇被開除，後經常隨其父出入賭場。張作霖十四歲那年，其父因賭債糾紛，被毆致死。其母王氏怕他學壞，便借幾弔錢讓他做小本生意，後又讓他學做木匠活，不久又改學獸醫，結果均無所成。西元一八九四年中日甲午戰爭爆發後，張作霖入宋慶毅軍馬隊，由於他精於騎射，很快被提升為哨長。戰後宋慶奉命移防關內，張作霖「攜械潛逃」，私自逃離隊伍回到黑山，當時遼西地方政府全部癱瘓，兵痞、流氓紛紛落草，馬賊、胡匪嘯聚山林，一些地方豪強，在保境安民招牌下，組織民團、保險隊等土匪武裝，張作霖也在北鎮縣中安堡一帶建立起有幾十人的保險隊，約在辛丑年間，他與張景惠部土匪合夥，聲勢日大，不久湯玉麟、張作相等又先後投靠，遂奠定了奉系軍閥的班底。

西元一九〇二年，張作霖主動要求清政府招撫，在當地豪紳保薦下，新民廳知府增韞將張部土匪收編為省巡防營，西元一九〇三年，張被任命為新民廳游擊馬隊營管帶，西元一九〇四年，日俄戰爭爆發，張開始暗中助俄，後又轉而助日，並為日軍收集情報，其間張的隊伍由一營擴充為三營，後又擴為五營，西元一九〇七年，徐世昌出任東三省總督，張設計刺殺遼西巨匪杜立三，受到徐的嘉獎，提升為奉天巡防營前路統領，隨後徐將張部調至洮南一帶追剿被沙俄收買的蒙匪陶克陶胡，在剿滅匪幫過程中，張乘機將孫烈臣部編入己部，至此張作霖的武裝頗具規模，辛亥革命後，張作霖的巡防營進駐省城。西元一九一二年一月，張奉趙爾巽之命，誘殺革命黨人張榕，殘酷鎮壓辛亥革命，被清廷任命為「關外練兵大臣」並賞戴花翎，這時張多次與日本駐奉天總領事落合謙太郎等商討東北局勢，張說：「與其將東北三省委於南方人之手，勿寧讓予外人更為了當。當此時刻，日本國如對本人有何指令，本人自必奮力效命。」二月五日，落合回訪時，張更露骨地說：「如果皇帝退位，成立共和政府，本人即不能聽從指揮。日本國如認為本人不堪信任，而本人又無論如何不能依附共和，只好採取自主行動。其結果，地方紛擾不免為之曠日持久。倘若日本國對於本人及東三省人民尚有關切之情，則本人率民依歸，並非難事。吾人既已失去應為之效命之皇帝，則依附同種之日本，乃屬理所當然。」但是落合知道張是土匪出身，狡詐善變，因此採取了「姑妄聽之」的消極態度，僅表示在「不承擔任何義務」的條件下，與張保持聯繫。袁世凱竊取辛亥革命果實後，張作霖轉而擁袁，是年九月，袁世凱將張作霖所部按新軍編制改編為陸軍第二十七師，納入北洋系統，任張為師長。西元一九一四年八月，袁世凱企圖以「護軍使」的頭銜，誘使張作霖離開奉天老巢，為張所拒絕。西元一九一五年八月，袁世凱將親信段芝貴安插東北，任奉天督軍並節制吉林、黑龍江兩省，張作霖內心不快，但懾於袁的聲威，對段佯表歡迎。西元一九一六年春，袁世凱稱帝遭到全國反對，善於見風轉舵的張作霖，立即改變對袁的恭順態度，逼迫段芝貴離開奉天，袁世凱病死後，北洋政府任命張作霖為奉天督軍兼省長，是年十月，日本寺內正毅擔任首相，主張扶植張作霖作為日本在中國東北的代理人，幫助張作霖進一步統一東北，把東北建設成為日本侵略全中國的基地，日本內務大臣後藤新平在對東北進行考察後著文說：「張作霖並無宦途履歷，與中央政府亦無密切因緣，而在滿洲則有特殊之勢力與地位。」「張氏心中惟有權勢利慾」，「反對日本於彼不利，傾向日本，於彼有益。」「張氏為滿洲專制之王，而日本亦得利用張氏，在滿洲為所欲為。」其時張作霖任奉天督軍後，也加緊同日本勾結，透過其顧問菊池轉告寺內說：「對日本在滿蒙有特殊地位這一點十分了解，對日本開發滿蒙一事，……抱歡迎態度」，在中國內亂的情況下，他將「力避投入政爭漩渦，一意和日本提攜，維持東三省及東蒙的安寧秩序，以專心致力於開發。」後來在日本的支持下，張作霖找藉口剝奪了二十八師師長馮德麟的軍權，吞併黑龍江、吉林兩省，統一東北並進而染指關內，成為北方最強大的軍閥集團之一。

西元一九一八年九月五日，張作霖被北洋政府任命為東三省巡閱使，成為名副其實的「東北王」。此後張作霖野心變得更大，總想入關問鼎，稱霸中原，統一全國，建立張家天下。西元一九二〇年七月，直皖戰爭爆發，張作霖乘機率軍入關，七月十二日，發出《派兵入關參加助直倒皖戰爭》

的通電，七月十九日，奉軍協助直軍擊敗東路皖軍，段祺瑞被迫辭職，直皖戰爭結束，北京政權落入直、奉軍閥之手，張作霖在與直系曹錕共同把持北京政權期間，雙方在戰利品分贓、組閣、劃分地盤等問題上不斷發生矛盾，最後竟發展到兵戎相見的程度。

張作霖為進行反直戰爭，積極籌劃新的反直同盟，他一方面派專使南下，結交孫中山，企圖借助孫的威望以壯聲勢；另一方面，在北方與段祺瑞化敵為友，共同對抗直系軍閥，遂結成張段孫反直三角同盟，同時不斷擴大軍事力量，到西元一九二一年底，奉軍已擁有五個師，二十三個混成旅，三個騎兵旅，遍布東北三省和熱、察、京、津、庫倫等地，西元一九二二年四月，張作霖在軍糧城組成鎮威軍司令部，自任總司令，以孫烈臣為副司令，楊宇霆為參謀長，下設軍需、軍醫、副官、諜報、密電、交通、文書、運糧等處，還有總兵站、野戰醫院等，他將奉軍兵分兩路：以張景惠為西路總指揮，以張作相為東路總指揮。四月二十九日，奉直兩軍在長辛店、固安、馬廠一帶展開激烈戰鬥，第一次直奉戰爭開始。西路奉軍在戰鬥開始後由長辛店向南推進，直軍拚死抵抗，雙方處於膠著狀態，由於奉軍鄒芬的十六混成旅前線倒戈，致使奉軍於五月四日全線崩潰；東路奉軍第一梯隊受西路軍潰敗的影響，不戰自亂，向後撤退；由張學良、郭松齡指揮的第二梯隊與吳佩孚的主力第三師、第二十三師在信安鎮一帶進行激烈戰鬥，吳佩孚親自督戰，張學良等也率先接敵，終於擊退直軍的進攻，但郭松齡見整個戰局勝負已定，便有計畫地將參戰部隊撤出陣地；東線第三梯隊雖一度取得馬廠殲敵數千的勝利，但士氣受到西線潰敗的影響，遂為直軍所敗，被俘七千餘人。餘部被迫退往灤州。張作霖見形勢不妙，為保存實力，便收集殘兵，退出關外，第一次直奉戰爭結束。五月十日，在直系軍閥的支配下，大總統徐世昌下令：「免去張作霖東三省巡閱使、奉天督軍兼奉天省長等本兼各職，聽候查辦；裁撤東三省巡閱使及蒙疆經略使；任命吳俊升署理奉天督軍、袁金凱署理奉天省長；任命馮德麟署理黑龍江督軍、史紀常署理黑龍江省長。」其時張作霖尚在天津接到命令後，當即宣布東三省獨立，並於五月二十八日與吳俊升、孫烈臣等聯名，給孫中山、唐紹儀、伍廷芳及各省督軍發出通電，稱：「共和以來內亂之所以頻仍，由於各軍閥諳於世界潮流，輕棄法令，蔑視民權所致。設非加以根本改造，難期和平統一。吾等當通力合作，促進民治。吳佩孚喪心病狂，跋扈已極，蹂躪人權，肆行叛亂，是以前次奉軍入關，即在促使吳佩孚之澈底覺悟，策劃共同行動。然而吳佩孚反致開戰，更長驅而至天津，干預政治，吾等為救國起見，不得已宣布東三省自治，並與西南及長江各同志將領，採取一致行動，擁護法律，促成統一。今天下厭亂，合法政府如能迅速實現，吾等願立即解甲歸田，不再與問政治。」云云，西元一九二二年五月三十日，張作霖返回奉天，自任東三省保安總司令。

張作霖退歸東北，總結失敗教訓，深感以土匪起家的奉軍官兵素質低、戰鬥力差，要想澈底打敗直軍報一箭之仇，就必須進行整軍備戰，重新武裝奉軍，為此他作出了「重用新人，信任新人，以臥薪嘗膽之精神，整軍經武，以雪戰敗之恥」的決策，並採取措施進行大規模整軍：一是成立整軍領導機構，具體負責整編事宜；二是整頓軍風軍紀，重用新派人物；三是擴建和充實陸軍東北講武堂，提高軍官素質；四是充實骨幹部隊，提高作戰能力；五是擴大軍火生產，改善武器裝備；六是建立海軍、空軍，購買軍艦飛機；七是裁汰無能冗員，實行新式軍制。奉軍經過這番整編和改革，確有一股朝氣蓬勃的景象，再也不是當年的烏合之眾了，此外奉張為了發動對直系的復仇戰爭，不僅加強同國內各反直力量的聯繫，形成奉粵皖三角聯盟；而且加緊同日本帝國主義的勾結，大量購買日本軍火，如西元一九二二年十月，張作霖以一百萬元購買日本存在海參崴的兩萬支步槍和砲彈、飛機等；西元一九二三年二月，日本把從意大利那邊購入的一萬三千支步槍、十二尊大砲全部轉賣給奉軍；同年八月，日本又供給價值三百六十八萬元的武器裝備。在經過長達兩年時間的準備，奉系軍閥終於能夠捲土重來，再次入關與直系軍閥爭奪中央領導權了。

西元一九二四年九月，江浙戰爭爆發，張作霖發出通電，以援助浙江軍閥盧永祥為藉口，挑起第二次直奉戰爭。九月十五日，張作霖組成鎮威軍總司令部，自任總司令，下轄六個軍：第一路軍軍長姜登選、副軍長韓麟春；第二路軍軍長李景林、副軍長張宗昌；第三路軍軍長張學良、副軍長郭松齡；第四路軍軍長張作相、副軍長丁超；第五路軍軍長吳俊升、副軍長闞朝璽；第六路軍軍長許蘭州、副軍長吳光新。其具體作戰部署是：以第一跟第三路軍為主力負責進攻山海關方向；以第二、六路軍進攻朝陽、建平方向；以第四、第五路軍為預備隊，在錦州一帶待命。直系軍閥吳佩孚在英、美帝國主義支持下，也在積極備戰，於九月十二日，組成討逆軍，吳佩孚自任總司令、王承斌為副總司令，兵分三路，與奉軍相抗。

九月十七日，第二次直奉戰爭爆發，奉軍首先出兵進襲熱河，占領朝陽、赤峰、凌源、開魯等地。隨後負責進攻山海關方向的奉軍主力部隊，經過激戰，先後攻克了九門口、石寨等戰略要地，吳佩孚親臨前線督戰，企圖奪回失地，雙方打得難解難分，正當直奉在山海關方向激烈戲鬥時，直系第三軍司令馮玉祥率部於十月十九日倒戈，數萬人馬殺回北京，囚禁了直系首領、大總統曹錕，迫其下達停戰令，罷免吳佩孚直魯豫巡閱使職務，根據馮張在戰前達成的祕密協議，馮玉祥於十月二十五日在北京召開軍政會議，決議電請孫中山北上主政；將馮部改為中華民國國民軍，馮任總司令兼第一軍軍長，這時張作霖趁馮倒戈反直，直軍內部大亂的機會，命奉軍全線出擊，十月二十八日，奉軍李景林、張宗昌部攻入冷口，占領灤州，截斷直軍退路；十月三十一日，奉軍郭松齡部攻占了山海關，將直軍包圍在山海關與秦皇島之間，直軍除少數重要將領由秦皇島乘船逃回天津外，其餘全部被俘。奉軍僅在山海關附近繳獲的直軍槍支就有三四萬支，其他裝備器材和各種物資無計其數，吳佩孚在奉軍和國民軍的夾擊下走投無路，只好率殘部兩千餘人於十一月三日從天津乘艦南逃，第二次直奉戰爭以直系的徹底慘敗而告終。

馮玉祥發動「北京政變」，使張作霖再次進入北京政府由可能變為現實。奉軍戰勝直軍後，張作霖撕毀與馮達成的「奉軍不入關」的協議，將大批奉軍開到關內，以此作後盾，再度插手北京政權。西元一九二四年十一月十日，張作霖趕到天津，十四日便進駐北京，十五日，張馮共舉段祺瑞為「中華民國臨時總執政」，共掌北京政府，這時張作霖與段祺瑞狼狽為奸，串通一氣，其目的一是抵制孫中山進京執政，二是將馮玉祥排擠出北京政府，他們在表面上也邀請孫中山北上「共商國是」，但實際上卻極力反對孫中山的聯俄容共的革命主張，當孫中山接受離粵北上的建議，發表北上宣言，主張召開國民會議，提出反對帝國主義，廢除不平等條約的口號時，張作霖和段祺瑞卻以「外崇國信」，承認一切不平等條約，召開有軍閥、官僚、政客參加的「善後會議」來對抗，孫中山到達天津，張作霖於十二月十四日在天津張園與孫會見，非常無禮地說：「孫先生，我是粗人，坦白言之，我是捧人的，我今天能捧姓段的，就可捧姓孫的。唯我是反對共產，如共產黨，雖流血所不辭。」西元一九二五年二月一日，張、段不顧孫中山的激烈反對，強行召開善後會議，使孫中山一氣之下病倒，於三月十二日病逝於北京，隨後他們又把鬥爭矛頭指向馮玉祥，馮見他們對孫中山先生毫無誠意，而奉張又咄咄逼人，連自己從吳佩孚敗兵中收編的一些軍隊也被繳械，遂提出到京西天台山「休養」，至此北京政府完全被張段二人所控制，而張作霖則乘機派軍四處搶占地盤，從西元一九二四年到西元一九二五年上半年，奉軍先後占據直隸、山東、安徽、江蘇、上海等地，其勢力範圍除東三省外，「北起熱河，南包蘇皖，威逼京津，問鼎中原」，此時的張作霖，真是八面威風，猖狂至極，然而，奉張勢力南下卻觸犯了英美帝國主義的利益，一九二五年十月，在英美的支持下，直系軍閥孫傳芳，自稱浙閩皖蘇贛五省聯軍總司令，出兵進攻奉系軍閥，楊宇霆、邢士廉、姜登選一槍未放，倉皇出逃，奉軍第八師全部被俘。孫傳芳出兵不到五天，就把奉軍逐出上海、江蘇、安徽，氣得張作霖七竅生煙，剛想部署如何收回失地，自己的後院也著了一把大火——郭松齡倒戈反奉。

郭松齡，字茂宸，西元一八八三年生於奉天漁樵寨。早年曾參加同盟會，具有民主革命思想，是奉軍中英勇善戰的將領，兩次直奉戰爭均立有大功，但張作霖卻功高不賞，使其產生倒戈反奉之念。十一月二十二日，郭松齡與馮玉祥訂立「郭馮密約」，當晚郭又與李景林連發三個通電，即要張作霖下野、要楊宇霆下台、宣布奉國兩軍停止敵對行動，二十三日，郭在灤州召開緊急軍事會議，將所部七萬人改編為四個軍，宣誓回師奉天，起初郭進攻得手，張作霖十分緊張，一度準備下野，就連北京政府之段祺瑞，也擬好了革去張作霖本兼各職的命令，只等郭進至瀋陽再公開發表，就在郭部已進至興隆店，張作霖統治岌岌可危時，日本關東軍表示出面助張，條件是誘逼張作霖與其簽訂賣國害民的「日張密約」。主要條款是：一、日本臣民在東三省和東部內蒙古，均享有商租權；二、間島地區行政權移讓給日本；三、吉敦鐵路的延長，並與圖們江以東的朝鮮鐵路接軌和聯運；四、洮昌道所屬各縣，准許日本開設領事館；五、以上四項的詳細實施辦法，另由中日外交機關共同協商決定。張作霖當即在密約上簽字。隨後日軍於十二月九日調動飛機、大砲和地面部隊，幫助張作霖阻擊郭軍，雙方經過激戰，郭軍戰敗，郭松齡夫婦被捕，在楊宇霆的慫恿下就地處決。郭反奉雖然失敗，但對奉軍的打擊卻是十分沉重的。

當時中國正值第一次國內革命戰爭階段，南方廣東革命政府正積極準備北伐，以推翻北洋軍閥的反動統治；在北方，馮玉祥也傾向革命，被稱為「赤化將軍」，這樣一切反革命勢力逐漸彙集到北洋軍閥的大纛下，無論皖系、直系、奉系，還是一些地方割據勢力，在「反赤」問題上目標都是一致的，就連一年前是冤家對頭的張作霖和吳佩孚，這時也握手言歡「聯手反赤」，共同對付馮玉祥的國民軍。為此張作霖以進攻郭松齡殘部為名，於一九二六年一月率奉軍第三次入關，與此同時，東山再起的吳佩孚，自任討賊軍總司令，率直軍殘餘部隊，進軍河南，馮玉祥的國民軍處於直奉軍隊的夾擊之中，面對這種嚴重局面，馮玉祥為擺脫困境，緩和對方的進攻，遂通電下野，前往蘇聯考察，將國民軍交張之江統一指揮，但奉直軍步步緊逼，毫不退讓，英日等帝國主義也為虎作倀，除在武器彈藥上援助奉直軍外，還蓄意製造各種事端，公開幫助奉直聯軍。其中最為有名的就是當年三月日本軍艦炮轟大沽口砲臺事件，三月初奉系渤海艦隊司令畢庶澄率領五艘軍艦，運送張宗昌的陸戰隊，企圖在大沽口登陸，同榆關張學良部、馬廠李景林部聯合進攻國民軍，三月七日奉軍艦隊在北塘登陸，與國民軍發生激戰，結果為國民軍所敗，於十日退回直隸灣，經過這次戰鬥，國民軍加強了對港口的防範，在港口附近敷設水雷，並規定外國船隻，只准白天航行，但國民軍的正義行動卻遭到外國使團的抗議，國民軍作出讓步，提出在「外輪不得再為敵軍運送軍械」、「外輪進入港口不得使敵艦尾隨而入」的前提下，同意開放大沽口。但是列強對國民軍的勸告置之不理，十二日下午三時，日本兩艘驅逐艦駛入大沽口，後面尾隨著數艘奉船。駐守砲臺的國民軍發現這一情況後，立即以旗語阻止其前進，日艦卻突然向砲臺實施炮擊，當場打死國民軍四人，傷八人。國民軍被迫進行還擊，將日艦驅逐出大沽口。大沽口事件發生後，日本帝國主義反而向中國提出抗議，誣我違反《辛丑條約》，並於三月十六日糾集各國公使向中國政府提出最後通牒，第二天又將二十多艘軍艦齊集大沽口，進行示威，帝國主義的野蠻行徑激起中國人民的極大憤慨，在中國共產黨人李大釗的領導下，五千多名學生、工人和各界愛國人士，於三月十八日在天安門廣場集會，抗議帝國主義的侵略暴行，會後到位於鐵獅子胡同的國務院請願，段祺瑞政府在列強的唆使下，派出大批軍警進行鎮壓，當場打死四十七人，打傷近兩百人。製造了震驚中外的「三一八慘案」，奉直軍利用這起事件，全力向前推進。四月，直魯聯軍突破馬廠，直撲津京；接著直軍占領了開封、鄭州，迫近石家莊；奉軍也已逼近北京，四月十五日，國民軍在各方面壓力下，撤出北京，退守南口，至四月底，奉軍和直魯聯軍已將南口團團圍住。八月，直魯聯軍在張宗昌、褚玉璞統率下，以軍長王棟為前敵總指揮，率部在京綏鐵路左側，奉軍第十軍在京綏鐵路右側，同時向國民軍發起攻擊。國民軍利用有利地形，構築堅固陣地，以密集火力，進行奮勇抗擊，扼制了敵之攻勢。雙方遂形成膠著狀態，八月上旬，北路奉軍吳俊升部和湯玉麟部於沽源、獨死口一線大敗國民軍宋哲元部，進而攻下多倫，長驅直入，直搗國民軍的大本營張家口，八月十二日，擔負正面進攻南口任務的奉軍，攻入得勝口，出其不意地搶占了馬耳山，扼住了居庸關險要。隨後奉軍在大砲、坦克的配合下，進行近兩晝夜的攻擊，國民軍軍力無法再持續下去，遂由南口總退卻，奉軍占領南口。

國民軍於四月撤離北京後，張作霖於六月二十六日以勝利者的姿態進入北京。二十八日吳佩孚也從武漢趕到，當天張作霖與吳佩孚「親切」會面，一掃前嫌，重歸於好，並結拜為兄弟，同時商定了繼續進攻革命軍的計畫，鑑於廣東國民革命軍北伐在即，吳佩孚不敢在北京久留，遂於當天晚上離開北京，趕往武漢，部署與北伐軍作戰事，此後北京政權實際上操縱在張作霖手中。八月奉軍攻下南口後，控制了張家口、直隸、熱河、察哈爾等大片地區，張作霖當即任命褚玉璞為直隸督辦，湯玉麟為熱河都統；高維岳為察哈爾都統，商震為綏遠都統，李景林因為曾支持過郭松齡反奉，故被撤銷河北督軍職務，這期間張作霖極力摧殘北方的革命人士和進步勢力，著名記者邵飄萍就慘死在奉軍的屠刀下。十一月十四日，張作霖在天津蔡園舉行軍事會議，商討對抗北伐軍和馮軍進攻問題，十二月一日，張作霖就任安國軍總司令，並發表長篇「反赤宣言」叫囔道：「吾人不愛國則已，若愛國非崇信聖道不可；吾人不愛身則已，若愛身非消滅赤化不可。」張作霖企圖以安國軍來「安定」中國，奪取北京政府的最高領導權；他妄想靠安國軍來「統一」中國，使其成為「萬民擁戴，世界欽敬」的中國領袖，此後張作霖在「反赤」問題上與蔣介石南北呼應，西元一九二七年四月十二日，蔣在上海製造「四一二」政變，殘酷屠殺共產黨人，而張作霖在北方則於四月二十四日殘酷地絞殺中國共產黨創始人之一李大釗和其他革命黨人共二十人。六月十一日，張作霖在北京順承王府召集會議，討論解決北方政治問題，孫傳芳、張宗昌及奉系將領參加了會議，會上孫傳芳積極主張擁戴張作霖為中國陸海軍大元帥，組成鞏固的安國軍政府，以完成對南方用兵和「討赤大業」，張宗昌等均表示贊同。六月十六日，由孫傳芳、張宗昌、吳俊升、張作相、褚玉璞、張學良、韓麟春、湯玉麟等八人聯名發表擁戴電，稱「天禍民國，政綱解紐，國無政府，民無元首，紛紜擾攘，累載於茲。現在赤氛瀰漫，天日為昏，毒痛全國，無所不至。國民之期望，友邦之責備，皆以討赤為惟一安國之大計。」所以，「際此存亡續絕之交，正我輩奮身報國之日」，為了「拯神州陸沉之危，救元元塗炭之厄」，「惟有籲懇總司令以國家為前提，拯生靈之浩劫，勉就海陸軍大元帥，用以振奮軍志，激勵士心，堅中央出令之權，一全國同仇之愾，庶可道掃赤氛，澄清華夏」，張作霖也於當天發表通電，大肆汙衊人民革命鬥爭，詆毀共產主義事業，表明其反共反革命的反動立場，通電說：「……比者共產分子歸降蘇聯，宣傳赤化，甘心賣國，貽禍寰區。作霖不武，痛神明華冑等於鹿豕，大好神州淪於夷狄。為驅除洪水猛獸，不能不戰；為世界人類生存，不能不戰。用是聯合諸帥，共起義師。……一息尚存，此志不改。作霖未嫻政事，除完成討赤事業外，固無絲毫成見。」在作了一番反共討赤表白後，張作霖於六月十八日午後三時半，在北京中南海懷仁堂宣誓就任陸海軍大元帥，並發表就職宣言：「比年以來，四方多難，國是蜩螗，中央無負責之人，邪說乃乘機而入。作霖者睹茲赤氛日熾，不忍使五千年神明衣冠之冑，淪為異類；三萬里城社農商之盛，夷為荒墟。勉徇群情，於本月十八日就陸海軍大元帥之職。整理內治，惇睦外交，尤為當務之急。……赤逆一日不清，即作霖與在事諸人之責一日未盡。」張作霖於就職當天，任命潘復為國務總理，主持內閣事務。同時任命內閣成員：外交王蔭泰、內務省瑞麟、軍事何豐林、財政閻澤溥、實業張景惠、農工劉尚清、交通潘復（兼）、司法姚震、教育劉哲。至此張作霖成為北洋軍閥政府的最高統治者，終於實現了他多年來夢寐以求的願望。

為了在軍事上便於指揮，張作霖就任大元帥後決定，將過去各路軍隊的名稱，如北方鎮威軍、直魯聯軍、南方五省聯軍等，一律取消，統一稱為安國軍，任命孫傳芳、張宗昌、張學良、韓麟春、張作相、吳俊升、褚玉璞為第一至第七方面軍團長，張作霖分析當時形勢，認為北伐軍連戰皆捷，已據有兩湖、兩廣及江浙地區，建立起南京國民政府，已成為一支強大的軍事力量，而奉系軍閥窮兵黷武、連年征戰，遭到全國人民的強烈反對，其形象在老百姓心目中越來越糟，有鑑於此，要想鞏固奉系的地位，維護其在北方的統治，適時與南方議和是非常急需和完全必要的，遂於六月二十五日發表「息爭令」，企圖與南方政府在平等地位上議和，然而這息爭令剛發出，張作霖就開始後悔，原因是國內形勢又有新的變化，西元一九二七年七月，蔣介石、馮玉祥徐州會議後，雙方在如何對付奉系軍閥問題上產生分歧，接著國民黨南京政府與武漢政府關係破裂，桂、粵系軍閥也同南京政府產生矛盾，蔣介石於八月十三日通電下野。張作霖看到南方國民革命軍內部分崩離析，遂重新鼓起稱雄中原的野心，放棄了與南方議和的計畫，決定向南方發動大舉進攻。命孫傳芳直軍主持津浦線戰事，奉魯軍繼續進攻河南，津浦線上的孫傳芳部計畫由浦口、揚州、江陰三處渡江，接下來前兩路進攻南京後一路沿滬寧路進攻上海，八月二十五日，孫傳芳部分軍隊順利渡江，先後占領了烏龍山、棲霞、龍潭、鎮江等地，八月二十六日，孫軍第二路劉士林部乘大霧強行渡江成功，並向棲霞、龍潭一帶集結，是時南京政府已派出何應欽第一軍和李宗仁第七軍前來阻擊孫軍之進攻，雙方在龍潭地區展開激戰，孫軍傷亡慘重，八月二十九日，白崇禧率部從上海趕來增援，孫軍三面受敵，堅持到三十日晚，終不能敵，便率部分人馬退回江北，其餘大部被包圍殲滅。再說河南方向，奉魯軍對閻錫山部作戰是從十月二日開始的，先是晉軍乘奉軍立足未穩，急速出兵，使奉軍措手不及，迭失要地，十月七日，張學良和韓麟春在保定指揮奉軍第三、四方面軍團進行反攻，很快奪取定州、正定、石家莊、宣化、張家口等地，與此同時，晉軍第四師師長傅作義率部前出，占領涿州，直接威脅北京，十月十五日，張學良將指揮部移至高碑店，對涿州晉軍發動猛烈攻擊。截至十二月中旬，奉軍總共向涿州發動九次總攻，動用了大砲、飛機、坦克、毒瓦斯、燃燒彈等多種武器，採取了重炮轟擊、鋪設鐵路炸城牆、綁紮雲梯登城、挖掘地道炸城等各樣方法，但涿州城固若金湯，傅作義從此以善於守城而著稱。在隴海線上，張宗昌部魯軍同馮玉祥部的戰鬥是從十月十一日開始打響的，魯軍從碭山以西之楊集向馮玉祥軍馬牧集部進攻，由於馮軍中路劉鎮華部姜明玉旅倒戈投敵，拆毀蘭封至李八集間鐵路路軌，並誘擒馮第八方面軍副總指揮鄭金聲，從而使魯軍初戰獲勝，至十月下旬，先後占領了歸德、民權、蘭封、考城等地，鋒芒直指開封，馮為擊破當面之敵，將其善戰之孫良誠、馬鴻逵部布防於杜良寨、杞縣間；石友三軍陣於杞縣城東；鹿鐘麟軍集結於杞縣、太康間；劉鎮華部五個師部署於考城；鄭大章騎兵軍向歸德以東迂迴運動，襲擾敵人後路；孫連仲、韓復矩軍集結於開封、鄭州，為總預備隊。十月二十六日自黃河南岸至杞縣兩百里戰線上，兩軍主力展開決戰，晝夜肉搏，戰鬥慘烈，二十七日韓復矩部亦投入戰鬥，三十日拂曉與石友三軍併力進擊突破直魯聯軍陣線，孫良誠軍十一月一日占蘭封，二日占內黃，三日向歸德、考城追擊潰敵，韓復矩、龐炳勳兩軍，五日占歸德，俘直魯聯軍軍長袁家驥。是役馮玉祥軍俘直魯軍三萬餘人，繳獲各類槍支兩萬餘支，鐵甲車五列，大砲四十餘門，為馮軍出潼關以來獲勝最大的一次戰役，蘭封戰役後，張宗昌為擺脫兩面作戰的困境，遂決定在何應欽之中央軍未渡淮河前，集中優勢兵力，擊破馮玉祥的西北軍，當時張宗昌坐鎮徐州，派褚玉璞為前敵總司令；以劉志陸為右路總指揮，率所部五萬人進攻考城；以徐源泉為中路總指揮，率所部五萬人沿隴海路正面向西推進；以張敬堯為左路總指揮，率所部三萬人向杞縣、太康挺進。馮玉祥為防禦直魯聯軍的進攻，在蘭封大捷後，將部隊向後收縮，命孫良誠部集中於蘭封以東、黃河以南地區；石友三部布防於杞縣東北地區；鹿鐘麟軍除留小部隊守歸德外，主力撤到太康、杞縣待命；韓復矩部兩個師控制在鄭州，並調劉汝明部出潼關東進，警備隴海沿線。十一月十六日直魯聯軍劉志陸部向考城進攻，劉鎮華軍激戰三日，撤退至西瓜營一線，劉志陸揮軍西向，攻勢甚猛，但徐源泉、張敬堯兩路卻畏縮不前。馮玉祥採取各個擊破戰術，嚴令劉鎮華、馬鴻逵部在正面阻擊，以孫良誠之吉鴻昌師，向考城北迂迴攻擊；另以梁冠英師由定陶切斷敵之後方供給線，二十四日孫良誠軍開始攻擊，將劉志陸包圍於考城一帶，經五日激戰，擊斃其軍長潘鴻鈞，俘旅以上軍官四人及官兵兩萬餘人，繳槍萬餘支。孫軍乘勝追擊，連克菏澤、單縣，圍姜明玉於曹縣，同時馮軍之韓復矩、石友三、鹿鐘麟各部也向當面之敵發起進攻，至十二月一日，韓復矩軍占領碭山，三日進迫徐州城下，攻占隴海站，切斷津浦路，將張宗昌、孫傳芳圍困於徐州城內，隨後石友三、鹿鐘麟、龐炳勳等軍亦先後至達徐州外圍，十二月十四日，何應欽率領之中央軍第一軍團趕到徐州。何馮協同作戰，向徐州直魯聯軍發起攻擊，十六日，孫傳芳、張宗昌率部北逃，徐州宣告克復。

西元一九二八年一月，蔣介石重任北伐軍總司令，並作出北攻張作霖的決定。在此之前，蔣介石曾於西元一九二七年五月北上進攻奉軍，日本以「保護僑民」為名，出兵山東。這一次，蔣吸取教訓，事先赴日本與日首相田中義一進行密談，承認日本在中國東北的特殊地位，與日在對待奉張問題上達成默契。四月七日，蔣介石下達了討伐奉軍的總攻擊令，由蔣介石、馮玉祥、閻錫山、李宗仁等新軍閥，組成四個集團軍，共同向奉系軍閥發動攻擊。蔣介石率第一集團軍沿津浦路北上；馮玉祥第二集團軍之孫良誠第一方面軍進攻魯西，孫連仲第二方面軍進攻京漢路正面；閻錫山第三集團軍之北路總指揮商震、東路總指揮徐永昌分別防守雁門關和娘子關，以牽制奉軍主力；李宗仁第四集團軍為北伐軍預備隊。蔣介石在此役中之四個集團軍總兵力達百萬以上，分由津浦路正面之海州、歸德、曹州、濮陽，京漢路正面之井陘、五台、雁門等地出動，壓向張作霖控制的冀、魯、察三省腹地。戰線北起晉北的偏關，東迄蘇北海州，綿亙兩千餘里。四月十日，蔣、馮、閻三個集團軍同時下達攻擊令，當日蔣軍的正面部隊就占領了韓莊，左翼則渡過微山湖，占領了夏鎮、魚台，右翼占領了台兒莊、郯城等地。張宗昌精心構築的四十公里防線，一觸即潰，四月十二日，張宗昌敵不住蔣軍攻勢，下達總退卻令，同一天孫傳芳率所部向蔣軍發動猛烈反攻，並突破蔣軍左翼，收復魚台等地，但馮玉祥軍於十五日趕到，孫良誠所部騎兵攻占了巨野、嘉祥，進而於十六日占領濟寧，切斷了孫傳芳軍的後路，迫使孫軍慌忙後撤，損失十分慘重。此後蔣、馮兩軍一路未遇抵抗，於二十二日會師泰安城下，三十日泰安城破，至此張宗昌、孫傳芳在山東的防線澈底崩潰，二人於三十日晚狼狽逃走，張作霖聞知山東慘敗的消息，慌忙調吉黑兩省軍隊入關參戰，四月二十九日，黑龍江省督軍吳俊升率部開到德州駐防，然而此時戰場形勢對奉軍極為不利，迫使張作霖改變作戰方針，由攻勢作戰轉入防禦作戰，其時入關助戰的吉、黑部隊見大勢已去，作戰非常消極，在南方軍閥的咄咄攻勢下，奉軍連連敗退，而馮玉祥、閻錫山的部隊則乘勝迅速搶占了順德、大名、石家莊、正定、德州等地。五月十一日，張作霖派吳俊升在榆關設立後方總司令部，掩護奉軍退卻，五月十九日，奉軍放棄張家口，五月三十日，張作霖召集張作相、楊宇霆、張學良等人舉行會議，決定即日下達總退卻令，停戰息爭，退出關外。

這時，張作霖承受來自內外兩方面的壓力，對內，軍事上的節節失利，勢窮力蹙，為了自保，只好退回東北；對外，日本帝國主義乘機進逼，要挾他履行在郭松齡反奉時與日本訂立的「日張密約」，日本公使芳澤在張決定離開北京的前幾天，不停地去糾纏他。直到六月二日，「芳澤用電話問張，那個文件簽字了沒有？」隨後，芳澤來到中南海，請求接見，張作霖未予理睬。嘴裡還說：「我張作霖最討厭這種辦法！我是東北人，東北是我的家鄉，祖宗父母的墳墓所在地，我不能出賣東北，以免後代罵我張作霖是賣國賊。我什麼都不怕，我這個臭皮囊早就不打算要了。」芳澤聽到這些話，「坐立不安，急得團團轉」，只好悻悻而去。

這時一個新的陰謀正在等著張作霖，六月三日凌晨一時十五分，張作霖乘車離開北京，六月四日清晨五時三十分，當張作霖所坐專列行駛至皇姑屯附近京奉、南滿鐵路交叉點時，日本帝國主義分子預掛在鐵路鋼樑上的兩百五十磅黃色炸藥發生劇烈爆炸，三節貴賓車全被炸翻，張作霖被炸成重傷，幾小時後死去，昔日的東北王，最後竟死在日本人手裡。

張作霖死後，年僅二十八歲的張學良易服回省，就任東三省保安總司令，國恨家仇，使他衝破種種阻撓，於西元一九二八年十二月二十九日毅然宣布東北易幟，懸掛青天白日旗，接受中央領導，西元一九二九年一月，南京國民政府任命張學良為東北邊防總司令長官，至此國民黨完成了全國表面上的統一。

奉系軍閥首領張作霖，「既非名門」出身，又「無特別宦途履歷」，僅一草莽英雄而已，但受清廷招撫後，卻青雲直上，由清軍管帶而至巡防營統領，辛亥革命後，因緣時會，又一躍而為民國師長、奉省督軍、東三省巡閱使，進而稱兵關內，問鼎中原，最後竟自封為北京政府陸海軍大元帥，居然成為北洋政府末代之國家元首，他的成長與發跡，既有很大的偶然性，又有一定的必然性，這就是亂世英雄起四方，有槍便是草頭王。

就個人經歷和性格來說，張作霖是一個很複雜的人物，他自身文化修養較差，但卻十分重視辦教育，創立了東北大學；他滿腦子封建思想，妻妾成群，但是絕對不許她們干政；他善於以「逐級分肥」之法籠絡部屬，但又能注意選賢任能；他非常專權，但又能對所信任之人大膽放權；他投靠日本帝國主義，但最終又不願當一個無恥的賣國賊，如此等等，美醜善惡，相互兼容。如果就政治信仰來看，張作霖無疑是封建、落後、反動的代表人物，如鎮壓辛亥革命，反共反蘇，殺害革命志士，鎮壓群眾運動等，都是逆歷史潮流而動的，奉系軍閥統治東北和入關爭霸，窮兵黷武，給人民帶來深重的災難，特別是他勾結日本，出賣東北利權，起了為虎作倀的惡劣作用，這一點是不容否定的。

歷代皇朝風雲實錄⑦：軍閥割據

作　者	張志坤
發行人	林敬彬
主　編	楊安瑜
副主編	黃谷光
助理編輯	林怡芸
內頁編排	林怡芸
封面設計	王艾維
編輯協力	陳于雯・曾國堯
出　版	大旗出版社
發　行	大都會文化事業有限公司 11051 台北市信義區基隆路一段 432 號 4 樓之 9 讀者服務專線：（02）27235216 讀者服務傳真：（02）27235220 電子郵件信箱：metro@ms21.hinet.net 網　　址：www.metrobook.com.tw
郵政劃撥	14050529 大都會文化事業有限公司
出版日期	2016 年 3 月初版一刷
定　價	280 元
ISBN	978-986-6234-94-1
書　號	History-071

◎本書由遼寧人民出版社授權繁體字版之出版發行。

◎本書如有缺頁、破損、裝訂錯誤，請寄回本公司更換。

Cover Photography:imagemore/19788020,19788048.

國家圖書館出版品預行編目 (CIP) 資料

歷代皇朝風雲實錄⑦：軍閥割據 / 張志坤 編著.
-- 初版. -- 臺北市：大旗出版：大都會文化發行, 2016.03
256 面；17×23 公分

ISBN 978-986-6234-94-1（平裝）

1. 中國史

610.4　　105001907

《歷代皇朝風雲實錄①：血濺龍袍》

不講親情、不論道義，同室操戈、兄弟相逼、
骨肉相殘、保存自身、夫妻恩絕、濫殺無辜，
多少人頭落地，終極原因還是為了那頂皇冠！

皇帝是統治階級集團的最高代表，絕對的權威、無限的權力、至高無上的地位，使皇帝這一社會角色既有現實性又具神祕性。要登上皇位，略有三種方式：

第一，靠武裝鬥爭統一天下，自封為皇帝。

第二，靠繼承父兄之業而自然成為皇帝。

第三，靠發動政變篡奪來的皇帝。

- 作者：魏鑒勛
- 定價：280 元
- ISBN：978-986-6234-82-8

《歷代皇朝風雲實錄②：相位爭奪》

不論出身、不講治國，權謀相爭、不擇手段、
欺君壓臣、謀害忠良、濫殺無辜、禍亂朝廷，

古今多少忠義之血，皆因覬覦相位之奸佞而流淌！宰相是中國封建時代輔佐君主管理國家事務的最高行政長官，處於一人之下，萬人之上，乃「位極人臣」之位，因此成為封建官僚政治中，權力鬥爭的焦點。

- 作者：王若
- 定價：280 元
- ISBN：978-986-6234-85-9

《歷代皇朝風雲實錄③：忠奸抗衡》

昏君當國、奸臣當道、忠臣難當，
國家多難、禍國殃民、浮雲蔽日，
昏君、奸臣、忠臣構成一個解不開的結。

誰是忠臣？誰是奸臣？芸芸眾生，攘攘諸官，模樣都差不多，人性又複雜多變，在蓋棺之前，大多難以定論。

- 作者：楊英杰、喻大華
- 定價：280 元
- ISBN：978-986-6234-86-6

《歷代皇朝風雲實錄④：變法之殤》

積弱不振、百弊叢生；君主昏庸、天下紛亂；權貴貪婪、百姓貧苦；變法成敗、非死即傷，成者明君，敗者昏君，差別往往僅在帝皇一念之間。

變法，是歷代皇朝史上「改革」的代名詞，變法成敗往往成為左右國家未來命運的重要轉捩點。成功者名留青史，使國家獲得興盛的活力與動力；失敗者徒留悲歌，國家衰敗不止、苟延殘喘直到滅亡。不過，無論成敗，在歷史上都會成為後世學習借鑒的血淚教材。

- 作者：趙東艷
- 定價：280 元
- ISBN：978-986-6234-88-0

《歷代皇朝風雲實錄⑤：朋黨爭鬥》

朋黨，在歷史政治上是個貶義詞。作為一個團體，聚集的人越多，人的類型也越多。有知足的人，相對就有貪婪的人。權力如同罌粟花，得越多，癮越大。

北宋歐陽修曾撰《朋黨論》一文，認為朋友分兩種，一是「君子之朋」；二是「小人之朋」，而朋黨很顯然地屬於後者。朋黨中的人群以「利益」為主要目的而聚集在一起，他們為了利益而團結，當然也可以為了利益而分開，甚者，還能為了利益相互謀害，甚至殘殺。

- 作者：蔣重躍
- 定價：280 元
- ISBN：978-986-6234-92-7

《歷代皇朝風雲實錄⑥：為寵廝殺》

歷史上因為爭寵而衰敗滅亡的朝代，不勝枚舉，雖然后妃有過，佞臣宦官有錯，但罪魁禍首終歸是皇帝，如果不是他權傾天下，放任自己的寵愛和信任，也不會有這些悲劇。因此，只要有這樣的權力存在一天，歷史就會不斷重演，殘忍的爭奪也會持續下去！

- 作者：張國慶、蔣瑋
- 定價：280 元
- ISBN：978-986-6234-93-4

大都會文化

大都會文化　讀者服務卡

書名：**歷代皇朝風雲實錄：軍閥割據**

謝謝您選擇了這本書！期待您的支持與建議，讓我們能有更多聯繫與互動的機會。

A. 您在何時購得本書：______年______月______日

B. 您在何處購得本書：____________書店，位於____________(市、縣)

C. 您從哪裡得知本書的消息：

1.□書店　2.□報章雜誌　3.□電台活動　4.□網路資訊

5.□書籤宣傳品等　6.□親友介紹　7.□書評　8.□其他

D. 您購買本書的動機：（可複選）

1.□對主題或內容感興趣　2.□工作需要　3.□生活需要

4.□自我進修　5.□內容為流行熱門話題　6.□其他

E. 您最喜歡本書的：（可複選）

1.□內容題材　2.□字體大小　3.□翻譯文筆　4.□封面　5.□編排方式　6.□其他

F. 您認為本書的封面：1.□非常出色　2.□普通　3.□毫不起眼　4.□其他

G. 您認為本書的編排：1.□非常出色　2.□普通　3.□毫不起眼　4.□其他

H. 您通常以哪些方式購書：(可複選)

1.□逛書店　2.□書展　3.□劃撥郵購　4.□團體訂購　5.□網路購書　6.□其他

I. 您希望我們出版哪類書籍：（可複選）

1.□旅遊　2.□流行文化　3.□生活休閒　4.□美容保養　5.□散文小品

6.□科學新知　7.□藝術音樂　8.□致富理財　9.□工商企管　10.□科幻推理

11.□史地類　12.□勵志傳記　13.□電影小說　14.□語言學習（_____語）

15.□幽默諧趣　16.□其他

J. 您對本書（系）的建議：

____

K. 您對本出版社的建議：

____

讀者小檔案

姓名：______________ 性別：□男　□女　生日：____年____月____日

年齡：□20歲以下 □21～30歲 □31～40歲 □41～50歲 □51歲以上

職業：1.□學生 2.□軍公教 3.□大眾傳播 4.□服務業 5.□金融業 6.□製造業

7.□資訊業 8.□自由業 9.□家管 10.□退休 11.□其他

學歷：□國小或以下 □國中 □高中／高職 □大學／大專 □研究所以上

通訊地址：____

電話：（H）______________（O）______________ 傳真：______________

行動電話：__________________E-Mail：__________________

◎謝謝您購買本書，歡迎您上大都會文化網站（www.metrobook.com.tw）登錄會員，或至Facebook（www.facebook.com/metrobook2）為我們按個讚，您將不定期收到最新的圖書訊息與電子報。

歷代皇朝風雲實錄

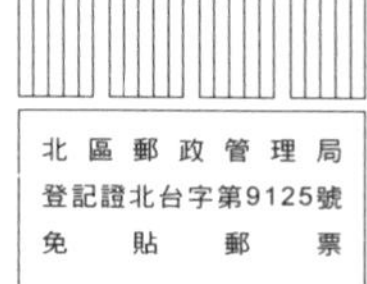

北區郵政管理局
登記證北台字第9125號
免貼郵票

大都會文化事業有限公司
讀者服務部 收

11051台北市基隆路一段432號4樓之9

寄回這張服務卡〔免貼郵票〕
您可以：
◎不定期收到最新出版訊息
◎參加各項回饋優惠活動

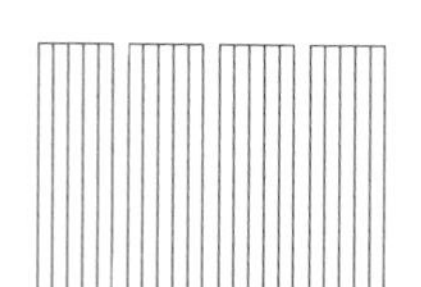

98-04-43-04 郵政劃撥儲金存款單

收款帳號	1	4	0	5	0	5	2	9

金額 新台幣（小寫）	億	仟萬	佰萬	拾萬	萬	仟	佰	拾	元

通訊欄（限與本次存款有關事項）

我要購買以下書籍

書　名	單　價	數　量	合　計

購書金額未滿1,000元，另加收100元國內掛號郵資或貨運專送運費。總計數量及金額：共 ______ 本，合計 ____________ 元

收款戶名：大都會文化事業有限公司

寄款人 □他人存款 □本戶存款

姓名

地址 □□□-□□

電話

主管：

經辦局收款戳

虛線內備供機器印錄用請勿填寫

◎寄款人請注意背面說明

◎本收據由電腦印錄請勿填寫

郵政劃撥儲金存款收據

收款帳號戶名

存款金額

電腦紀錄

經辦局收款戳

郵政劃撥存款收據注意事項

一、本收據請妥為保管，以便日後查考。
二、如欲查詢存款入帳詳情時，請檢附本收據及已填妥之查詢函向任一郵局辦理。
三、本收據各項金額、數字係機器印製，如非機器列印或經塗改或無收款郵局收訖章者無效。

大都會文化、大旗出版社讀者請注意

一、帳號、戶名及寄款人姓名地址各欄請詳細填明，以免誤寄；抵付票據之存款，務請於交換前一天存入。
二、本存款單金額之幣別為新台幣，每筆存款至少須在新台幣十五元以上，且限填至元位為止。
三、倘金額塗改時請更換存款單重新填寫。
四、本存款單不得黏貼或附寄任何文件。
五、本存款金額業經電腦登帳後，不得申請撤回。
六、本存款單備供電腦影像處理，請以正楷工整書寫並請勿摺疊。帳戶如需自印存款單，各欄文字及規格必須與本單完全相符；如有不符，各局應婉請寄款人更換郵局印製之存款單填寫，以利處理。
七、本存款單帳號與金額欄請以阿拉伯數字書寫。
八、帳戶本人在「付款局」所在直轄市或縣(市)以外之行政區域存款，需由帳戶內扣收手續費。

如果您在存款上有任何問題，歡迎您來電洽詢
讀者服務專線：(02)2723-5216(代表線)
為您服務時間：09：00～18：00(週一至週五)

大都會文化事業有限公司　　讀者服務部

交易代號：0501、0502 現金存款　0503票據存款　2212 劃撥票據託收

大旗出版
BANNER PUBLISHING

大旗出版
BANNER PUBLISHING